国家社会科学基金青年项目（13CJY029）资助
中国第56批中国博士后科学基金（2014M562122）资助
湖南省软科学项目（2013ZK3025）资助

国家金属资源安全丛书

丛书主编　黄健柏

CHANYELIAN SHIYUXIA ZHONGGUO
CHENGSHIKUANGCHAN CHANYE FAZHANYANJIU

# 产业链视域下中国
# "城市矿产"产业发展研究

姚海琳　著

中国财经出版传媒集团

经济科学出版社
Economic Science Press

**图书在版编目（CIP）数据**

产业链视域下中国"城市矿产"产业发展研究/

姚海琳著 . —北京：经济科学出版社，2018.10

（国家金属资源安全丛书）

ISBN 978 - 7 - 5141 - 9900 - 0

Ⅰ . ①产… Ⅱ . ①姚… Ⅲ . ①城市 - 矿产资源 -

产业发展 - 研究 - 中国 Ⅳ . ①F426.1

中国版本图书馆 CIP 数据核字（2018）第 251968 号

责任编辑：李　雪

责任校对：曹育伟

责任印制：邱　天

**产业链视域下中国"城市矿产"产业发展研究**

姚海琳　著

经济科学出版社出版、发行　新华书店经销

社址：北京市海淀区阜成路甲 28 号　邮编：100142

总编部电话：010 - 88191217　发行部电话：010 - 88191522

网址：www. esp. com. cn

电子邮件：esp@ esp. com. cn

天猫网店：经济科学出版社旗舰店

网址：http：//jjkxcbs. tmall. com

北京季蜂印刷有限公司印装

787 × 1092　16 开　13.25 印张　270000 字

2019 年 1 月第 1 版　2019 年 1 月第 1 次印刷

ISBN 978 - 7 - 5141 - 9900 - 0　定价：54.00 元

# 序　言

党的十八届三中全会决定成立"国家安全委员会"，全面维护新时期复杂环境下的国家安全。2014 年 4 月，习近平主席首次提出总体国家安全观，系统提出了 11 种安全议题，引起世界广泛关注。这 11 种安全议题首次包括了有关资源利用的安全议题，即资源安全。这是在国家层面上首次提出并确认的安全议题。金属资源是国民经济建设的重要物质基础，金属资源安全事关国家安全。

据中国地质科学院测算，2025 年前后，我国铜、铝、铅等金属资源需求顶点将陆续到来，但需求总量将在相当长的时间内保持较高水平；铍、锶、锗、镓、铟等战略性金属资源需求则会持续增长。但我国金属资源的基本条件决定了国内资源的自我保障能力较差，加之未来 10～15 年仍将是我国矿产资源消费的增长阶段，使得我国重要矿产品种的总量保障明显不足，资源结构性矛盾突出，大宗矿产资源的对外依存度将进一步上升，同时资源分布与工业布局不匹配问题也将变得更加突出（国务院发展研究中心，2013）。矿业联合会的研究表明：到 2020 年，我国已探明储量的金属矿产资源中，铁、铝土矿、锰、锡、铅、镍、锑、金等将处于短缺状态，铜、锌、铬、钴以及铂族元素将严重短缺。而另一方面金属产业中低端冶炼产能则将出现严重过剩。2012～2014 年，我国钢铁、电解铝的产能利用率仅维持在 72%～75%。未来 10 年，我国主要金属资源需求将陆续达到峰值，面临资源洪峰与产业转型双重压力。

中国金属资源供给的这样一种基本状况，要求我们不得不寻求更广范围的世界资源。21 世纪以来，我国开始从以往的"自给自足"的资源战略转变为立足国内、资源国际化经营的新战略。充分利用"国内国外两种资源、两个市场"的战略举措,一定程度上缓解了中国金属资源供给短缺"瓶颈",但并没有从根本上改善金属资源供给的经济性、稳定性和持续性。据矿业联合会统计,中国海外矿业投资的成功率不到20%。许多海外矿山投资项目不仅没有为企业带来利润,甚至成为拖累企业业绩的包袱。跨国矿业巨头早年圈地的先发优势、全球资源民族主义抬头、资源所在国的政治动荡以及文化与语言差异是我国矿业企业海外开发受阻的直接原因。而国内监管和审批制度烦琐、投资项目预研和论证不充分、缺乏收购和管理技巧以及政策驱动性过强、盲目要求控股则是海外矿业投资失败的内在原因。从未来发展形势来看,中国金属资源的主要来源国印度尼西亚、赞比亚、蒙古、澳大利亚等相继加强了资源控制,跨国矿业公司垄断格局难以打破,美国亚太再平衡战略加大了海外资源运输通道安全的压力。这些地缘政治和经济因素的影响,使得中国矿业企业走出去困难重重,金属资源的全球化配置风险日益突出。这些问题需要理论界和实务界的同人们共同探讨,走出一条符合中国国情的金属资源国际化经营的路子。

在世界矿业资源竞争日益激烈的背景下,中南大学于2012年11月成立金属资源战略研究院,依托学校在金属资源领域的学科优势,搭建起金属资源硬科学与软科学交叉融合的开放式研究平台,专注于国家金属资源重大战略问题的研究。研究院成立至今,围绕着产能过剩与产业转型升级、资源安全战略与产业政策、资源节约与环境保护以及资源价格与矿业金融等金属资源领域的重大问题形成了稳定的研究团队和研究方向。本系列丛书既是对研究院现有研究成果的一个总结和展示,同时也是研究院在国家金属资源安全的视角下,对我国金属资源领域的重大战略问题的思考和解析。

当前,受国际形势和行业产能过剩影响,我国金属资源产业开始由"高速增长"转入"中低速增长"。经济增长放缓对金属资源的供需规模演变将产生重要影响;新一轮技术革命将加快对金属资源供需结构的调整;政府与市场关系的重塑、"走出去"战略的成果释放、国家"一带一路"等重大战略的实施都将对我国金属资源战略带来制度层面的重大变革。金属资源产业正处于深度调整时期,国家金属资源安全战略、管理体系和政策需要进一步重构。为此，也希望本系列丛书的出版能够为金属资源领域的经济管理决策部门、企业以及所有关心金属资源产业发展的各界人士提供有益的借鉴和参考。

黄健柏

2015 年 12 月

# 前　言

随着工业化和城市化进程的加速，废弃物被大量排放和堆存，造成严重的环境污染。但废物中也蕴涵丰富的可回收资源，据预测，在未来30年内，世界80%的地下矿产资源将转移到地上。"城市矿产"作为一种载能性、循环性、战略性的二次资源，具有显著的资源节约与环境友好特性，加强对其的回收利用、大力发展城市矿产产业是缓解我国资源环境瓶颈、发展循环经济及培育新经济增长点的重要战略选择。

本书在对"城市矿产""城市矿产产业"等核心概念进行清晰界定的基础上，以产业链视角探究中国城市矿产产业发展的现状，试图从分析产业链运行的动力机制入手探究产业发展的制约因素，寻找政策着力点；并在借鉴国外产业发展经验，对国内现有政策进行文本量化分析和效果评价的基础上，从环境、供给和需求端设计促进产业发展的针对性政策。该研究有助于丰富城市矿产产业的相关理论研究，拓展产业链理论的应用范围；在实践上为促进中国城市矿产产业发展提供有益的参考和借鉴。

本书共6章。第1章为概念界定，提出中国"城市矿产"产业的定义和构成。我国政府部门和不同学者对于"城市矿产""城市矿产产业"的界定和构成缺乏统一标准。本书将通过系统、规范的理论研究，在厘清"城市矿产"与"固体废弃物""电子废弃物""再生资源"等相关概念区别和联系的基础上，界定"城市矿产"概念的内涵、特征以及类别；在此基础上着重探讨适合中国特色的"城市矿产产业"的内涵，明确产业特征，奠定后续研究基础。第2章至第5章为产业链视角下中国城市矿产产业发展现状的实证分析。在明确城市矿产产业包括的行业类别之后，需要对中国城市矿产产业的发展现状进行系统梳理。由于产业的竞争日益体现为全产业链的竞争，产业的发展也需要全产业链的协同，因此本书以产业链理论为指导，以城市矿产的物质流、价值流分析为线索，将产业链形成发展的四项维度—供需链、企业链、空间链、价值链作为框架，来分析产业发展的基本情况，探究制约产业链顺畅运行的关键因素。第 2 章为中国城市矿产产业发展的供需链分析。供应链是产业链研究的基础，它关注的焦点是产业链上"节点"和"节点"的关系。本书从"城市矿产"产业链的"头"（供给端）和"尾"（需求端）两端入手，以特定金属为例，分析我国城市矿产的供给和需求现状。第 3 章为中国城市矿产产业发展的企业链分析。企业链是产业链的载体和具体表现形式，可分为企业和企业、企业和消费者、企业和政府，以及三者之间的链接。本书通过深入调查，对城市矿产产业链中不同利益主体—产生者、回收者、利用者的基本情况进行现状描述与分析，并利用案例分析和博弈分析解析城市矿产产业链条上下游企业之间、企业与消费者之间、企业与政府之间、消费者与政府之间的竞合关系。第 4 章为中国城市矿产产业发展的空间链分析。空间链是指同种产业链条在不同地区间的分布。本书对中国城市矿产产业的区域分布情况进行全面描述，分析区域发展情况差异及影响因素；并选取湖南省的城市矿产产业链作为研究案例进行调查分析。第 5 章为中国城市矿产产业发展的价值链分析。本书以电子废弃物回收利用行业为例，对产业价值链上小型、中型及大型回收环节、拆解及资源化利用环节进行成本收益测算；并从价值流的视角，采用企业提供的相关数据，分析废旧动力汽车电池回收利用的经济价值和环境价值。通过以上分析，本书从产业链运行的视角深入挖掘我国"城市矿产"产业发展中存在的问题和制约因素，寻找促进产业发展的政策着力点，为有针对性地制定相应政策奠定基础。第 6 章为中国城市矿产产业发展的政策研究，首先对国外城市矿产产业发展相关政策进行系统梳理，其次在对我国现有相关政策进行文本量化研究的基础上，对其进行实证的效果评价，最后本书提出加快中国城市矿产产业发展的政策框架、政策体系和政策思路；从完善市场和制度环境、扩大供给及刺激需求三个视角提出促进"城市矿产"产业发展的具体政策措施。

本书主要采用文献研究与理论归纳法，对"城市矿产""城市矿产产业"等概念进行界定；运用物质流分析方法，测算我国城市矿产的蓄积量；运用基于 GA - BP 神经网络方法，分析我国城市矿产需求的现状和趋势；运用案例研究和博弈论方法，分析产业链上各利益主体的竞合关系；运用 LIME 值法，以 HEV 废旧电池为例计算其回收利用的环境成本；在对国内政策的现状分析和评价中，系统运用了文本量化分析、状态空间模型、面板数据模型、Ordinal Logistic 回归分析等实证研究方法；同时结合制度理论分析框架和国际比较研究，提出促进我国城市矿产产业发展的政策建议。

本书的创新之处体现在：第一，注重基础研究。本课题在厘清"城市矿产"与其他相关概念联系和区别的基础上，对城市矿产产业的内涵、特征及构成进行清晰界定，为产业基本统计信息的收集、产业现状的分析及产业政策的评价和调整创新奠定基础，从而弥补国内现有研究在城市矿产产业基础理论方面的空白。第二，产业链视角下"供需链—企业链—空间链—价值链"的产业现状分析框架具有新颖性和政策指导性。产业链的形成发展是其内含链共同作用的结果。本书创新性的以产业链的内涵链"价值链—企业链—空间链—价值链"入手建立产业发展的现状分析框架，体系更为完整，有助于更系统逻辑地全方位描述我国城市矿产产业的发展现状，提炼制约产业链顺畅运行的关键因素，从而有效地把握政策作用的着力点。第三，城市矿产产业发展政策设计具有科学性和针对性。目前有关城市矿产发展的研究主要采取的是"现状描述—政策建议"的分析范式，由于缺乏科学、客观的理论和实证研究作为依托，得出的政策建议带有很大的随意性。本课题通过大量的实证分析探究制约我国城市矿产产业链发展的因素，结合国际比较和理论研究得出的规律，在对现有政策进行系统梳理的基础上，从供给、需求和环境三个方面系统设计推动我国城市矿产产业发展的政策建议，将理论研究、比较研究和实证研究有机结合在一起，提高了研究结果的可靠性，使得产业发展政策的设计更具科学性和针对性。

本书的基本观点包括以下几点：

（1）中国"城市矿产"产业概念的界定和构成。本书认为，城市矿产是蓄积于城市之中，可供人类进行循环利用（包括再生产或再制造）、从中获取可利用资源的城市废弃物集合体。城市矿产由各种类型的城市矿石组成，城市矿石主要分两类：一类是指进入现代社会生活领域生命周期终结后的各种制品（如废旧机电、设备、电线电缆、通信工具、汽车、船舶、家电、电子产品、轮胎等）；另一类是指城市生产及建设过程中产生的各种含有较高利用价值的各种物料（如废钢铁、废有色金属、废塑料、废建筑材料等）。城市矿产与循环经济、再生资源、固体废弃物等概念之间既有区别，也有联系。

　　城市矿产产业是指以城市社会生产和消费过程中产生的、具有有价资源的废弃物（城市矿石）为原料，在经济和技术可行的条件下，进行回收、加工处理和再利用的相关行业。城市矿产产业在我国所涉及的具体行业可以按以下两个标准进行分类及确定。首先，按照城市矿产产业所涉及的产业链环节，可以分为回收活动、拆解活动、资源化利用活动及其他相关活动，与这些活动相联系的行业都可以视作城市矿产产业的范畴。此外，也可以按照蕴含着有价资源的城市矿石种类，对产业进行确定与划分。如电子废弃物及报废汽车拆解产业、废旧塑料与橡胶循环利用产业、废旧钢铁循环利用产业、二次金属循环利用产业、废旧二次电池循环利用产业等，都属于城市矿产产业的范畴。在这种产业确定逻辑下，可以预测，随着科学技术的发展，随着可开发利用的废弃物种类的增加，即城市矿石种类的增加，城市矿产产业所包含的行业也将不断扩展。

　　（2）供需链研究。在供给分析中，对城市矿产的成矿规律进行探索，测算特定地区城市矿产蓄积量，有助于回答中国特定地区的城市矿产有多少可以开发，在哪里开发的关键问题。本书采用自下而上（bottom—up）的计算方法，对长沙市耐用消费品中锑、钡、金、铅、银、锌六种金属的存量进行了调查研究，得到这些金属在耐用消费品中的使用规模和使用强度，以此为基础计算了2014年长沙市耐用消费品中六种金属的存量规模和分布情况。研究发现，长沙地区12种耐用消费品中的铅、锌、锑金属资源人均拥有量就分别达到了原生矿的0.76%、0.33%和0.26%，如果加上其他耐用消费品、建筑、基础设施、机械设备、交通等领域的金属蓄积量，整个长沙的城市矿产存量将是一个非常可观的规模。此类研究能够为城市矿产开发利用政策提供有价值的数据支持。在需求分析中，本书基于GA－BP神经网络方法，对中国特定金属资源（稀土）的需求量进行测算，为认识城市矿产开发利用的战略意义奠定基础。本研究将此模型应用于中国稀土资源需求预测，认为在2020年需求量将达到138 901吨，其年复合增长率约为8.813%。通过供需链的分析，本书得到以下结论：从供给端看，城市是蕴藏着丰富矿产资源的资源集中地，城市矿产具有显著的开采价值。从需求端分析，伴随我国进入工业化、城镇化快速推进的关键阶段，未来将进入我国金属资源特别是稀土等战略性资源消费的快速增长阶段。因此，城市矿产变废为宝，应成为开辟国家金属资源安全保障的新渠道。

（3）企业链研究。本书运用博弈论方法，构建参与主体为政府、回收利用企业、居民的三方完全信息动态博弈模型，研究产业链上三者的竞合关系；并运用案例研究方法，对三家行业龙头上市公司格林美、东江环保和怡球资源进行分析，通过分析这三家企业2009~2015年的基础数据，从主营业务的变化和主要财务指标的变动趋势描述我国城市矿产企业的经营状况，并揭示行业的发展特征与趋势：在产业链环节的选择上，大部分行业领军企业选择进入"回收＋拆解＋循环再造"的环节，打造城市矿产开发利用完整产业链，这是企业获得行业竞争优势的重要保障。城市矿产产业中各细分行业的盈利水平具有显著差异，政策、渠道、技术、资金成为城市矿产回收利用企业持续发展的关键要素。政策驱动下的城市矿产企业，政府的补贴和税收优惠政策对企业的业绩增长作用非常显著。我国城市矿产行业发展整体上面临产能过剩的困境，企业的盈利能力和资产利用效率亟待提高。以上研究成果指导了科力远、广晟有色、TCL环保公司城市矿产业务发展战略的制定。

（4）空间链研究。本书对中国"城市矿产"产业的区域分布情况进行全面描述，指出产业发展区域差异的影响因素分为两类：第一类是指区域产业结构、区域人口结构、区域消费水平、居民受教育程度、收入水平等外生因素，主要影响城市矿产的成矿规模、结构和分布等；第二类包括产品的使用寿命、有价物含量、社会消费量、处置方式等内生因素，主要影响城市矿产的成矿结构、速度和形态等。本书选取湖南省"城市矿产"产业集群作为研究案例，首次对该地区电子废弃物与废旧汽车拆解、废旧零部件再制造、废旧塑料及橡胶回收、废旧钢铁的循环利用、典型二次金属资源循环利用、稀贵及稀散金属循环利用、再生铝、再生铜及废旧二次电池回收利用等行业进行深入的实地调研分析，发现产业发展中主要存在回收体系有待完善、交易市场和加工园区的空间布局合理性有待提高、技术及设施装备条件有待提升、产业技术亟待突破等关键问题。

（5）价值链研究。价值链分析中，本书首先以电子废弃物回收利用行业为例，对产业价值链上小型、中型及大型回收环节、拆解及资源化利用环节进行成本收益测算。研究发现，不同的回收环节之间、回收及拆解利用的不同产品之间、回收和拆解利用环节之间的毛利率分布不均衡，存在较大差异，造成这种差异的因素主要包括收购价格、回收数量规模、拆解处理方式、政府基金补贴数额等；其中，政府的基金补贴及税收优惠政策对于拆解及资源化利用环节的影响巨大，在没有基金补贴的情况下，该环节很大程度上处于亏损的状态。这也导致产业中出现了一部分意图获取补贴而仅进行简单回收处置的企业，这种落后的经营方式和盈利模式并不利于产业的良性发展。因此，基金补贴政策需要有效调整。接下来，本书从价值流的视角，采用湖南省 KLY 公司先进储能材料国家工程研究中心提供的相关数据，分析废旧动力汽车电池回收利用的经济价值和环境价值。经济价值的分析初步确定了电池回收再利用各个环节的盈利水平：以 50kg 电芯加工成硫酸镍、球镍环节成本收益做比较，加工至硫酸镍的毛利为 455 元，而加工至球镍的毛利可以达到 1 525 元；如产业链延伸至加工球镍环节，资源化处理 5 000 吨废旧动力电池的利润可以达到 4 827 万元，该结果为企业产业链延伸决策提供重要依据。环境价值的分析中，根据日本发布的环境损害综合系数表中的相关系数，利用 KLY 公司提供的数据，基于 LIME 值法，对电池包中稀贵金属资源化利用和原生矿开采的温室气体、酸性气体和粉尘颗粒的环境成本加以计算，研究结果显示若对 HEV 废弃镍氢电池包中的稀贵金属进行有效资源化利用，其环境价值显著；同时计算出回收每个电池包与采集原生矿创造的环境价值为 514 元，该数据可为国家财税补贴政策的补贴金额确定提供客观依据，改变现阶段补贴缺乏科学依据的现状。

（6）中国城市矿产产业发展的政策研究。

第一，国外政策对比研究。本书首先构建 "政策工具—政策作用对象—政策的市场作用" 分析框架，对发达国家城市矿产政策进行系统对比分析，研究发现：①各国政府高度重视城市矿产产业发展，构建了全面和立体化的法律体系，并大多通过立法手段以法律形式明确政府、企业和社会公众的责任和义务；②各国结合本身的社会、经济、政治、产业发展特点，形成了符合本国国情的特色发展模式和政策指导方式；③各国促进城市矿产产业发展的政策工具手段丰富多样，包括规制型（相关法律法规）、经济激励型［收费、补贴、保证金（押金—返还）］、社会型（公众教育以及产业界、社会团体及民众的自愿性行为）等政策工具；④各国以产品全生命周期的视角系统设计政策方案，政策作用环节覆盖全产业链上的利益相关主体；⑤政策从供给、需求和环境端 "三管齐下"，协同助力产业发展；⑥政策强化社会各主体的定位和参与力度，政府机构、企业、社会机构、居民都积极参与到城市矿产产业的发展之中。

第二，中国城市矿产政策演进特征分析。本书收集 1987～2015 年国家层面颁布的城市矿产相关政策文件，从颁布部门、数量、力度等方面对政策体系进行总体分析，构建并运用政策工具—政策作用环节两维度分析框架，利用政策文本量化分析方法，探讨政策体系的演化过程及发展特征。研究发现，政策体系经历了三个发展阶段：依附环境保护政策的孕育期、体系初建的形成期及效力深化的发展期。政策颁布速度逐渐加快，所涉及机构数量不断增多。从政策工具维度分析，以环境型政策为主，但呈现向供给型政策演进的趋势。从政策作用环节分析，由重点关注回收、深加工环节向关注全产业链环节演变。

第三，中国城市矿产政策效果评价。在分析政策文本特征的基础上，本书从产业和企业两个层面对中国城市矿产政策效果进行评价。产业层面上，系统搜集 2003～2015 年中央级城市矿产政策，根据政策工具相关理论将已有政策划分为规制型、经济激励型和社会型三类，从政策力度、政策措施和政策目标三个维度建立评估模型，对 72 项政策文件进行政策效力量化。利用量化数据，运用状态空间模型，对不同类型政策工具的实施效果进行了评估。结果显示：经济激励型和社会型政策工具对产业发展有显著促进作用，规制型政策对产业发展具有负面影响。

企业层面上，本书首先运用 2006～2015 年上市公司相关数据，利用面板数据模型检验政策效果，结果显示产业政策对相关上市公司发展的影响显著为正。此外，本书还通过对中国 31 个省（区、市）城市矿产企业进行问卷调查，利用一手调研数据，通过描述性统计、比较均值和 Ordinal Logistic 回归分析方法分析政策的执行效果。研究发现：企业对城市矿产政策的总体认知水平不高，对产业政策尤其是对需求类政策认知水平的提升空间仍然较大；企业对于城市矿产政策的总体满意水平较低，对环境类的政策最为满意，对供给类的政策最不满意；企业所在区域、营业额、企业主要业务对企业的政策认知水平有显著影响。

第四，加快中国城市矿产产业发展的政策建议。针对研究中所发掘出的产业发展的制约因素，以及现有政策的不足，借鉴发达国家政策经验，本书构建加快"城市矿产"产业发展的政策框架、政策体系和政策思路，从供给—环境—需求三方面进行政策创新。供给端：扩大城市矿产产业发展的技术供给—加快制定城市矿产重点领域技术发展路线图、实施城市矿产产业关键技术协同创新工程；加快产业发展的高素质人才供给；优化全产业链环节的资金要素供给；加快城市矿产产业发展信息要素供给。环境端：完善相关政策法规和管理机制—加快城市矿产领域立法、加快产业发展顶层设计、加强对政策实施效果监测、评估及反馈、完善城市矿产产业管理体系、优化政策工具的组合使用；建立支持产业长效发展的税费优惠和财务金融政策。需求端：加大对城市矿产制成品的政府采购力度、引导建立与绿色、低碳、循环相适应的绿色消费模式、制定城市矿产制成品产品标准、取消原生资源相对于城市矿产的优惠政策、对城市矿产制成品的购买者实施消费者补贴。

# 目　　录

# 第1章

# 中国"城市矿产"产业概念的界定和构成

## 1.1 "城市矿产"概念的界定

### 1.1.1 "城市矿产"的概念内涵

"城市矿产",亦称"城(都)市矿山""城市矿藏"(Urban mine(s)、Urban Mining,Urban ore)。20 世纪 60 年代,美国学者简·雅各布斯(Jocobs,1961)就提出了将城市作为未来矿山的构想。1988 年,日本东北大学教授南條道夫首次对这一概念进行了确切定义;此后,"城市矿山"在日本得到了广泛的关注(白鸟寿一和中村崇,2006;山莫英嗣和南埜良太,2010)和使用,被用来指可回收利用的金属资源。2010年 5 月,我国官方首次将"城市矿产"界定为"工业化和城镇化过程产生和蕴藏在废旧机电设备、电线电缆、通信工具、汽车、家电、电子产品、金属和塑料包装物以及废料中,可循环利用的钢铁、有色金属、稀贵金属、塑料、橡胶等资源,其利用量相当于原生矿产资源。'城市矿产'是对废弃资源再生利用规模化发展的形象比喻。"此后这一概念在我国受到广泛关注。从"城市矿产"的概念提出至今,其概念外延不断扩大。最初这一概念更多的是从金属资源开发利用的角度定义,而今天已经包括了城市当中其他可以循环利用的资源。例如,郑龙熙(1997)和布伦纳(Brunner,2011)认为"城市矿产"包含材料与能源。周永生等(2012)认为"城市矿产"是指"人类在使用资源(包括原生资源和二次资源)进行生产生活过程中产生的废弃物的总称"。

总结前人的研究成果并根据本课题组研究团队的分析,我们对"城市矿产"做出以下界定：城市矿产是蓄积于城市之中，可供人类进行循环利用（包括再生产①或再制造②）、从中获取可利用资源的城市废弃物集合体。城市矿产由各种类型的城市矿石组成，城市矿石主要分两类：一类是指进入现代社会生活领域生命周期终结后的各种制品（如废旧机电、设备、电线电缆、通信工具、汽车、船舶、家电、电子产品、轮胎等）；另一类是指城市生产及建设过程中产生的各种含有较高利用价值的各种物料（如废钢铁、废有色金属、废塑料、废建筑材料等）。这两类城市矿石中含有大量可循环利用的钢铁、基本有色金属、稀贵稀散金属、塑料橡胶等有价资源。城市矿产的蓄积是工业化、城市化的产物，其社会蕴积量随经济社会的发展不断增加。

## 1.1.2 "城市矿产"与相关概念辨析③

### 1.1.2.1 城市矿产与循环经济

循环经济是指对物质闭环流动性经济的简称，就是把清洁生产和废弃物的综合利用融为一体的经济，本质上是一种生态经济，要求运用生态学规律指导人类社会的经济活动，按照自然生态系统物质循环和能量循环规律重构经济系统，使得经济系统和谐地纳入到自然生态系统的物质循环中，建立起一种新形态的经济。城市矿产是循环经济的重要组成部分，循环经济研究的废弃物利用部分与城市矿产的研究内容在很大程度上相互重叠，因此关于城市矿产的研究很多散落于以"循环经济"为关键词的相关研究中。但是二者的研究视角不同。城市矿产是基于资源恢复的资源利用观，更多地关注废弃物如何通过技术手段恢复为可利用的资源。循环经济是基于经济运行的经济系统观，将整个经济看成一个闭合循环的大系统。因此，循环经济是一个更为系统全面的概念，它其中包含的清洁生产、材料减量化（reduce）等内容并不属于城市矿产的研究范围。

### 1.1.2.2 城市矿产与再生资源

再生资源是指在人类生产生活等各项活动中被开发利用一次以后并报废的，还可反

---

① 所谓再生产，是指将废旧产品或零配件进行粉碎、熔炼、提纯等工艺，将其还原到生产原产品时的半成品或原材料状态，重新提取有价值部分进行再利用（刘光富等，2014）。

② 所谓再制造，是指以先进技术为手段，对废旧产品或零配件进行修复和改造，使其质量达到或超过新品（刘光富等，2014）。

③ 本节内容发表于"王昶，徐尖，姚海琳. 城市矿产理论研究综述［J］. 资源科学，2014，36（8）."一文中。

复回收加工再利用的不可再生资源。城市矿产与再生资源的概念十分相似，概念有重合之处，二者的区别在于：第一，两个概念侧重的性质不一样。再生资源概念强调的是废旧资源的自然属性，即可以被二次利用的自然禀赋。城市矿产概念更多着眼于社会属性，强调资源的战略性及开发的环保价值。第二，两个概念侧重的对象不一样。过去开发再生资源，主要以工业废弃物为原料。与过去语境不同，城市矿产的提出正值城市化进程加速，生活水平提高，消费结构发生重大转变之时，居民生活废弃物大量产生，生活废弃物资源开发成为城市矿产的重要来源。

### 1.1.2.3　城市矿产与固体废弃物

固体废弃物是指在生产建设、日常生活和其他活动中产生的丧失原有利用价值或者被抛弃或者放弃的固态、半固态和置于容器中的气态物品。固体废弃物俗称垃圾。固体废弃物是废弃物的一种形态。而城市矿产是具有经济价值、环境价值和社会价值的资源，并不是所有固体废弃物在现有的技术条件下都能转变为城市矿产。

## 1.2　"城市矿产产业"的确定

### 1.2.1　"城市矿产产业"的定义

根据前文对"城市矿产"概念内涵的界定，并结合中国"城市矿产"产业发展的实际，本书认为，城市矿产产业是指以城市社会生产和消费过程中产生的、具有有价资源的废弃物（城市矿石）为原料，在经济和技术可行的条件下，进行回收、加工处理和再利用的相关行业。

### 1.2.2　"城市矿产产业"的构成

城市矿产产业在我国所涉及的具体行业可以按以下两个标准进行分类及确定。首先，按照城市矿产产业所涉及的产业链（如图1-1所示）环节，可以分为回收活动、拆解活动、资源化利用活动，以及其他相关活动，与这些活动相联系的行业都可以被视作城市矿产产业的范畴。

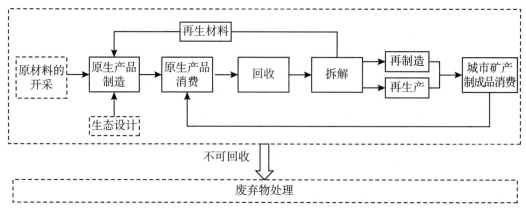

图 1-1　城市矿产产业链环节

在每年颁布的《再生资源行业发展报告》中，有关机构将我国的再生资源行业划分为废钢铁、废有色金属、废塑料、废纸、废弃电器电子产品、报废汽车、报废船舶、废旧轮胎回收利用行业。遵循类似的分类方式，我们也可以按照蕴含着有价资源的城市矿石的种类（如表 1-1、表 1-2 所示），对城市矿产产业进行确定与划分。如电子废弃物及报废汽车拆解产业、废旧塑料与橡胶循环利用产业、废旧钢铁循环利用产业、二次金属循环利用产业、废旧二次电池循环利用产业等，都属于城市矿产产业的范畴。在这种产业确定逻辑下，可以预测，随着科学技术的发展，随着可开发利用的废弃物种类的增加，即城市矿石种类的增加，城市矿产产业所包含的行业也将不断扩展。

表 1-1　　　　　　　　　　　　　城市矿石的分类

| 矿山 | 城市矿石 | 回收对象 | 品位 |
|---|---|---|---|
| 动产 | 汽车、船舶、自行车、飞机 | Fe、Al、Ti、Cu | 高等 |
| 各种容器 | 废罐头盒、废玻璃瓶、废塑料 | Fe、Al、玻璃、纸浆 | 高等 |
| 电子仪器 | 电子仪器表、集成电路接头 | Cu、Ag、Au、Fe、稀土元素 | 高等 |
| 能源 | 电池（原生、再生）、燃料电池 | Pb、Li、Mn、Fe、Zn、Hg | 高等 |
| 生物量 | 废纸、废渣、污泥、木材 | 有机物、热量、纸浆 | 低等 |
| 催化剂 | 催化剂废料、化学反应器 | 稀土元素、贵金属、陶瓷 | 高等 |
| 建筑物 | 碎石、砂、沙砾、沥青、铁路 | 建筑材料、结构材料 | 高等 |

资料来源：郑龙熙，王海洲. 总括性资源观与城市矿产开发的探讨［J］. 有色矿冶，1997（6）：14.

表1-2 我国城市矿石的主要来源

| 类别 | 来源 | 汽车 | 家电产品 | 通信设备 | 塑料包装物 | 钢铁 | 有色金属 | 贵金属 |
|------|------|------|----------|----------|------------|------|----------|--------|
| 社会源 | 家庭消费者 | √ | √ | | √ | | | |
| | 个体消费者 | √ | | √ | √ | | | |
| | 企事业单位 | √ | | | √ | √ | √ | √ |
| 工业源 | 生产制造企业 | √ | √ | √ | √ | √ | √ | |
| | 维修服务企业 | √ | √ | √ | √ | √ | √ | √ |
| | 国外进口 | √ | √ | √ | √ | √ | √ | √ |

资料来源：周永光. 创新驱动下基于O2O视角的城市矿产"互联网＋回收"模式构建研究［J］. 开发研究，2015（4）：29-32.

对照我国《国民经济行业分类（GB/T 4754-2011）》，其中制造业下的"废弃资源综合利用业"大类应属于城市矿产产业。但进一步分析发现，根据该标准废弃资源综合利用业大类细分为两类：一类是金属废料和碎屑的加工处理，主要指从各种废料［包括固体废料、废水（液）、废气等］中回收，并使之便于转化为新的原材料，或适于进一步加工为金属原料的金属废料和碎屑的再加工处理活动，包括废旧电器、电子产品拆解回收；另一类是非金属废料和碎屑的加工处理，主要是指从各种废料［包括固体废料、废水（液）、废气等］中回收，或经过分类，使其适于进一步加工为新原料的非金属废料和碎屑的再加工处理活动①。该标准还提出，本类活动不包括由废金属废料和碎屑制造新产品的活动，如用废塑料再生产的塑料制品，列入塑料制品业相关行业类别中（张菲菲，2011）。由此可见，按照本研究对城市矿产产业的定义和分类，城市矿产产业的范畴要远远大于"废弃资源综合利用业"，因为后者并未包括大部分城市矿产的资源化利用企业，在现行的行业分类标准下，这些企业被归入了制造业下的其他行业范畴，如橡胶和塑料制品业、造纸和纸制品业、黑色金属冶炼和压延加工业、有色金属冶炼和压延加工业、金属制品业、通用/专用设备制造业、汽车制造业等。

在明确"城市矿产"产业包括的行业类别之后，需要对中国"城市矿产"产业的发展现状进行系统梳理。由于产业的竞争日益体现为全产业链的竞争，产业的发展也需要全产业链的协同。因此本书将以产业链理论为指导，以"城市矿产"的物质流、价值流分析为线索，从产业链形成发展的四项重要维度—供需链、企业链、空间链、价值链为框架，分析产业发展的基本情况，探究制约我国"城市矿产"产业链顺畅运行的关键因素。

---

① 参见：国民经济行业分类（GB/T 4754-2011）. 中华人民共和国统计局网站. http://www.stats.gov.cn/tjsj/tjbz/hyflbz/.

# 第 2 章

# 中国城市矿产产业发展的供需链分析

供需链是产业链研究的基础，它关注的焦点是产业链上"节点"和"节点"的关系（吴金明，2006）。本书将从"城市矿产"产业链的"头"（供给端）和"尾"（需求端）两端入手，以特定金属作为研究对象，分析我国"城市矿产"的供给及金属资源需求现状。在供给分析中，本书采用自下而上（bottom—up）的计算方法，对长沙市耐用消费品中锑、钡、金、铅、银、锌六种金属的存量进行了调查研究，得到这些金属在耐用消费品中的使用规模和使用强度，以此为基础计算了2014年长沙市内耐用消费品中六种金属的存量规模和分布情况。在需求分析中，本研究以稀土作为研究对象，首先采用定性分析和定量分析相结合的方式对稀土资源需求影响因素进行探讨，在此基础上建立基于 GA – BP 神经网络的稀土资源需求预测模型，并将此模型应用于中国稀土资源需求预测。最后，得出了供需链分析下的相关结论。

## 2.1 中国"城市矿产"的供给量测算——以长沙地区耐用消费品中锑、钡、金、铅、银、锌为例

金属物质社会蓄积量主要指金属物质在使用阶段的存量，包括了处于使用阶段的交通运输工具、基础设施及耐用消费品等，是二次资源回收的最佳阶段。研究矿产资源在城市中的存量和流量，明确其分布和规模，是科学制定相关资源、产业和环境政策的前提和基础。因此，国内外对城市矿产的研究也越来越重视，对不同种类的金属物质存量进行了研究分析。例如汤姆·格雷德尔（T. E. Graedel）等对美国1900~2009年铝存量的研究（T. E. Graedel et al.，2012）；哈托里（Ryoma Hattori）等利用夜间光照数据对全球使用中的钢铁存量的研究（Ryoma Hattori et al.，2013），以及南京大学袁增伟教授

等人对南京使用中的铜存量的研究（Zengwei Yuan et al.，2011）等。绝大多数已发表的相关研究都是以常见金属铝、铜等为研究对象，类似金、银贵重金属和锑、钡等有色金属的研究还相对较少。

但在实际的生产生活中，贵金属及有色金属的重要性同样不可忽视。我国是最大的锑及其化合物生产国，其中大部分产于湖南省冷水江市的锡矿山。据美国地质调查局统计数据，世界锑矿藏将在13年内枯竭（已探明的），关注锑在城市矿产中的储量日益重要。钡是应用于工业、医疗领域的关键材料，在我国主要分布于湖南省、广西壮族自治区、山东省；钡也是一种易造成污染、有毒性的金属，对其有效管理需要进行系统的物质流分析。金银是贵重金属，资源稀缺用途广泛，铅、锌需求量大易造成污染。由此可见，研究以上多种金属在城市中的存量具有重大的理论价值与现实意义。

长沙市是全国两型社会建设综合配套改革试验区核心城市，是湖南省的政治、经济、文化、科教和商贸中心，是打造"一带一部"的核心增长极和长江经济带的重要区域。本部分的研究以长沙市行政区为系统边界，对边界内的耐用消费品中锑、钡、金、铅、银、锌六种金属的存量进行了调查研究，计算得出了它们的存量规模及使用强度，并进行了量化分析，希望以此为废弃电子产品资源回收提供借鉴，为城市矿产开发利用政策提供有价值的数据支持。

### 2.1.1　研究方法

目前对金属存量的计算方法主要有三种（如表 2 - 1 所示），分别为自上而下（top-down）的方法、自下而上（bottom-up）的方法及夜间灯光影像法（nighttime light images）。其中自上而下的方法适用于国家层面这种有详细流入与流出数据记录的系统边界内的金属存量计算。夜间灯光影像法则适用于那些与夜间灯光强度有相关关系的金属存量分析如铜、铝等。相对而言，自下而上方法则依赖于系统内部结构和使用强度的确定，通过确定结构单元的数量和强度再逐层累加计算出系统内的金属存量（楼俞，石磊，2008）。由于城市间的流动量难以确定，因此本书采用自下而上的计算方法来估计长沙市耐用消费品中六种金属的量。

自下而上的计算方法如下：

$$S = \sum_i M_i \times I_i$$

式中 $S$ 表示所研究金属的总存量；$M_i$ 表示第 $i$ 种耐用消费品的总量（规模）；$I_i$ 表示第 $i$ 种耐用消费品中所研究金属的单位含量，即单位使用强度。

表 2 – 1　　　　　　　　　　金属社会蓄积量计算方法对比

| | 公式 | 优点 | 不足 | 适用范围 |
|---|---|---|---|---|
| 自上而下<br>（Top-down） | $S_t = \sum_{T_0}^{T} (Inflow_t - Outflow_t) + S_0$ | 计算量小，方法简明 | 数据获得性差 | 国家 |
| 自下而上<br>（Bottom-up） | $S = \sum_i M_i \times I_i$ | 数据获得性好 | 计算量大，内部数据结构复杂 | 一个城市或地区 |
| 夜间灯光影像法<br>（NighttimeLightimages） | $L = \sum L_i \times P_n$ | 数据准确具体 | 估算偏差较大 | 全球 |

资料来源：笔者根据相关资料整理。

根据计算公式，我们要需要得到长沙市耐用消费品的使用规模。首先要确定耐用消费品的种类，据此数据的可获得性和长沙统计年鉴的分类，将耐用消费品分为洗衣机、电冰箱、电视机、笔记本电脑、台式电脑、组合音响、摄像机、照相机、微波炉、空调、固话、移动电话 12 类产品（如表 2 – 2 所示）。再根据查阅长沙市统计年鉴获得长沙市每百户家庭耐用消费品的数量及长沙市的人口数据，两者相乘得到其耐用消费品的使用规模。

表 2 – 2　　　　　　　　　　耐用消费品分类

| 序号 | 1 | 2 | 3 | 4 | 5 | 6 | 7 | 8 | 9 | 10 | 11 | 12 |
|---|---|---|---|---|---|---|---|---|---|---|---|---|
| 产品 | 洗衣机 | 电冰箱 | 电视机 | 笔记本电脑 | 台式电脑 | 组合音响 | 摄像机 | 照相机 | 微波炉 | 空调 | 固话 | 移动电话 |

资料来源：笔者根据相关资料整理。

其次要获得所研究金属的单位使用强度，即每单位产品中该种金属的含量。本研究主要通过查阅文献资料、走访调查等方式获得金属在产品中使用强度的数据。对于耐用消费品来说，由于所研究的六种金属的使用集中在产品的打印电路板（PCB）中，其他部件含量极少可忽略不计，因此本研究只对对象产品中的打印电路板金属含量进行调查分析。本研究通过以下几步进行了数据的获得：①查阅文献资料获得研究产品的打印电路板中六种金属的单位含量（mg/kg）；②通过调查研究获得打印电路板在各自产品中重量比重；③使用互联网等信息工具取得 12 类产品的重量信息。由于耐用消费品种类繁多和数据的可获得性，我们从各个产品中选取了具有代表性和市场占有率较高的几个品牌或是基本的几种款式进行重量信息的调查并取其均值；④根据以上数据计算得出产品中金属的含量（如表 2 – 3 所示）。

表 2 - 3　　　　　耐用消费品 PCB 重量* 及锑、钡、金、铅、银、锌含量*

单位：PCB 重量（千克）金属含量（毫克/千克）

| 产品 | PCB | 锑 | 钡 | 金 | 铅 | 银 | 锌 |
|---|---|---|---|---|---|---|---|
| 洗衣机 | 0.80 | 150 | 65 | 17 | 2 200 | 51 | 2 400 |
| 电冰箱 | 0.28 | 2 700 | 82 | 44 | 21 000 | 42 | 17 000 |
| 电视机 | 1.62 | 1 933 | 2 380 | 168 | 12 700 | 373 | 12 433 |
| 笔记本电脑 | 0.32 | 1 300 | 5 600 | 630 | 9 800 | 1 100 | 16 000 |
| 台式电脑 | 0.77 | 2 200 | 1 900 | 240 | 23 000 | 570 | 2 700 |
| 组合音响 | 1.70 | 470 | 1 400 | 6 | 19 000 | 57 | 14 000 |
| 摄像机 | 0.62 | 2 000 | 18 000 | 530 | 3 000 | 5 000 | 13 000 |
| 照相机 | 0.14 | 1 900 | 16 000 | 780 | 17 000 | 3 200 | 8 800 |
| 微波炉 | 0.63 | 5 900 | 2 000 | 0 | 17 000 | 2 000 | 28 000 |
| 空调 | 0.68 | 310 | 320 | 15 | 5 800 | 58 | 4 900 |
| 固话 | 0.06 | 1 400 | 4 700 | 0 | 19 000 | 2 400 | 8 600 |
| 移动电话 | 0.05 | 760 | 19 000 | 1 500 | 13 000 | 3 800 | 5 000 |

资料来源：* 数据来源于中关村在线，http：//detail. zol. com. cn/，官网产品信息；
* 数据来源于 Masahiro Oguchi et al. （2012）和 Oguchi et al. （2011）。

　　由于数据获得的局限性，在这里进行以下三点说明。第一，由于长沙市的公共耐用品没有具体记录，因此本书是按家庭耐用品数量的二倍进行计算，这是基于如下考虑：公用耐用品包括在公共建筑及工矿企业中使用的耐用品和尚在商场中待销售的耐用品，这两部分每一部分的量均按家庭耐用品的数量计算，因此公用耐用品即按家庭耐用品的二倍予以计算（楼俞，石磊，2008）；第二、统计年鉴中只有电脑的存量数据，根据 2007 年 IDC 公司市场报告显示，当年笔记本电脑销量上升 21%，台式电脑销量下降 4%，二者销量基本持平，并预计到 2011 年笔记本电脑销量占电脑销量 2/3，因此笔记本电脑和台式电脑按 2∶1 比例计算；第三，统计年鉴中给出了每百户的存量数据和城乡人口数据而没有户数统计，因此以城市一户三人和农村一户四人计算户数，理由如下：由于计划生育政策和生育观念的城乡差异，城市大多是独生子女三口之家，农村多是四口之家。

## 2.1.2　数据来源

　　本书的数据需求量大，大多来源于文献资料和走访调查，具体如表 2 - 3、表 2 - 4所示。

表 2 - 4 长沙市家庭耐用消费品城乡拥有量* 单位：台

| 产品 | 城市拥有量 | 农村拥有量 | 总量 |
|---|---|---|---|
| 洗衣机 | 1 000 571.3 | 647 374.4 | 4 943 837.1 |
| 电冰箱 | 996 524.5 | 636 467.2 | 4 898 975.1 |
| 电视机 | 1 184 700.7 | 829 588.8 | 6 042 868.5 |
| 笔记本电脑 | 847 804.6 | 239 958.4 | 3 391 518.6 |
| 台式电脑 | 189 187.9 | 125 753.6 | 1 695 609.0 |
| 组合音响 | 109 263.6 | 4 491.2 | 944 824.5 |
| 摄像机 | 473 475.6 | 67 368.0 | 341 264.4 |
| 照相机 | 612 078.5 | 119 337.6 | 1 622 530.8 |
| 微波炉 | 1 823 083.4 | 682 662.4 | 2 194 248.3 |
| 空调 | 954 033.1 | 411 907.2 | 7 517 237.4 |
| 固话 | 604 996.6 | 211 728.0 | 2 450 173.8 |
| 移动电话 | 2 325 898.3 | 1 790 064.0 | 12 347 887.0 |

资料来源：*数据来源于长沙市统计年鉴。

## 2.1.3 研究结果与讨论

长沙市耐用消费品中锑、钡、金、铅、银、锌金属社会蓄积量测算结果如表 2 - 5 所示。

表 2 - 5 2014 年长沙市用消费品数量及其中锑、钡、金、铅、银、锌金属存量 单位：千克

| 产品 | 总量 | 锑 | 钡 | 金 | 铅 | 银 | 锌 |
|---|---|---|---|---|---|---|---|
| 洗衣机 | 4 943 837.1 | 593.3 | 257.1 | 67.2 | 8 701.2 | 201.7 | 9 492.2 |
| 电冰箱 | 4 898 975.1 | 3 703.6 | 112.5 | 60.4 | 28 806.0 | 57.6 | 23 319.1 |
| 电视机 | 6 042 868.5 | 18 923.2 | 23 298.9 | 1 644.6 | 124 326.0 | 3 651.5 | 121 712.2 |
| 笔记本电脑 | 3 391 518.6 | 1 410.9 | 6 077.6 | 683.7 | 10 635.8 | 1 193.8 | 17 364.6 |
| 台式电脑 | 1 695 609 | 2 872.4 | 2 480.7 | 313.3 | 30 029.2 | 744.2 | 3 525.2 |
| 组合音响 | 944 824.5 | 755.0 | 2 248.7 | 9.6 | 30 517.8 | 91.6 | 22 486.8 |
| 摄像机 | 341 264.4 | 423.2 | 3 808.5 | 112.1 | 634.8 | 1 058.0 | 2 750.6 |
| 照相机 | 1 622 530.8 | 431.6 | 3 634.5 | 177.2 | 3 861.6 | 726.9 | 1 999.0 |
| 微波炉 | 2 194 248.3 | 8 156.0 | 2 764.8 | 0 | 23 500.4 | 2 764.8 | 38 706.6 |
| 空调 | 7 517 237.4 | 1 584.6 | 1 635.8 | 76.7 | 29 648.0 | 296.5 | 2 047.4 |

| 产品 | 总量 | 锑 | 钡 | 金 | 铅 | 银 | 锌 |
|---|---|---|---|---|---|---|---|
| 固话 | 2 450 173.8 | 205.8 | 690.9 | 0 | 2 793.2 | 352.9 | 1 264.3 |
| 移动电话 | 12 347 887 | 469.2 | 11 730.5 | 926.1 | 8 026.1 | 2 346.1 | 3 087.0 |
| 总计 | — | 39 528.5 | 58 740.3 | 4 071.0 | 301 480.1 | 13 485 | 270 754.8 |

资料来源：笔者根据相关数据测算所得。

在长沙市总的耐用消费品中，使用中的锑存量为 5.87 克/人；使用中的钡存量为 8.81 克/人；使用中的金存量为 0.61 克/人；使用中的铅存量为 44.69 克/人；使用中的银存量为 2.02 克/人；使用中的锌存量为 40.54 克/人。其中六种金属最大存量均来自彩色电视机，分别占总量的 47%、39%、40%、41%、27%、45%。这是因为彩色电视机的重量大平均约为 17.2 千克，且打印电路板在电视机重量中的比重大约为 9.4%，由此得出的彩色电视机打印电路板的重量为 1.62 千克，是研究对象产品中重量最大的。六种金属中铅的存量最大，而其又是有毒重金属，对环境的污染和人体的伤害严重，结果表明对铅的治理回收刻不容缓。

湖南省矿产资源丰富，被誉为"有色金属之乡"，本研究的六种对象金属中铅、锌、锑、金在湖南省都有较大的矿场。为了与原生矿产作出比较，我们收集了铅、锌、锑、金在湖南省的储量数据，计算出人均拥有量，并给出了这四种金属在耐用消费品中的社会蓄积量和原生矿储量的对比（如表 2-6 所示）。

表 2-6　　　　　　　　　　城市矿产与原生矿产比较

| 金属 | 铅 | 锌 | 锑 | 金 |
|---|---|---|---|---|
| 原生矿储量 * | 427.9640 | 878.1410 | 165.9680 | 0.029074 |
| 人均原生矿产 | 5.9421 | 12.1925 | 2.3044 | 0.000400 |
| 人均城市矿产 | 0.0449 | 0.0403 | 0.0059 | 0.000600 |
| 占比 | 0.76% | 0.33% | 0.26% | 150.20% * |

资料来源：* 原生矿储量：湖南省原生金属资源储量，数据来源于《湖南省矿产资源储量表》；
* 人均城市矿产：长沙市耐用消费品中金属的人均拥有量；
* 金的占比大是由于湖南省的金矿储量并不大且金资源多依赖外部。

对比可以看出，仅仅 12 类耐用消费品中的铅、锌、锑金属资源人均拥有量就已经分别达到了原生矿的 0.76%、0.33% 和 0.26%，如果加上其他耐用消费品、建筑、基础设施、机械设备、交通等领域的金属矿产蓄积量，整个长沙的城市矿产存量将是一个非常可观的水平。由此可见，作为二次资源的城市矿产蓄积量已经达到了相当规模，如果对其进行科学合理的回收和循环利用，城市矿产将会成为未来资源供应的重要来源。

## 2.2　我国金属资源需求量的测算——以稀土资源为例①

稀土资源是中国金属矿产资源中的优势资源。据美国地质调查局（United States Geological Survey，USGS）2013 年的统计数据可知，中国稀土矿产分布面十分广泛且相对集中，品种齐全且可利用性强，储量占世界的 48.34%。稀土资源凭借其独特的电、磁、光、生物等多种特性成为信息技术、生物技术、能源技术等高技术领域和国防建设的重要基础材料，同时也对改造某些传统产业，如农业、冶金机械、石油化工、玻璃陶瓷等起着重要作用，是当今全球各国发展高新技术和国防尖端技术，以及新能源汽车、新材料等战略性新兴产业不可缺少的战略物资（IMCOA，2011）。

随着工业化进程的不断推进，中国已步入工业化中后期。矿产资源种类需求的波次递进规律指出，矿产资源种类需求的波次性顺序为钢、水泥等结构性材料→铝、铜等兼具结构性和功能性的材料→稀土资源等其他功能性材料（王安建等，2002）。工业化中后期作为稀土资源的 "集中作用期"，其重要性逐步凸显（王昶，黄健柏，2014）。中国稀土产业随着国民经济的发展而迅速壮大，已成为全球首屈一指的稀土生产和消费大国。产业结构调整和战略性新兴产业的快速发展使得稀土需求量持续增长。稀土新材料产业作为其他六大战略性新兴产业的基础，在国家的大力培育下将成为未来稀土资源消费的主要驱动力。因此，以中国工业化中后期为背景，立足于稀土资源消费现状，对稀土资源的需求预测进行深入的研究和探讨则显得尤为重要。

### 2.2.1　稀土资源需求的影响因素

#### 2.2.1.1　经济环境因素

**1. 经济发展水平**

经济发展是影响稀土需求的主要因素。于伟军（2012）认为，经济发展对稀土消费

---

① 本节内容来自 "王昶，王严，左绿水. 基于 GA - BP 神经网络的中国工业化中后期稀土资源需求预测 [P].2014."。

有着显著影响，随着中国经济结构调整，稀土需求受影响程度会显著上升，稀土下游行业不断推进扩张，稀土需求不断增大。通过计算 1987～2013 年中国稀土总消费量与国家 GDP 总值的比率，得到每亿元 GDP 的稀土消费量在 0.61～1.28 吨，进一步计算得到每亿元 GDP 稀土消费量的平均值为 0.85 吨，标准差为 0.197。

本书使用简单的线性回归方法对 1987～2013 年 GDP 值与中国稀土消费量进行分析，可得回归方程：$Y = 1.012X - 3\,291$，其中 $Y$ 为稀土资源消费量，$X$ 为 GDP，二者 $R^2$ 为 0.904，属于高度正相关，因此经济发展对稀土需求有着显著影响。图 2-1 为中国稀土资源消费量与 GDP 两组数据进行标准化处理后的情况，可知两组数据随时间变化的趋势非常接近，其相关系数高达 0.95。

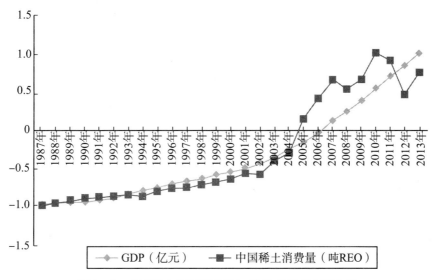

图 2-1　中国稀土资源消费量与 GDP 的时间序列曲线

### 2. 产业结构

不同产业的稀土消费量有很大差别，产业结构的变化必然影响稀土需求量。当前中国正在调整产业结构，推动新兴产业发展，进而导致稀土需求量的变化。由中国稀土资源消费现状可知，中国国内稀土资源广泛应用于冶金机械、石油化工、玻璃陶瓷等传统行业，以及新能源汽车、新材料等战略性新兴产业，而以上行业绝大多数属于工业部门。据统计，中国第二产业是稀土消费的主要产业，占稀土消费总量的 90% 以上。因此工业产业比重的变化是导致稀土需求变化的主要因素。

本书使用简单的线性回归方法对工业总产值占 GDP 的比重与中国稀土消费量进行分析，可得回归方程：$Y = 3 \times 106X^2 - 3 \times 106X + 94\,658$，其中 $Y$ 为稀土资源消费量，$X$

为工业贡献率,二者 $R^2$ 为 0.906,属于高度正相关,因此产业结构对稀土需求有着显著影响。图 2 - 2 为中国稀土资源消费量与工业总产值占比两组数据进行标准化处理后的情况,可知两组数据随时间变化的趋势较为接近,其相关系数为 0.8。

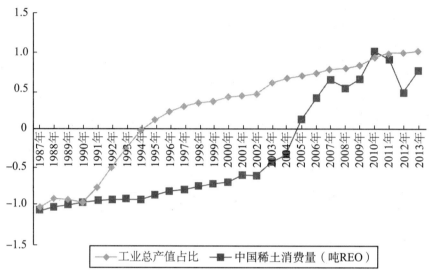

图 2 - 2　中国稀土资源消费量与工业总产值占比的时间序列曲线

### 3. 人口与城市化水平

随着技术的不断进步,稀土成为工业生产中必不可少的材料。而工业作为人类生活和生产的支柱,人口总量的多少直接影响着工业中稀土的总消费量。中国的城镇化带动农村人口向城镇人口的转移,也推动城建、住房、汽车等行业扩张,而这些行业都以冶金机械、石油化工及农轻纺等稀土下游行业的发展为前提。

本书使用简单的线性回归方法对城镇人口在总人口中的比例与中国稀土消费量进行分析,可得回归方程:$Y = 2\,821X - 71\,222$,其中 $Y$ 为稀土资源消费量,$X$ 为城镇人口占比,二者 $R^2$ 为 0.893,属于高度正相关,因此人口与城市化水平对稀土资源需求有着显著影响。图 2 - 3 为中国稀土资源消费量与城市人口占比两组数据进行标准化处理后的情况,可知两组数据随时间变化的趋势非常接近,其相关系数为 0.95。

### 4. 居民消费水平

居民消费能力与稀土资源需求情况有着较强的关联性。经济发展带来生活水平提高,也提高了居民的消费能力,这样刺激了交通运输、住宿、餐饮等第三产业,以及冶金机械、石油化工、玻璃陶瓷、轻工纺织、电子产品等行业的加速发展,进而影响了稀土需求。

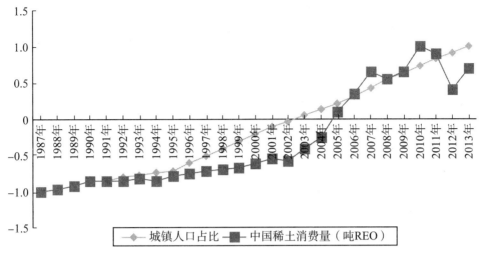

**图 2 - 3 中国稀土资源消费量与城镇人口占比的时间序列曲线**

消费水平反映着居民的消费能力,本书使用简单的线性回归方法对居民消费水平指数与中国稀土消费量进行分析,可得回归方程: $Y = 38.98X - 8\,724$ ,其中 $Y$ 为稀土资源消费量, $X$ 为居民消费水平指数,二者 $R^2$ 为 0.886,属于高度正相关,因此居民消费水平对中国稀土资源需求有显著影响。图 2 - 4 为中国稀土资源消费量与居民消费水平指数两组数据进行标准化处理后的情况,可知两组数据随时间变化的趋势非常接近,其相关系数为 0.94。

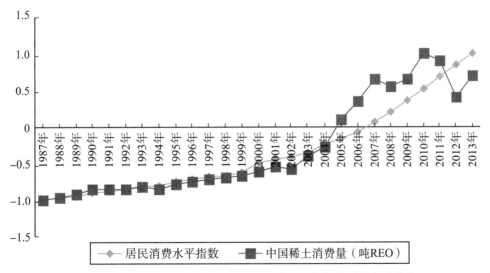

**图 2 - 4 中国稀土资源消费量与居民消费水平指数的时间序列曲线**

### 2.2.1.2　政策环境因素

**1. 产业发展政策**

从 20 世纪 80 年代至今，中国稀土资源需求增长率在不断波动中曲线上升。2005～2010 年，中国稀土资源消费量由 5.19 万吨 REO 增长到 8.70 万吨 REO，增长 67.8%。随后，受中国政府密集出台的产业出口限制政策的影响，中国稀土资源及稀土产品出口量大减，2011 年中国稀土资源消费 8.31 万吨 REO，较 2010 年下降 4.5%。2012 年中国稀土资源消费 6.48 万吨 REO，较 2011 年下降 22%。由此可以看出中国稀土行业政策对稀土需求量有着较大影响。鉴于稀土材料随着技术进步在军用设备、航空航天等关系国家安全方面的深入运用，其战略地位也逐步凸显。中国政府越来越重视稀土资源安全的战略意义和政治意义，因此本研究认为，中国政府将在稀土产业发展政策方面实施更多调控，进而对中国稀土资源消费进行规划和调整。

**2. 出口政策**

20 世纪 80 年代，中国对稀土资源开始进行出口，1985 年对稀土产品出口实行退税政策导致出口量急剧上升：1990～2000 年一直保持年均 5 万吨左右的出口量。随着中国工业化进程加速，政府开始重视稀土资源战略储备问题，将稀土资源安全提升到国家战略安全的高度。出口政策的限制使稀土资源出口必须按照配额进行。如表 2 - 7 所示，2009～2011 年中国稀土资源出口量稳定在 30 000 吨 REO～35 000 吨 REO。

表 2 - 7　　　　　　　　　　稀土出口配额趋势表　　　　　　　　　单位：吨，REO

| 年份 | 第一次 | | 第二次 | | 总计 | |
|------|--------|--------|--------|--------|--------|--------|
| 2009 | 50 145 | | — | | — | |
| 2010 | 14 446 | | 15 738 | | 30 184 | |
| 2011 | 22 282 | | 7 976 | | 30 258 | |
| 2012 | 轻稀土 | 中重稀土 | 轻稀土 | 中重稀土 | 轻稀土 | 中重稀土 |
|      | 18 585 | 2 641 | 8 537 | 1 233 | 27 122 | 3 874 |
| 2013 | 13 563 | 1 938 | 13 821 | 1 679 | 27 384 | 3 617 |
| 2014 | 13 314 | 1 796 | 13 691 | 1 809 | 27 005 | 3 605 |

数据来源：稀土信息网（2014）。

稀土资源在军事和国家安全方面的战略意义不断提升，中国对稀土行业管控的过程由促进生产、出口改为提高税赋、控制出口，中国出口量对稀土需求量的影响将会越来越小。

### 2.2.1.3　技术环境因素

任何工业产品随着技术的发展都会产生相应的替代品,稀土资源也不例外。技术进步对于稀土资源需求的影响很大程度上体现在其替代品的产生方面,而替代品能否广泛应用则取决于其成本。

结合中国稀土消费现状进行分析,稀土资源价格在很大程度上会影响对价格敏感的行业。如以轻纺产业为代表的低端应用市场对稀土材料的价格敏感度很高。2011 年稀土价格暴涨,该产业利润被大幅压缩,部分企业甚至出现亏损现象,该领域稀土需求量下降 49.28%。2012 年市场需求持续走弱,轻纺行业稀土消费量进一步下降 28.57%。因此该领域逐步退出稀土消费市场转而寻求更为低廉的替代品。目前,世界主要发达国家(美国、日本等)稀土替代技术研发尚不成熟,现阶段所研制出的稀土替代品无法完全对稀土性质进行替代,仅有较少数替代品应用于轻工行业。因此本研究认为近年内稀土需求量不会因替代品的产生而出现大幅下降的情况。

### 2.2.1.4　下游行业因素

本研究将稀土资源主要应用领域分为两大部分。传统领域主要包括冶金/机械行业、石油/化工行业、玻璃/陶瓷行业、农轻纺行业。新兴领域则是稀土新材料产业。

**1. 冶金/机械行业**

稀土由于其特殊的性质被广泛应用于金属冶炼过程之中。稀土元素在冶金过程中以其高活泼的化学性质对金属液之中的硫元素、氧元素起到脱除作用,进而对金属液进行净化和调质,保证冶金质量。另外,使用稀土元素对金属进行混合或使用稀土硅化物、稀土有色金属化合物添加到合金冶炼过程中可以制造出性能更为优越的合金材料、优质钢铁等。由前文中国各领域稀土消费量表可知,冶金/机械行业作为稀土资源的传统应用领域,在 1995~2011 年消费量一直稳定在 5 000 吨 REO~10 000 吨 REO。但伴随着战略性新兴产业对新型稀土材料的需求加大,冶金/机械行业对稀土消费影响将会越来越有限。

**2. 石油/化工行业**

稀土元素经过处理之后作为催化剂的重要辅助成分应用于石油裂化催化剂之中。稀土元素的添加能够很大程度上改善催化剂的性能,提高催化效率,减少石油催化裂化过程中的二氧化硫气体的产生和生产燃油中的含硫量,达到保护环境的目的。经测算,稀土元素制成的催化剂能够将原有催化剂的转化效率提高 80% 以上,降低 50% 以上二氧化硫排放量和 60% 以上的燃油含硫量。石油/化工行业对稀土消费始终稳定在 11%

左右。

### 3. 玻璃/陶瓷行业

稀土元素在玻璃工业中的适量使用能够帮助玻璃澄清脱色，提高玻璃高折射度及低色散度等光学玻璃特性。以稀土为添加剂生产出的光学玻璃广泛应用于医学透镜和检视仪、摄影装备镜头材料等方面，甚至在航空航天的高端镜头中也需要稀土元素。在陶瓷行业，稀土氧化物作为添加物能有效地增强高端陶瓷材料的稳定性和强度、韧性等关键性能，也可以降低陶瓷材料的烧结温度，减少资源浪费，达到降低生产成本的目的。玻璃/陶瓷行业在稀土消费中占比始终稳定在 8% ~ 10%。

### 4. 农轻纺行业

以农轻纺产业为代表的低端应用市场对稀土材料的价格敏感度很高。2011 年稀土价格暴涨，该产业利润被大幅压缩，部分企业甚至出现亏损现象，该领域稀土需求量下降 49.28%。2012 年国际市场需求持续走弱、国内市场需求增长缓慢、国内外纺织用棉差价缺口拉大，轻纺行业稀土消费量进一步下降 28.57%。因此该领域逐步退出稀土消费市场转而寻求更为低廉的替代品。随着未来技术的发展和产业升级，农轻纺行业对稀土消费市场影响有限。

### 5. 稀土新材料产业

随着《"十二五"国家战略性新兴产业发展规划》的颁布，新材料产业将会出现高速发展态势，进而对中国稀土需求有着较大拉动作用。国家提出着重发展 7 大新兴产业，稀土材料与这些产业的关联度高，很有可能借此扩大原有的应用领域市场，甚至开拓新的市场领域。稀土会因新的应用出现而获得更大需求空间：其中稀土永磁材料主要应用于消费电子（占 38%）及传统汽车（占 27%），未来电动汽车的发展必将带动高性能永磁材料电机需求，因而新能源汽车产业是永磁材料需求增长的主要动力；稀土发光材料则主要用于生产稀土荧光粉及稀土墙体材料等节能环保行业；稀土催化材料则主要用于汽车催化转化器、石油精炼裂化催化剂等；稀土储氢材料主要用于新型镍氢电池的生产等。新型稀土材料在稀土资源消费中的占比由 2008 年的 52.5% 上升至 2012 年的 72.5%，并将随着国家政策支持和产业结构调整持续保持上升态势。战略性新兴产业对稀土消费影响将会越来越明显。

## 2.2.2 基于 GA – BP 神经网络的稀土资源需求预测模型

### 2.2.2.1 变量选取

基于影响因素分析，本研究选取稀土元素氧化物消费量（REO）作为稀土资源需求量，采用 GDP、工业贡献率、城镇人口占比、居民消费水平指数、出口配额，以及各下游行业稀土元素氧化物消费量（其中由于新材料行业在 2000 年以前消费量过小，因此合并为变量"新材料行业"而不进行具体行业细分）等影响因素作为自变量，建立中国工业化中后期基于 GA‑BP 神经网络的稀土资源需求预测模型。

### 2.2.2.2　GA‑BP 神经网络模型

**1. 模型建立**

本研究采用三层结构的 BP 神经网络，输入层有 10 个神经元，输出层有 1 个神经元。隐含层神经元个数通过试验确定，根据输入层和输出层神经元的个数，暂时将隐含层神经元的个数确定为 3~13 个。通过比较不同隐含层数网络的预测误差，最终将隐含层神经元数设为 10 个。模型网络结构如图 2‑5 所示：

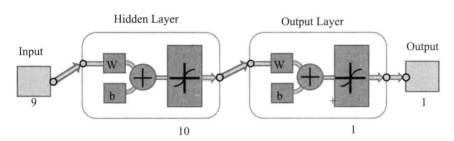

图 2‑5　BP 神经网络拓扑结构

**2. 初始数据处理及参数设定**

先将样本数据标准化，使其均值为 0，方差为 1。将这些数据作为输入，把标准化后的稀土元素氧化物消费量（REO）作为输出数据，形成 GA‑BP 神经网络的训练样本对。在 BP 神经网络的拓扑结构方面：实践证明中间层的神经元传递函数为 S 型正切函数、输出层神经元传递函数为 S 型对数函数时，预测结果最佳。由于函数 trainlm 收敛速度快，网络的训练误差也比较小，故在训练时选用 LM 算法，将最大训练次数设为 5 000 次，目标精度定为 0.001。在遗传算法的参数方面：遗传算法初始运行参数主要包括种群大小 M、遗传代数 G、交叉概率 Pc 和变异概率 Pm。其中，种群大小一般为 10~200，根据经验及实际测试情况取 M = 10。遗传代数 G 的选取主要依靠实际迭代的结果初步取 G = 50，根据适应度值的变化情况适当调整。交叉概率 Pc 在实际使用中一般取 0.7 左右比较理想，经测试取 Pc = 0.7 适合。变异概率 Pm 一般不超过 0.05，根据实际使用情况取 Pm = 0.05。

**3. 模型训练及测试**

选取 1987 ~ 2013 年中国的数据进行训练，训练时将样本以 70%、15% 和 15% 的比例随机分为三组，分别作为训练、检验和测试数据，如表 2 - 8 所示。

表 2 - 8　　　　　　　　　稀土资源消费相关变量归一化处理

| 年份 | GDP | 工业贡献率 | 城镇人口占比 | 居民消费水平指数 | 出口配额 | 各行业稀土消费 | | | | | 稀土消费总量 |
|---|---|---|---|---|---|---|---|---|---|---|---|
| | | | | | | 冶金/机械行业 | 石油/化工行业 | 玻璃/陶瓷行业 | 轻纺行业 | 新材料产业 | |
| 1987 | 0 | 0 | 0 | 0 | — | 0.174 | 0 | 0 | 0 | 0 | 0 |
| 1988 | 0.011 | 0.060 | 0.017 | 0.012 | — | 0.238 | 0.017 | 0.017 | 0.046 | 0.002 | 0.016 |
| 1989 | 0.016 | 0.054 | 0.031 | 0.011 | — | 0.324 | 0.036 | 0.036 | 0.066 | 0.004 | 0.033 |
| 1990 | 0.020 | 0.040 | 0.038 | 0.024 | — | 0.363 | 0.047 | 0.046 | 0.086 | 0.006 | 0.043 |
| 1991 | 0.031 | 0.130 | 0.057 | 0.032 | — | 0.394 | 0.057 | 0.057 | 0.122 | 0.008 | 0.053 |
| 1992 | 0.049 | 0.263 | 0.075 | 0.057 | — | 0.383 | 0.061 | 0.061 | 0.160 | 0.010 | 0.056 |
| 1993 | 0.070 | 0.383 | 0.094 | 0.074 | — | 0.415 | 0.071 | 0.070 | 0.178 | 0.012 | 0.065 |
| 1994 | 0.092 | 0.497 | 0.112 | 0.084 | — | 0.318 | 0.059 | 0.058 | 0.196 | 0.015 | 0.054 |
| 1995 | 0.113 | 0.565 | 0.131 | 0.117 | — | 0.338 | 0.340 | 0.103 | 0.216 | 0.018 | 0.091 |
| 1996 | 0.134 | 0.615 | 0.182 | 0.127 | — | 0.387 | 0.378 | 0.117 | 0.176 | 0.026 | 0.110 |
| 1997 | 0.156 | 0.644 | 0.232 | 0.139 | — | 0.388 | 0.406 | 0.136 | 0.230 | 0.031 | 0.116 |
| 1998 | 0.176 | 0.671 | 0.283 | 0.156 | — | 0.397 | 0.443 | 0.151 | 0.230 | 0.048 | 0.134 |
| 1999 | 0.196 | 0.684 | 0.333 | 0.179 | — | 0.402 | 0.469 | 0.171 | 0.245 | 0.060 | 0.149 |
| 2000 | 0.221 | 0.710 | 0.384 | 0.235 | — | 0.412 | 0.482 | 0.199 | 0.253 | 0.079 | 0.168 |
| 2001 | 0.248 | 0.713 | 0.434 | 0.259 | — | 0.441 | 0.508 | 0.322 | 0.295 | 0.108 | 0.209 |
| 2002 | 0.279 | 0.732 | 0.485 | 0.288 | — | 0.431 | 0.508 | 0.308 | 0.278 | 0.103 | 0.201 |
| 2003 | 0.317 | 0.799 | 0.535 | 0.320 | — | 0.432 | 0.564 | 0.745 | 0.254 | 0.173 | 0.294 |
| 2004 | 0.359 | 0.826 | 0.579 | 0.359 | 0.870 | 0.392 | 0.443 | 0.772 | 0.114 | 0.276 | 0.342 |
| 2005 | 0.411 | 0.846 | 0.622 | 0.401 | 1.000 | 0.857 | 0.702 | 0.813 | 0.558 | 0.429 | 0.569 |
| 2006 | 0.476 | 0.865 | 0.669 | 0.456 | 1.000 | 0.891 | 0.806 | 0.964 | 0.986 | 0.535 | 0.702 |
| 2007 | 0.557 | 0.888 | 0.724 | 0.524 | 0.893 | 0.980 | 0.903 | 1.000 | 1.000 | 0.670 | 0.822 |
| 2008 | 0.620 | 0.894 | 0.763 | 0.585 | 0.832 | 0.919 | 0.899 | 0.903 | 0.907 | 0.619 | 0.762 |
| 2009 | 0.686 | 0.914 | 0.810 | 0.662 | 0.475 | 0.980 | 0.896 | 0.908 | 0.887 | 0.703 | 0.828 |
| 2010 | 0.768 | 0.962 | 0.867 | 0.730 | 0.563 | 1.000 | 0.896 | 0.963 | 0.871 | 0.939 | 1.000 |

续表

| 年份 | GDP | 工业贡献率 | 城镇人口占比 | 居民消费水平指数 | 出口配额 | 各行业稀土消费 | | | | | 稀土消费总量 |
| --- | --- | --- | --- | --- | --- | --- | --- | --- | --- | --- | --- |
| | | | | | | 冶金/机械行业 | 石油/化工行业 | 玻璃/陶瓷行业 | 轻纺行业 | 新材料产业 | |
| 2011 | 0.849 | 0.990 | 0.913 | 0.822 | 0.000 | 0.892 | 0.896 | 0.881 | 0.311 | 0.960 | 0.952 |
| 2012 | 0.921 | 0.997 | 0.959 | 0.914 | 0.002 | 0 | 0.909 | 0.881 | 0.146 | 0.816 | 0.727 |
| 2013 | 1.000 | 1.000 | 1.000 | 1.000 | 0.023 | 0.078 | 1.000 | 0.949 | 0.064 | 1.000 | 0.876 |

资料来源:《中国统计年鉴》稀土信息网及笔者测算。

在使用遗传算法对 BP 神经网络的初始权值阈值长度及范围进行优化之后,本研究基于已有的 BP 神经网络结构对中国稀土需求进行预测,训练网络达到精度要求,训练后网络收敛。网络的遗传算法适应度曲线、训练误差性能曲线和网络梯度变化曲线如图 2 - 6 至图 2 - 8 所示。

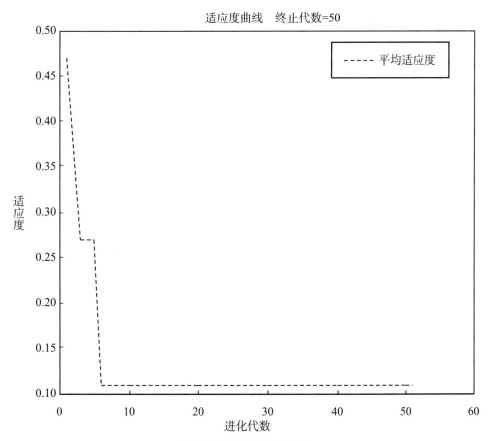

图 2 - 6  适应度曲线变化

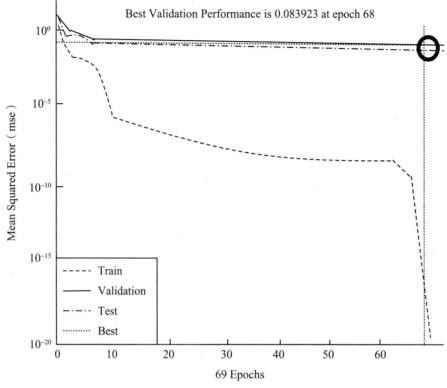

图 2 - 7 训练误差性能曲线

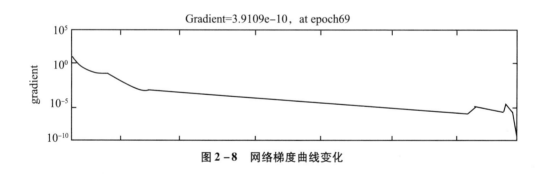

图 2 - 8 网络梯度曲线变化

### 2.2.2.3 中国稀土资源需求预测

通过对比发现，采用 GA – BP 神经网络模型对中国稀土需求量进行预测所得结果更为精确，训练效果更好，训练耗时更短，而且也未出现过拟合现象（如表 2 – 9 所示）。以 2010～2013 年中国稀土资源需求实际数据和预测数据进行对比计算，该预测模型准确率约为 94.4%。本预测模型具有较强的适用性和可靠性，且预测模型性能稳定、鲁棒性较高。与郝雅琦等（2014）运用 ARIMA 对稀土资源需求的预测结果和周扬等（2013）运用 BPNN – Markov 模型对稀土资源需求的预测结果相比，预测精度显著提高，模型鲁棒性也有较大提升。

表 2 - 9　　　　　　　　　　　　　　预测误差比较

| 年份 | 实际值 | GA - BP 神经网络预测值 | 准确率 |
|------|--------|------------------------|--------|
| 2010 | 87 025 | 79 131. 732 | 90. 930% |
| 2011 | 83 110 | 81 704. 508 | 98. 309% |
| 2012 | 64 797 | 60 970. 331 | 94. 094% |
| 2013 | 76 900 | 73 047. 090 | 94. 990% |

基于此，本书使用 GA - BP 神经网络对 2014 ~ 2020 年的 REO 需求量进行预测，结果见表 2 - 10。由表可知中国稀土消费量将在 2015 年达到 88 634 吨 REO，将在 2020 年达到 138 901 吨 REO，其年复合增长率约为 8. 813%。

表 2 - 10　　　　　　　　　　　　　　预测结果　　　　　　　　单位：吨，REO

| 年份 | 2014 | 2015 | 2016 | 2017 |
|------|------|------|------|------|
| 预测值 | 82 845 | 88 634 | 91 520 | 99 783 |
| 年份 | 2018 | 2019 | 2020 | |
| 预测值 | 109 943 | 125 717 | 138 901 | |

本节从经济环境、政策环境、技术环境及下游产业四方面出发，系统分析了影响中国稀土资源需求的重要因素，并采用 GDP、工业总产值占比、城镇人口占比、居民消费水平指数、历年出口配额，以及各下游行业稀土元素氧化物消费量作为模型的输入变量，基于 GA - BP 神经网络对中国稀土资源需求量进行预测，有效地反映了上述变量和稀土资源需求量间的复杂关系。

# 2.3　研究结论

本章从"城市矿产"产业链的"头"（供给端）和"尾"（需求端）两端入手，以特定金属作为研究对象，分析了我国"城市矿产"的供给及金属资源需求现状。通过前文的分析，本研究得到以下结论及启示：

（1）从供给端看，城市是蕴藏着丰富矿产资源的资源集中地，城市矿产具有显著的开采价值。在自然资源逐渐枯竭的今天，城市矿产社会存量以废弃物形态在不断堆积在城市中。我国的废钢、废有色金属、废弃电子产品、报废汽车和机电设备等各种废弃物每年以 10% 的平均速度增长，每年产生量超过 40 亿吨。这些城镇固体废弃物蕴含着丰富可回收资源，其中金属是主要有价物，与自然矿山相比是高品位城市富矿。以城市矿产中的电子废弃物为例，电子组分元素多达 40 多个，除了铜、铁、铝、锡、铅、锌等基本金属外，金、银、铂、钯、铟、锗等稀贵金属也是其不可或缺的重要组分。本书利用物质流方法，以长沙地区耐用消费品中锑、钡、金、铅、银、锌等金属的测算分析充分显示，金属组分是"城市矿产"中最重要、最有价值的资源，尤其是电子废物、废旧机电设备/零部件中，蕴藏着的丰富稀贵金属资源，贵金属含量远高于自然矿产品，回收利用价值高，应成为我国开发利用城市矿产的重点目标。

（2）从需求端分析，伴随我国进入工业化、城镇化快速推进的关键阶段，未来将进入我国金属资源消费的快速增长阶段。由于受到篇幅的限制，本书仅以稀土为例，研究了未来我国金属资源需求现状。但本课题组的相关研究表明，未来 10 ~ 15 年将是我国金属资源消费的快速增长阶段，我国重要金属资源的总量保障明显不足，资源结构性矛盾突出，大宗金属资源的对外依存度将进一步上升，同时资源分布与工业布局不匹配问题将变得更加突出。到 2020 年，我国已探明储量的 24 种重要金属资源中，仅有 3 种可保证需求，3 种基本可以满足需求，13 种难以满足需求，5 种将肯定出现短缺（王昶，陈从喜，姚海琳，2016）。我国亟需在合理保护国内资源的同时，拓展金属资源供给渠道，确保金属资源供给的稳定性、经济性。

（3）城市矿产变废为宝，应成为开辟国家金属资源安全保障新渠道。据有关机构预测，再生铜、铁对原生资源替代比例可新增 25% 以上，资源对外依存度可下降约 30%，并于 2050 年替代进口资源成为我国主要供应渠道，并最终能将铜和钢铁的对外依存度降低到 10% 以下（季晓立，2013）。城市将是未来最大的资源集中地，国内外的实践表明，城市矿产大规模开发利用时机已经成熟。因此，加快城市矿产战略性开发，将是降低资源海外依存度，有效缓解资源与环境双重约束，增强国内资源保障能力的重要战略举措。

# 第 3 章

# 中国城市矿产产业发展的企业链分析

企业链是产业链的载体和具体体现形式，可分为企业和企业、企业和消费者、企业和政府，以及三者之间的链接（吴金明，2006）。在这一章，本研究将首先运用博弈论方法，构建一个参与主体为政府、回收利用企业、居民的三方完全信息动态博弈模型，以研究城市矿产产业链条上这三者的竞合关系；通过对博弈模型的均衡分析，寻求各利益主体之间的动态平衡，提出解决产业内部主体之间矛盾的针对性建议。接下来，本研究运用案例研究方法，对我国城市矿产产业中三家标杆上市公司进行分析，通过分析这三家企业2009～2015年的基础数据，从主营业务的变化和主要财务指标的变动趋势描述我国城市矿产企业的经营状况，并揭示行业的发展特征与趋势。

## 3.1 中国城市矿产产业利益主体三方动态博弈研究

在本节，本研究构建了一个参与主体为政府、回收利用企业、居民的三方完全信息动态博弈模型，通过该模型的建立，分析博弈各参与主体在既定假设条件下的行为，最后基于模型的均衡解，寻求各利益主体之间的动态平衡，并给出完善城市矿产产业发展的若干建议。

### 3.1.1 政府、回收利用企业、居民三方博弈模型构建

城市矿产产业的利益主体就是与城市产业相关，并且会受到城市矿产产业发展和变化影响，并且对城市矿产产业有着利益诉求的组织或者个人（武春友，刘岩，2010）。我国城市矿产产业作为利益关系较为复杂的新兴产业，其产业链的构建需要政府、企

业、消费者及其他社会机构多方面的重视和参与。考虑到研究的可行性，本书只选取了城市矿产产业链中最主要的三类经济利益主体——政府、回收利用企业、居民构建三方博弈模型。

政府从社会利益和环境效益出发，通过制定相应的政策措施扶持城市矿产产业的发展，最常见的是提供适当的财政补贴鼓励行业发展；回收利用企业指具有资质许可且符合国家相关准入规定的正规回收利用企业；居民作为消费群体中城市矿产主要的提供者，可以通过自愿提供在生产和生活过程中产生的废弃物至指定的回收企业的行为，获取相应的经济利益。在城市矿产产业链中，只有当这三者形成相互促进，相互制约的竞合关系时，才能达到利益的动态平衡。

### 3.1.1.1　模型假设

在完全市场机制作用下的城市矿产产业，政府和回收利用企业、居民的博弈行为是不断重复并且是动态的，针对同一利益主体而言，其角色可能是不固定的，而且三方的选择会随着时间的推移而做出变动。基于此，做出下列博弈模型的假设：

（1）模型中的政府、回收利用企业、居民均为完全理性个体，在客观条件的约束下，能以获取自己的最优利益为决策目标。

（2）通过一定合理的假设，最终将此三方博弈模型确定为完全信息动态博弈模型，三方按照一定的顺序做出决策，后行动者在自己行动前能够知道先行动者的行为，且信息是完全的，即博弈各方对自身和其他主体的行动空间和收益函数都是完全了解的。

（3）参与主体的行动顺序依次为：先是政府，其次是回收利用企业，最后是居民。

（4）政府的行动空间为（扶持，不扶持）。扶持的措施包括实行优惠的财税政策、建立产业扶持基金、完善公共回收设施、合规处理给予基金补贴等措施。扶持概率为 $q_1$，不扶持概率为 $1-q_1$。政府选择扶持城市矿产产业时，需要耗费 $C_1$ 的成本来完善公共基础设施。且考虑到企业和居民利益，分别给予 $S_1$ 和 $S_2$ 的财政资金补贴，其中 $S_2$ 只有在企业选择回收的情况下才能成为居民收益的一部分。

（5）企业的行动空间为（回收利用，不回收利用）。回收利用的概率为 $q_2$，不回收利用的概率为 $1-q_2$。若回收利用企业选择回收利用，企业需要耗费 $C_2$ 的成本（包括建立回收物流体系，给予居民一定的奖励），但是会有 $R$ 的收益及享受政府的补贴 $S_1$，同时也会给政府带来 $E$ 的环境及经济效益；若回收利用企业选择不回收利用，则废弃物堆积导致的环境污染会增加，居民的生活质量下降，政府需要花费 $T$ 的成本来弥补损失的环境和经济效益。

（6）居民的行动空间为（配合，不配合）。配合是指居民主动进行废弃物分类，将废弃物交到指定回收点，居民配合回收利用企业进行回收的概率为 $q_3$，不配合的概率为 $1-q_3$。通过居民的主动配合行动，回收利用企业可相应降低其回收成本 $F$，但同时从居民的角度来看，会增加居民自身的隐形支出 $C_3$。若政府不对企业进行扶持，居民只能从企业得到奖励 $r$（购物券，兑换券，现金等）；若政府扶持，居民的主动配合行动会从企业得到奖励及政府补贴（$r+S_2$）。

### 3.1.1.2　三方博弈模型博弈树

根据以上确定的三方博弈模型的参与主体，行动顺序，行为空间，参数设置和信息集，我们通过建立博弈树来更加直观描述该三方完全信息动态博弈模型（如图3－1所示）。

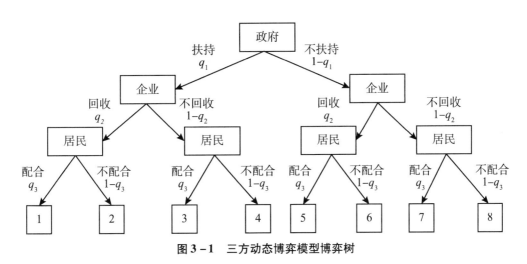

**图3－1　三方动态博弈模型博弈树**

### 3.1.1.3　三方博弈收益均衡分析

根据博弈树的直观描述，可以清晰观察到三方博弈模型的8种战略组合，以及各组合的概率。基于前文对模型的假定和参与主体行动空间和参数设置的描述，可以计算得到各战略组合中各参与主体的收益函数，从而构成收益矩阵。矩阵的第一列为政府的收益，第二列为回收利用企业的收益，第三列为居民的收益（如表3－1所示）。

表3－1　　　　　　　　　　　　　　　博弈方收益矩阵

| 序号 | 概率 | 收益 |
|---|---|---|
| 1 | $q_1 q_2 q_3$ | $[E-C_1-S_1-S_2,\ S_1+R+F-C_2,\ S_2+r-C_3]$ |
| 2 | $q_1 q_2 (1-q_3)$ | $[E-C_1-S_1,\ S_1+R-C_2,\ 0]$ |
| 3 | $q_1 (1-q_2) q_3$ | $[-C_1-T,\ 0,\ 0]$ |

| 序号 | 概率 | 收益 |
|------|------|------|
| 4 | $q_1(1-q_2)(1-q_3)$ | $[-C_1-T, 0, 0]$ |
| 5 | $(1-q_1)q_2q_3$ | $[E, R+F-C_2, r-C_3]$ |
| 6 | $(1-q_1)q_2(1-q_3)$ | $[E, R-C_2, 0]$ |
| 7 | $(1-q_1)(1-q_2)q_3$ | $[-T, 0, 0]$ |
| 8 | $(1-q_1)(1-q_2)(1-q_3)$ | $[-T, 0, 0]$ |

各博弈方收益函数：

政府：

$$U_1 = q_1q_2q_3(E-S_1-S_2-C_1) + q_1q_2(1-q_3)(E-S_1-C_1) + q_1(1-q_2)q_3(-C_1-T)$$
$$+ q_1(1-q_2)(1-q_3)(-C_1-T) + (1-q_1)q_2q_3E + (1-q_1)q_2(1-q_3)E$$
$$+ (1-q_1)(1-q_2)q_3(-T) + (1-q_1)(1-q_2)(1-q_3)(-T)$$

企业：

$$U_2 = q_1q_2q_3(S_1+R+F-C_2) + q_1q_2(1-q_3)(S_1+R-C_2) + (1-q_1)q_2q_3(R+F-C_2)$$
$$+ (1-q_1)q_2(1-q_3)(R-C_2)$$

居民：

$$U_3 = q_1q_2q_3(S_2+r-C_3) + q_1(1-q_2)q_3(-C_3) + (1-q_1)q_2q_3(r-C_3)$$
$$+ (1-q_1)(1-q_2)q_3(-C_3)$$

由于各博弈方均为完全理性个体，所以他们均以自身利益最大化为决策目标。根据逆向归纳法求解上述博弈模型。

当居民的期望收益最大时，其一阶导数为零，即：

$\dfrac{\partial U_3}{\partial q_3} = rq_2 - C_3 + S_2q_1$ 解得：$q_1' = \dfrac{C_3 - rq_2}{S_2q_2}$

当企业的期望收益最大时，有：

$\dfrac{\partial U_2}{\partial q_2} = R - C_2 + Fq_3 + S_1q_1$ 将 $q_1'$ 代入并计算得：$q_3^* = \dfrac{C_2 - R + \dfrac{S_1}{S_2}r}{F}$

当政府的期望收益最大时，有：

$\dfrac{\partial U_1}{\partial q_1} = -C_1 - S_1q_2 - S_2q_2q_3$，将 $q_3^*$ 代入得：$q_2^* = \dfrac{C_1F}{S_2(R-C_2) - S_1(r-F)}$

$q_2^*$ 代入 $q_1'$ 得：$q_1^* = \dfrac{C_3S_2(R-C_2) - C_3S_1(r+F) - C_1rF}{C_1FS_2}$

综上所述，此动态博弈模型的均衡解为：

$$\left( q_1^* = \frac{C_3 S_2 (R - C_2) - C_3 S_1 (r + F) - C_1 r F}{C_1 F S_2}, \quad q_2^* = \frac{C_1 F}{S_2 (R - C_2) - S_1 (r - F)}, \quad q_3^* = \frac{C_2 - R + \frac{S_1}{S_2} r}{F} \right)。$$

通过收益函数的最大化，求解得到该政府、回收利用企业、居民三方完全信息动态博弈模型的均衡解，进一步深入分析，可以得到如下结论：

（1）政府扶持城市矿产回收企业的概率为：$q_1^* = \dfrac{C_3 S_2 (R - C_2) - C_3 S_1 (r + F) - C_1 r F}{C_1 F S_2}$；由式可知：在企业方收益和成本既定的情况下（即 $R$，$r$，$F$，$C_2$，$S_1$ 不变），若 $C_3$、$S_2$ 保持不变，政府用来完善回收体系的成本 $C_1$ 越高，则政府扶持该产业发展的概率 $q_1^*$ 越小；若 $C_1$、$S_2$ 保持不变，居民主动配合企业回收付出的隐形成本 $C_3$ 越高，政府扶持产业发展的概率 $q_1^*$ 越大；在居民方收益和付出的成本既定情况下（即 $C_3$，$r$，$S_2$ 不变），若居民主动配合带给企业成本 $F$ 降低得越多，则企业会更加愿意承担废弃物回收处理的社会责任，政府则无须动用财政资金去扶持回收企业，$q_1^*$ 会越小。

（2）企业选择回收利用城市矿产的概率为：$q_2^* = \dfrac{C_1 F}{S_2 (R - C_2) - S_1 (r - F)}$；从上式可知，回收利用概率的大小与回收利用收益 $R$、回收利用成本 $C_2$、政府补贴 $S_1$ 等因素相关。政府通过完善回收体系，建立物流基地等方式扶持，同时给予企业和居民补贴，会大大降低回收利用企业回收城市矿产的难度；而且政府加大对企业的补贴 $S_1$ 时，企业就会更加积极主动的参与城市矿产回收，居民主动配合帮企业节省的成本 $F$ 越多，企业参与回收利用的可能性 $q_2^*$ 就越大。

（3）居民主动配合回收企业回收城市矿产的概率为：$q_3^* = \dfrac{C_2 - R + \frac{S_1}{S_2} r}{F}$ 从上式可知，居民主动配合企业回收的概率大小与政府补贴 $S_1$、$S_2$ 和企业奖励 $r$ 有关。当 $S_1 + S_2$ 固定时，政府给予企业的补贴 $S_1$ 越多，企业给予居民的奖励 $r$ 就可以适当提高，居民配合的概率 $q_3^*$ 也就越大；政府给予居民的补贴 $S_2$ 越多，企业所得补贴 $S_1$ 相应减少，企业从自身收益中分给居民的奖励 $r$ 会减少，居民意识到自己所获得的直接奖励少了，主动配合回收的概率 $q_3^*$ 也就越小。当其他参数既定，居民获得的企业奖励 $r$ 越多，居民就会越主动配合企业回收。

## 3.1.2　研究结论及启示

上文中通过利用博弈论方法研究城市矿产产业链中政府、回收利用企业、居民这三大主体间的总体利益关系，通过对模型的求解和对均衡解的分析，较清晰地阐述了各方的博弈关系和影响因子。根据相关研究结论，可为政府制定城市矿产发展的相关政策提供理论依据。

（1）在城市矿产产业的发展中，需要政府扮演积极的角色。例如，通过鼓励居民参与城市矿产的回收的活动，建立相应的奖励机制和奖励举措，也就是提高模型中 $S_2$ 的值，可以降低回收利用企业的相关成本，提高企业对城市矿产进行回收利用的可能性。同时政府通过支持城市矿产回收体系的建设，合理设置居民城市矿产回收点，完善社区的回收配套设施，提高回收行动的便利性，从而降低居民参与回收行动付出的成本 $C_3$，可以提升居民主动配合企业回收利用城市矿产资源的积极性，有力地促进城市矿产从非正规渠道流向正规渠道，从闲置在家的废弃物转换成有价值的资源产品。

（2）通过对均衡解的分析可以看出，居民的行为在产业发展中也具有关键作用。如果居民能配合城市矿产的回收，可以有效地节省企业在回收过程中所支出的成本，企业参与回收利用的可能性也就越大；则政府也可以相应减少产业扶持上的财政开支。因此，在产业发展中，一方面，需要通过宣传教育使得民众意识到循环经济、生态文明的发展不只需要政府的单方面努力，更需要社会各阶层的积极参与，在民众中对城市矿产产业进行深入的宣传，引导居民对城市矿产循环利用的正确认识，培养对废弃物的分类、回收意识；另一方面，采用市场激励机制，最大化居民的经济利益，如以旧换新和押金补贴的方式来培养居民的回收行为，当居民可以通过回收行为获得一定的经济利益时，也会主动参与到城市矿产回收工作当中。

（3）对于回收利用企业而言，通过对均衡解的分析可以看出，作为市场经济下的竞争主体，企业需要最大化其经济利益。在产业发展初期，完善的回收体系尚未建成、对城市矿产制成品的接受度不高时，企业的回收利用收益 $R$ 将比较有限、而回收利用成本 $C_2$ 又特别高，如果没有相关的政府补贴和支持，企业的回收利用行为可能会无利可图。但是城市矿产产业发展具有极强的外部性，其发展能带来社会利益 $E$ 的提升，因此需要政府制定促进企业发展的财税、信贷、研发资助等优惠政策，形成促进产业发展的激励机制。

## 3.2　中国城市矿产产业标杆上市公司案例分析

### 3.2.1　研究对象的选取及依据

城市矿产产业链较为复杂，涉及回收、拆解、循环再造等不同环节；此外城市矿石的种类繁多, 对不同的废弃物进行处置也需要不同的处理资质。根据资料整理, 本书按照城市矿产的产业链环节、城市矿石的不同类型两个维度对城市矿产产业上市公司企业进行了划分, 如表 3 - 2 所示。

表 3 - 2　　　　　　　　　　　城市矿产上市公司分布情况

| 城市矿石类型 | 产业链环节 | | |
|---|---|---|---|
| | 回收环节 | 拆解环节 | 循环再造环节 |
| 家用电子 | 桑德环境<br>格林美<br>东江环保<br>TCL<br>四川长虹 | 桑德环境<br>格林美<br>东江环保 | 桑德环境<br>格林美<br>东江环保 |
| 金属 | 江西铜业<br>格林美<br>铜陵有色<br>豫光金铅<br>锌业股份<br>精诚铜业<br>贵研铂业<br>怡球资源<br>中再生<br>齐合天地 | | 江西铜业<br>格林美<br>铜陵有色<br>豫光金铅<br>锌业股份<br>精诚铜业<br>贵研铂业<br>怡球资源<br>中再生<br>齐合天地 |
| 电池 | 东江环保<br>格林美<br>风帆股份<br>豫光金铅 | 东江环保<br>格林美<br>风帆股份<br>豫光金铅 | 东江环保<br>格林美<br>风帆股份<br>豫光金铅 |
| 汽车 | 格林美<br>桑德环境 | 格林美<br>桑德环境<br>天奇股份 | 格林美<br>桑德环境<br>天奇股份 |

资料来源: 笔者自行整理。

在以上众多的城市矿产行业上市公司中, 本研究选取格林美、东江环保和怡球资源作为研究对象, 主要是因为: 这三家上市企业的核心业务都属于城市矿产行业, 且产业链布局在回收、拆解、循环利用等多个环节, 产业链较为完整; 而且这三家企业所处置的废弃物基本上包涵了现阶段城市矿产上市公司所处置的所有城市矿石类型, 但三家企业的业务重点又有所区别, 具有一定的典型性和代表性, 故选作为本研究的研究对象。

格林美以倡导开采 "城市矿山" 为宗旨, 在国内率先提出 "资源有限、循环无限"

产业理念，突破性解决了中国在废旧电池、电子废弃物与报废汽车等典型废弃资源绿色处理与循环利用的关键技术，构建了集回收、拆解、循环再造于一体的废旧电池与钴镍钨等稀有金属废物、动力电池材料、废弃电器电子产品与报废汽车等循环利用的核心产业链，成为我国一流的城市矿产循环利用示范基地。

东江环保是国内环保行业最早的参与者，具备突出的专业化管理能力和资深的行业经验。目前为止，其业务链不仅横跨工业固废和市政固废两大领域，还配套发展一站式环保服务，横贯废物收集运输、资源化综合处、无害化处理处置的完善产业链条，服务范围已延伸至餐厨垃圾、电子废弃物、土壤修复等新兴领域。

怡球资源是中国铝资源再生领域的龙头企业之一，是我国循环经济产业的典型企业。企业专注于废铝再加工业务，成立至今发展迅速，具备牢固的行业地位优势；在工艺技术上的持续创新的追求和自身研发能力，使得企业具备雄厚的工艺技术优势；通过30 年废铝采购经营建立了国际化的废铝采购网络，近几年也在积极开发国内采购渠道，原材料采购的渠道优势突显。

在本节的研究中，将通过攫取 2009～2015 年这三家企业的基础数据，首先分析企业各自的业务发展情况，从主营业务的变化、主要财务指标的变动趋势及主要竞争优势等内容的分析，客观描述我国城市矿产企业的经营状况，探寻企业发展中存在的问题；其次通过三家企业的对比分析，总结行业的发展规律和趋势，为后文的政策建议提供相关信息。

### 3.2.2 对格林美的案例分析

#### 3.2.2.1 格林美主营业务变化

深圳市格林美高新技术股份有限公司成立于2001 年，2010 年1 月登陆深圳证券交易所中小企业板。公司的主营业务是回收利用废旧电池、电子废弃物等废弃资源循环再造高技术产品，是中国对电子废弃物、废旧电池进行经济化、规模化循环利用的领先企业之一。格林美公司最早的业务范围是回收处置废旧电池，2011 年后扩展到废旧电池、电子废弃物等废弃资源循环再造高技术产品的生产，通过建立电子废弃物回收项目，增加了塑木型材及电积铜等产品。2013 年，公司依托原有废旧家电拆解平台向汽车拆解领域拓展，形成了产业互补，废旧电池、电子废弃物、报废汽车循环再造的三轨驱动模式（如图3－2 所示）。

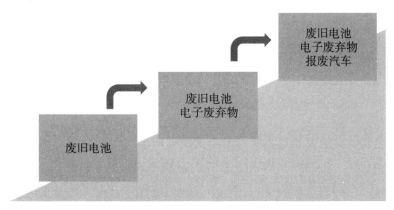

**图 3 - 2　格林美 2009～2015 年主营业务变化**

随着公司进军报废汽车拆解行业，其营业收入也分成钴镍钨板块、电子废弃物业务板块及电池材料板块三部分。钴镍钨板块的主要产品有钴粉、钴片、镍粉及碳化钨，电池材料板块主要产品有四氧化三钴和三元材料，电子废弃物业务板块产品主要有电子废弃物、电解铜和塑木型材等。从图 3 - 3 可知，格林美公司的钴镍钨等稀有稀贵金属循环利用业务占主营业务收入比重逐年下降，从 2009 年占据主营业务收入的 87.1% 降到了 2015 年的 23%，电子废弃物业务不断拓展下游产品，增速较快，2011～2015 年所占

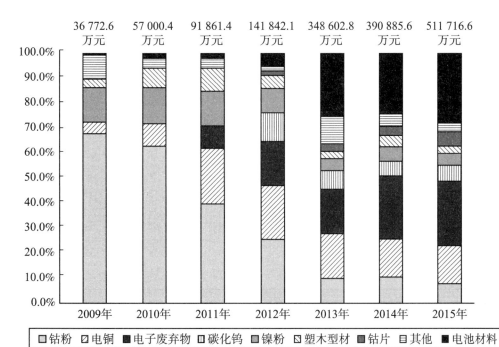

**图 3 - 3　格林美 2009～2015 年主营业务收入比重占比**

收入比重分别为 6.61%、13.13%、13.03%、21.76%、21.42%，电池材料业务的布局从 2012 年开始获得收益，随着新能源汽车的快速商业化，公司电池材料销量大幅增长，2015 年达到主营业务收入的 29.88%。

### 3.2.2.2　格林美主要财务指标分析

本部分选取了衡量企业盈利能力的相关财务指标，包括利润总额、主营业务毛利率、销售净利润率、资产净利润率（总资产报酬率），分析企业 2009 年到 2015 年企业的经营状况。在利润总额的分析过程中，我们考虑了政府补贴带来的利润变化，可更准确地反映企业主营业务的自身盈利能力；主营业务的毛利率反映了产品或商品销售的初始获利能力，该指标越高，表示取得同等销售收入的销售成本越低，销售利润越高；销售净利润率反映了企业基于销售收入的盈利能力；资产净利润率（总资产报酬率）直接反映了企业的竞争实力和发展能力，体现了企业总资产的利用效率，比率越高，说明企业全部资产的盈利能力越强。具体数据变化如表 3-3、图 3-4 所示。

表 3-3　　　　　　　　格林美 2009～2015 年主营业务毛利率变化　　　　　　单位：%

| 业务 | 2009 年 | 2010 年 | 2011 年 | 2012 年 | 2013 年 | 2014 年 | 2015 年 |
|---|---|---|---|---|---|---|---|
| 钴粉 | 33.84 | 33.97 | 33.91 | 30.46 | 29.87 | 15.38 | 18.81 |
| 镍粉 | 34.33 | 38.46 | 32.04 | 28.56 | 20.16 | 44.26 | 17.94 |
| 塑木型材 | 48.93 | 40.69 | 29.40 | 22.53 | 24.28 | 19.17 | 11.67 |
| 电解铜 | 34.94 | 39.97 | 23.42 | 24.88 | 19.75 | 11.87 | 7.86 |
| 镍合金 | 11.16 | — | — | — | — | — | — |
| 电子废弃物 | — | — | 45.66 | 25.31 | 26.94 | 27.30 | 22.22 |
| 碳化钨 | — | — | — | 18.43 | 22.12 | 11.22 | 15.59 |
| 钴片 | — | — | — | 10.77 | 3.79 | 5.25 | 6.06 |
| 四氧化三钴 | — | — | — | 13.15 | 12.25 | 电池材料 | 电池材料 |
| 三元材料 | — | — | — | 25.38 | 10.62 | 15.94 | 19.04 |
| 其他 | 29.64 | 32.46 | 36.46 | 77.68 | 22.38 | 42.35 | 38.09 |
| 综合毛利率 | 33.97 | 35.65 | 31.68 | 25.82 | 16.57 | 18.63 | 17.12 |

资料来源：根据格林美公司年报整理。

（单位：%）

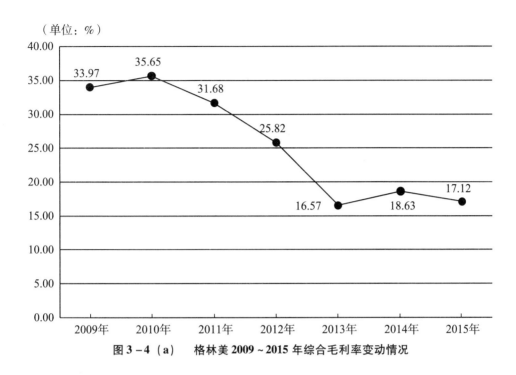

图 3 - 4　（a）　格林美 2009～2015 年综合毛利率变动情况

（单位：%）

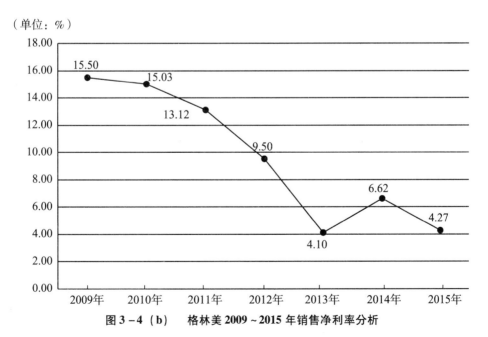

图 3 - 4　（b）　格林美 2009～2015 年销售净利率分析

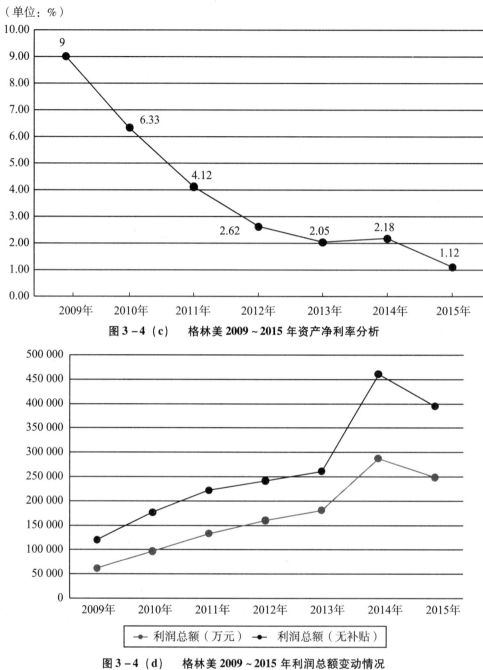

图 3-4（c）　格林美 2009～2015 年资产净利率分析

图 3-4（d）　格林美 2009～2015 年利润总额变动情况

图 3-4　格林美 2009～2015 年主要财务指标变动

　　从企业自身盈利角度来看，图 3-4（a）中公司主营业务毛利率呈下降趋势，这跟城市矿产产业的发展是息息相关的。2010 年和 2013 年为企业经营状况的两个明显转折点。2010 年，格林美公司登陆深圳证券交易所中小企业板，上升势头很足，不断加大了对上游资源的开拓使得原料自给率得到了大大提高，公司业务也主要集中在钴镍钨板块，综合毛利率稳步增加至 35.65%，同比提升了 1.68 个百分点。2011 年开始企业将重心放在电子废弃物板块，由于钴镍产品辅料价格上涨、电积铜及塑木型材所采用原辅料价格上涨，深圳地区人工成本增加导致公司的成本增加，毛利率有所下降。2013 年国内外整体经济低迷，市场需求疲软，加上原材料采购成本上升的压力，使公司整体毛利率达到历史新低，为 16.57%。

销售净利润率和资产净利润率作为企业盈利能力衡量的主要指标之一，如图 3-4 (b)、图 3-4 (c) 所示，一直处于持续下降状态，主要原因还在于企业的成本太高。随着经营规模的不断扩大，业务领域的积极拓展，较大程度上压缩了利润空间，总营运成本的增幅快于销售收入的增长；资产净利润率作为一个综合指标，净利的多少与企业的资产多少、资产结构、经营管理水平有着密切的关系，资产净利率的持续下降也说明了格林美总资产的产能有待释放，以及产能与效益之间存在的时间差。

从企业外部影响因素来看，图 3-4 (d) 很好地说明了政府在企业经营活动当中所起的重要作用。2009~2015 年，随着循环经济产业政策的不断推出及格林美在行业内的优势继续巩固，格林美享受到的政府补贴对其业绩的增厚作用逐年显著。政府补贴主要采用税收减免和补助金的形式，具体类目如表 3-4 所示。

表 3-4　　　　　　　　　　格林美公司政府补贴的主要类型

| 类型 | 项目 | |
| --- | --- | --- |
| 税收减免 | 销售再生资源增值税先征后退款 | |
| 补助金 | 废旧电子线路板的绿色回收工艺 | 汽车和电子废弃金属的回收工艺奖 |
| | 企业基础设施补助资金 | "废旧稀土荧光粉中稀土材料回收的关键技术"奖 |
| | 镍合金废料项目资助经费 | 电子废弃物 PCB 的自动化分类回收处理项目 |
| | 二次有色金属资源循环利用工程 | 循环技术生产超细镍钴粉体材料扩能改造项目 |
| | 废旧电池与电子废弃物循环利用项目 | 二次钴镍资源的循环利用及相关钴镍高技术产品项目 |
| | 循环再造低成本塑木型材和铜合金制品中央预算内投资补助项目 | 重金属污染防治项目拨款 |

资料来源：根据格林美各年年报资料整理。

### 3.2.2.3　格林美竞争优势分析

**1. 技术优势**

格林美是典型的高技术含量型再生资源回收和处理企业，电子废弃物处置方式以机械物理回收法为主，拥有先进的电子废弃物拆解、破碎、分选设备。格林美以再生资源深度回收为专长，具备各种贵金属提炼技术，可以生产出高附加值再生产品。格林美突破了由废旧电池循环再造充电动力电池用镍钴锰三元材料的循环再造关键技术。依据先进的技术、工艺、设备、管理和质量水平，格林美主导或参与50余项国家标准和50余项行业标准，建立了包括废旧电池、电子废弃物、报废汽车等城市矿产源循环利用领域的标准体系，涉及废物识别、分类、分析检测、回收、运输、储存、再利用及资源化等全产业链条的各环节，形成先进完善的城市矿产资源回收利用标准体系。目前格林美突破了废旧电池、电子废弃物、报废汽车等废弃资源循环利用的关键技术，涵盖废旧电池与废弃钴镍钨锡稀有金属资源循环利用、电子废弃物循环利用、废塑料与农作物废料循环利用、稀土稀散稀贵金属循环利用、报废汽车与废钢铁循环利用、工业废水废渣废泥循环利用等循环产业链，其拥有的"废弃电池的分选和拆解系统""循环技术生产超细钴粉的制造方法与工艺""汽车和电子废弃金属的回收工艺""汽车和电子废弃橡塑再生回用工艺""一种环境友好的镍钴铁合金生产工艺及其系统""一种处理废旧印刷电路板的方法"等一系列技术获得国家专利，进一步提升了公司的核心竞争力。此外，公司还与中南大学金属资源战略研究院合作，不断完善城市矿产循环利用的技术研发，加快城市矿产的规模化利用。

**2. 资质优势**

迄今为止，格林美公司已在家电、汽车回收拆解等领域获得多项资质（如表3－5所示）。

表3－5　　　　　　　　　　格林美公司获取资质

| 业务领域 | 环节 | 获取资质企业 |
| --- | --- | --- |
| 家电 | 拆解 | 江西格林美 |
| | | 荆门格林美 |
| | | 河南格林美 |
| | | 武汉城市矿山 |
| 汽车 | 回收拆解 | 荆门格林美 |
| | | 江西格林美报废汽车循环利用有限公司 |
| | | 格林美（天津）城市矿产循环产业发展有限公司 |
| | | 武汉城市矿山 |

资料来源：根据格林美网站、公司年报等资料整理。

此外,格林美还是首批中国政府向社会和世界开放的 9 家循环经济企业之一;在 2013 年 9 月,荆门格林美城市矿产资源循环产业园还被认定为第四批国家"城市矿产"示范基地,政府也对其技术水平和规模化生产给予了高度评价,为格林美未来的市场拓展提供了助力。

**3. 回收网络优势**

公司已经构建或正在构建的城市矿产回收体系包括废旧电池回收体系、电子废弃物回收体系、3R 循环消费社区连锁超市、公共机构和大型企业集团合作建设废旧商品回收体系、区域性再生资源回收集散大市场、基于物联网的"互联网 + 分类回收"回收哥 App 网上回收等六大体系,整体形成企业收购、个体收购、自建体系回收等多体系的回收网络(格林美公司年报,2015,2016)。

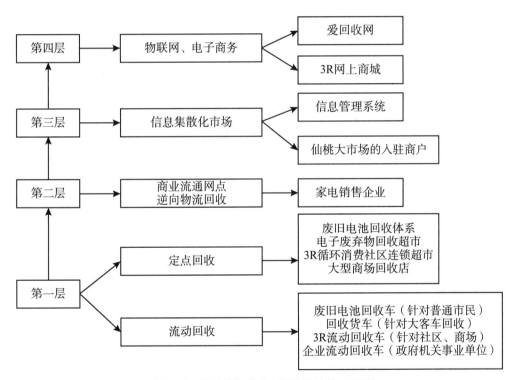

**图 3 – 5 格林美搭建的多层次回收体系网络**

**4. 资金优势**

公司自 2010 年上市以来,借力资本市场短期内实现跨越式发展,确立其在资源回收领域的领先地位。格林美在上市前公司总资产仅为 7.83 亿元,年收入规模 3.68 亿元;尽管公司目前资产利润率一直下降,但公司总资产仍持续上升,2015 年达到

159.39 亿元。这些数据表明格林美借助多元融资平台获得了高速发展。此外,公司还受到政府的大力支撑,上市以来先后收到政府各种财政补贴约 1.8 亿元。2013 年 10 月,公司已经收到废弃电器电子产品处理基金的第一批资金 7 565.93 万元,占全国发放总额的 12%。

**5. 产业链优势**

目前格林美已在湖北武汉、江西丰城、天津子牙、江苏泰州、河南兰考、江苏扬州等地建成七大循环产业园,以废旧电池、电子废弃物、稀有金属废弃物、报废汽车为主体,循环再造钴镍、铜、钨、金银、铂钯、稀土与稀散金属等十多种稀缺资源以及塑木型材等多种高技术产品,已经形成包括电子废弃物的循环利用产业链、废旧电池与钴镍钨循环利用产业链、报废汽车拆解到零部件再造的完整产业链、稀土、稀散、稀贵金属废料循环利用产业链等在内的多条产业链,形成了由"钴镍废弃物—高技术材料再造—成品再造"的循环产业链格局(如图 3-6 所示)。

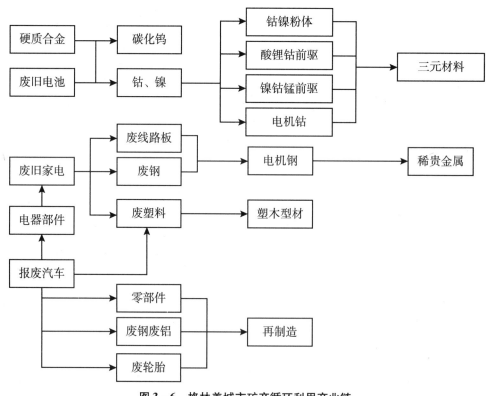

**图 3-6 格林美城市矿产循环利用产业链**

### 3.2.3　对东江环保的案例分析

#### 3.2.3.1　公司主营业务分析

东江环保股份有限公司创立于 1999 年 9 月，是一家专业从事废物管理和环境服务的高科技环保企业。东江环保于 2003 年 1 月 29 日在香港联合交易所创业板上市，是国内第一家在境外上市的民营环保企业。东江环保立足于工业废物处理，同时积极拓展市政废物处理，配套发展环境工程及服务、贸易及其他增值性业务。2014 年企业开始进入废弃电器电子产品拆解行业，主要以"四机一脑"等废旧电器为处理对象，到 2015 年为止已经形成了完整配套的回收、拆解、处理及资源化生产链。历年来公司的主营业务收入情况详见图 3 – 7 所示。

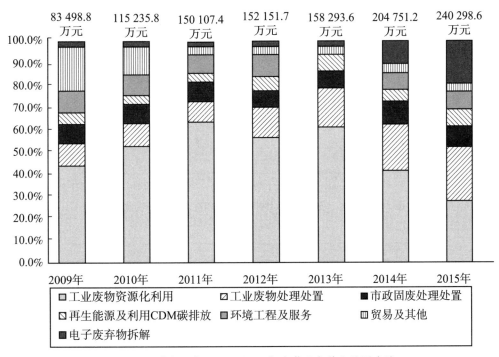

图 3 – 7　东江环保 2009 ~ 2015 年主营业务收入比重占比

#### 3.2.3.2　主要财务指标变化

本研究选取了代表公司盈利能力的利润总额、主营业务毛利率、销售净利润率、资产净利润率（总资产报酬率）等指标进行分析，具体数据变化如表 3 – 6、图 3 – 8 所示。

表 3 - 6　　　　　　东江环保 2009～2015 年主营业务毛利率变化　　　　　单位：%

| 业务 | 2009 年 | 2010 年 | 2011 年 | 2012 年 | 2013 年 | 2014 年 | 2015 年 |
|---|---|---|---|---|---|---|---|
| 工业废物资源化利用 | 38.71 | 34.23 | 33.29 | 32.30 | 26.31 | 30.19 | 30.43 |
| 工业废物处理处置 | 71.41 | 72.84 | 72.34 | 69.55 | 57.42 | 57.74 | 51.57 |
| 市政固废处理处置 | 21.30 | 22.05 | 15.80 | 24.34 | 12.98 | 16.15 | 17.59 |
| 再生能源及利用 CDM 交易 | 36.04 | 34.52 | 37.46 | 38.39 | 32.71 | 28.22 | 25.91 |
| 环境工程及服务 | 32.58 | 27.24 | 23.67 | 31.29 | 23.61 | 24.64 | 24.38 |
| 贸易及其他 | 3.01 | 9.67 | 19.08 | 43.99 | 43.54 | 44.56 | 72.66 |
| 电子废弃物拆解 | — | — | — | — | — | 16.11 | 14.73 |
| 综合毛利率 | 34.74 | 34.91 | 34.82 | 36.92 | 30.48 | 32.49 | 32.41 |

资料来源：根据东江环保年报整理。

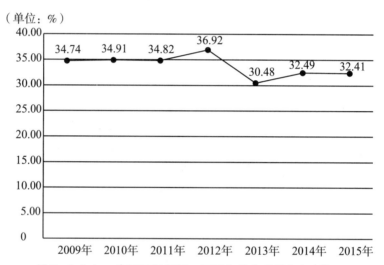

图 3 - 8（a）　东江环保 2009～2015 年综合毛利率变动情况

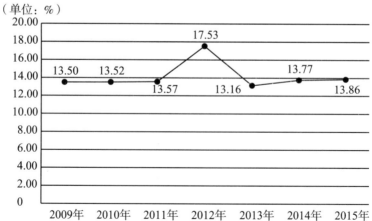

图 3 - 8（b）　东江环保 2009～2015 年销售净利率分析

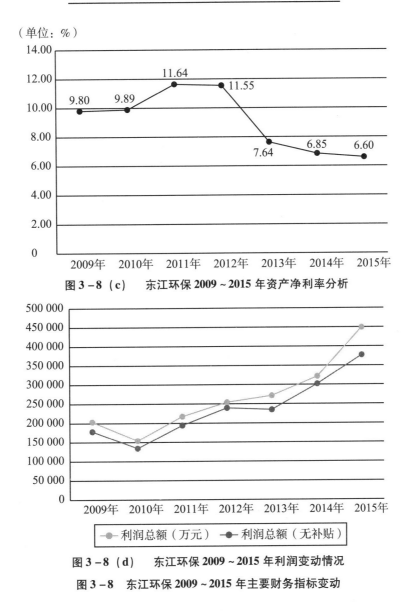

（单位：%）

图 3-8（c）　东江环保 2009~2015 年资产净利率分析

图 3-8（d）　东江环保 2009~2015 年利润变动情况

图 3-8　东江环保 2009~2015 年主要财务指标变动

通过对以上财务数据段分析可以发现，东江环保的综合毛利率一直保持着行业内较高及稳定的状态，随着《关于办理环境污染刑事案件适用法律若干问题的解释》出台，2013 年国内危废无害化处理需求大量涌现，资源化利用业务的收运市场容量也因两高司法解释的出台而增大，但由于产品销售定价与国际金属价格密切相关，加之 2013 年金属价格低迷下行，工业固废回收处置业务的利润相应缩减，新开拓的东莞等市场竞争较为激烈也带来了公司阶段性废物收购价格的上升，公司整体的综合毛利率下滑至30.48%，相比 2012 年减少了 6 个百分点。东江环保的销售净利润率和资产净利率的变化情况如图 3-8（b）、图 3-8（c），公司销售净利润率有较大波动，从 2011 年的

13.57%增加到17.53%，是近7年来销售净利率的最高，主要原因是公司控制成本获得收效，内部管理的提升和工艺技术的优化升级，有效地降低了生产成本；对资产管理的强化，加快了资金周转及年内募集资金效率，有效地降低了财务费用。资产净利率与2011年持平，为11.55%。从资产利用效率来看，因为资产管理到位，东江环保的成本控制良好，2012年的资产净利率与上年基本持平；但2012年后，产能过剩现象逐渐严重，资产净利率持续下滑至10%以下，2015年为6.6%。图3-8（d）对比了有无政策红利的情形下企业的利润变化情况，二者的变化趋同，且差距很小。目前，东江环保全资子公司清远市东江环保技术有限公司入选第二批废弃电器电子产品处理基金补贴企业，随着公司电子业务的拓展，财政补贴将有更大增长空间。

### 3.2.3.3　竞争优势分析

**1. 产业链优势**

东江环保的业务链不仅横跨工业固废和市政固废两大领域，还配套发展一站式环保服务，横贯废物收集运输、资源化综合处理、无害化处理处置的完善产业链条，服务范围已延伸至餐厨垃圾、电子废弃物、土壤修复等新兴领域。目前东江环保已经在含重金属工业废液、废渣、污泥、废有机溶剂、废油脂、废矿物油的减量化、无害化处置和资源化利用等方面形成了完整的产业链（如图3-9所示）。

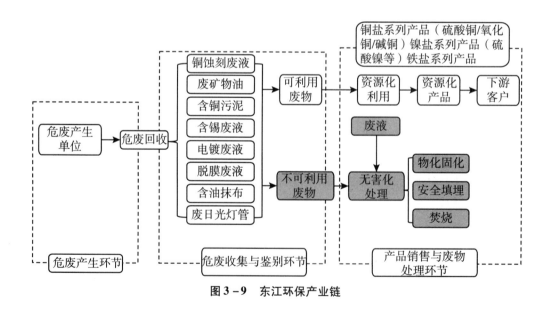

图3-9　东江环保产业链

**2. 区域垄断优势**

危废处理行业体现出较强的地域垄断性，区域市场占有率高才有利于产生规模效应降低运输成本；其次，由于危废处理有二次污染风险，这决定有品牌优势的企业在开拓客户方面优势明显：未来大量小企业改造需求和政府新项目都将越来越多倾向于找有品牌优势的企业合作。东江环保在这两方面都具备核心优势。东江环保成立以来，已经在广东深圳、广东惠州、广东东莞和江苏昆山等地建立了成熟的大型处理基地，同时加紧在广东江门、广东韶关等地建设新的处理项目，基本完成了抢占核心市场的战略布局，在目前的新项目审批困难的背景之下，难以出现能够与公司形成竞争的对手。以东江环保的主场广东省为例，其省内 6 个省级危废定点处理项目中，公司取得了其中 3 个项目，在广东省内含铜危废处理市场中，公司的市场份额高达 17% 。

**3. 资质优势**

目前东江环保公司已具备处理国家危险废物名录中除 HW10 多氯联苯（溴）类废物、HW15 爆炸性废物、HW29 含汞废物之外的 49 种大类中 46 类危废经营资格，是目前中国资质最为全面的危废处理服务提供商，在行业内具有明显的优势（如图 3 - 10 所示）。此外，公司拥有包括废物处理、污染治理、环境工程、环境检测、废弃电器电子产品处理等资质证书逾百项。

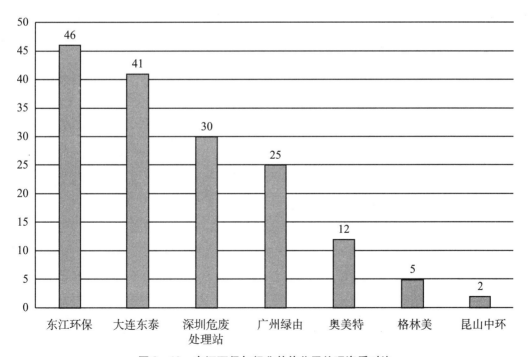

图 3 - 10　东江环保与行业其他公司处理资质对比

资料来源：根据各地环保局、国信证券经济研究所相关资料整理。

**4. 技术创新优势**

东江环保公司致力于开展前沿技术研发、技术引进及合作并产业化应用；注重基础研发和技术创新，与多家国外知名企业、国内知名设备企业、和国内知名研究院所开展技术交流与合作。公司在含重金属工业废液、废渣、污泥、废有机溶剂、废油脂、废矿物油的减量化、无害化处置和资源化利用技术与处理能力等方面进行研发，在电路板含铜废液处置与资源化技术、退锡水资源化利用、含镍污泥处置与资源化、含镍污泥处置与资源化技术、氨氮废水利用技术等方面形成了核心技术优势。

### 3.2.4 对怡球资源的案例分析

#### 3.2.4.1 主营业务分析

怡球金属资源再生（中国）股份有限公司隶属于1984年成立于马来西亚的怡球集团，专业致力于高品质、环保型铝合金锭的生产与销售。2001年3月，怡球集团在中国太仓成立怡球金属资源再生（中国）股份有限公司。2012年4月23日在上海证券交易所上市。怡球资源的主营业务比较固定和单一（如图3-11所示），主要是利用所回收的各种废旧铝资源，进行分选、加工、熔炼等工序，生产出再生铝合金产品，达到铝

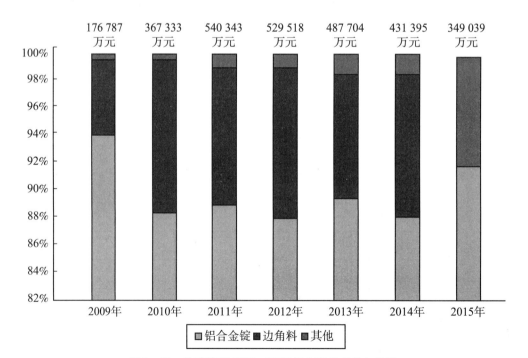

图 3 - 11　怡球资源 2009 ~ 2015 年主营业务收入比重

金属资源循环利用的目的。按照产品分类可分为铝合金锭、边角料和其他来料加工，通过对现有铝废料进行回收和利用，可实现金属铝的循环使用，有效节约国家的铝资源；同时，再生铝产品的生产较原铝生产对能源的消耗和对环境的污染大为减少，具有显著的环境效益。

### 3.2.4.2　主要财务指标变化

本研究选取企业综合毛利率、销售净利率、资产净利率和利润总额四个指标，研究怡球资源在 2009～2015 年的经营情况，具体数据如表 3-7、图 3-12 所示。

**表 3-7　　　　　怡球资源 2009～2015 年主营业务毛利率变化　　　　单位：%**

| 业务 | 2009 年 | 2010 年 | 2011 年 | 2012 年 | 2013 年 | 2014 年 | 2015 年 |
|---|---|---|---|---|---|---|---|
| 铝合金锭 | 21.32 | 15.16 | 10.86 | 9.44 | 5.79 | 5.28 | 7.30 |
| 边角料 | 10.02 | 9.71 | 0.99 | -2.13 | 0.92 | -0.06 | -4.25 |
| 其他 | -43.55 | 59.60 | 84.57 | 84.52 | 36.54 | 27.75 | 29.18 |
| 综合毛利率 | 16.30 | 14.66 | 9.97 | 8.23 | 5.40 | 4.76 | 5.39 |

资料来源：根据怡球资源年报整理。

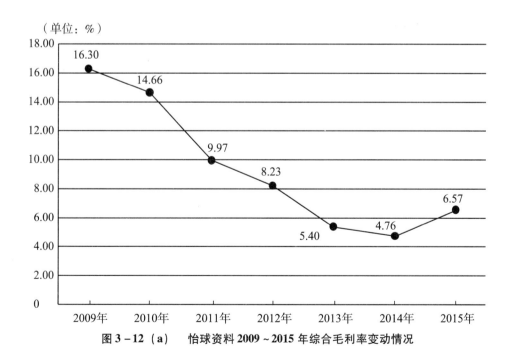

**图 3-12（a）　怡球资料 2009～2015 年综合毛利率变动情况**

（单位：%）

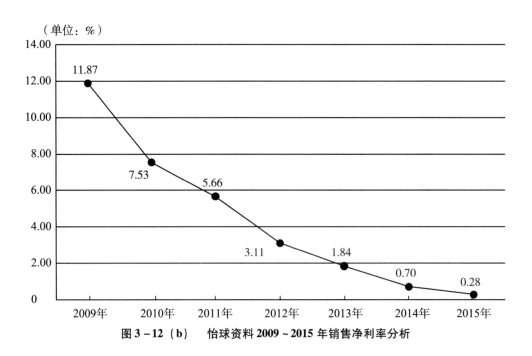

**图 3 - 12（b）　怡球资料 2009～2015 年销售净利率分析**

（单位：%）

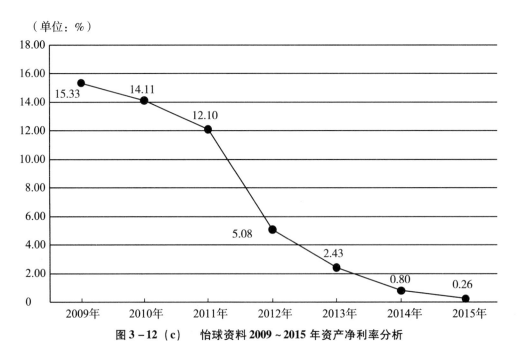

**图 3 - 12（c）　怡球资料 2009～2015 年资产净利率分析**

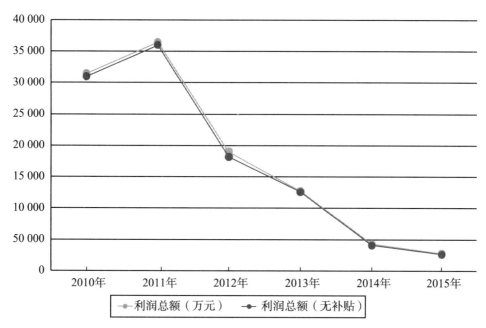

**图 3 - 12（d）　怡球资料 2009～2015 年利润变动情况**

**图 3 - 12　怡球资源 2009～2015 年主要财务指标变化**

从表 3 - 6 我们可以看到，怡球资源专注于再生铝行业，主营业务种类一直未曾变化。从图 3 - 12 来看，怡球资源近 7 年来的经营状况并不理想。2010 年以来，由于产能扩张和需求放缓，国际铝市供需矛盾升温，导致公司毛利率水平经历了两次大幅下降，从 2009 年最高的 16.30% 降至 2011 年的 9.97%，下降 6 个百分点左右；从 2012 年的 8.23% 降至 2014 年的 4.76%，下降 3 个百分点左右；2015 年，有色金属价格断崖式下跌的局面有所缓和，怡球资源主营业务的综合毛利率开始有了小幅上升。公司销售净利率和资产净利率在近年来一直下降，销售净利率持续下降原因主要在于管理费用的大幅度增加，而资产净利率的下降主要是产能有待释放。通过对比政府补贴情况下和无政府补贴的企业利润变动图，可以发现，政府补贴的力度较小，对公司整体业绩的提升作用非常有限。

### 3.2.4.3　竞争优势分析

**1. 工艺技术优势**

公司自主研发的非专利核心技术（技术诀窍），是公司 30 年来持续研发积累的成果，也是公司赖以生存、发展、立足于市场的核心竞争力之一。采用先进的生产设备，利用自身研发的技术对生产设备进行大量工艺改良，对生产流程、工艺方法和参数进行不断改进，不断提高自动化和节能降耗水平，在产品品质提高的同时，提高了生产效率，降低了生产成本和原材料、能源耗费，增强了公司的盈利能力，提升了环保水平。

**2. 原材料采购优势**

再生铝行业中，废铝原材料采购对企业的发展至关重要。公司经营废铝采购 30 年，在原材料渠道上精心布局：由于国内的废弃物回收体系建设受到体制机制、企业、居民回收习惯等多重因素的制约，公司很早立足于海外，建立了包括美国、马来西亚、加拿大、墨西哥、欧洲等国家和地区在内的国际化废铝采购网络；公司在 2016 年成功收购原美国纽交所上市公司 Metalico 公司 100% 股权，利用 Metalico 在美国的地理优势和行业地位，进入美国上游废旧金属回收行业，并逐步扩大上游产业，成为综合性废铝回收再加工企业；未来怡球资源将在适当时机将 Metalico 成熟的汽车回收、拆解、深加工模式引入到国内市场，积极参与中国报废汽车回收拆解市场整合，建设国内城市矿产回收网络。这将有效地保证未来原料的供应，并有望带来企业的持续发展。

## 3.2.5　研究发现及启示

通过对城市矿产行业中这三家典型上市公司的主营业务和主要财务数据进行分析，我们得出以下结论：

（1）在产业链环节的选择上，大部分行业领军企业选择进入"回收 + 拆解 + 循环再造"的环节，打造城市矿产开发利用完整产业链，这是企业获得行业竞争优势的重要保障。

我们将城市矿产循环利用产业链与原生矿加工产业链进行对比（如图 3 – 13 所示），城市矿产的回收、拆解、粗加工、循环再造环节分别对应了原生矿加工产业链上的采、选、冶、深加工环节。通过对城市矿产上市公司的案例剖析，可以发现：大部分行业领军企业选择进入"回收 + 拆解 + 循环再造"的环节，打造城市矿产开发利用完整产业链，这是企业获得行业竞争优势的重要保障。企业获得竞争优势主要通过以下途径：回收环节上，积极布局回收渠道建设，保证处理企业废弃物原料稳定、持续的供给；拆解环节上，获取相应拆解处理环节的资质许可，能获得政府财税补贴，扩大拆解规模，提升拆解效率；循环再造环节上，重视采用新技术，提高对废弃物的深度处理能力，提升回收处置的盈利水平，盈利水平的提升又能增强产业竞争力和对上游回收环节的主导力；在循环再造中，提高处理规模，降低单位成本。

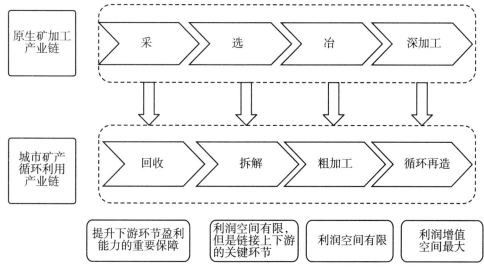

**图 3 – 13 原生矿与城市矿产加工利用产业比较**

（2）城市矿产产业中各细分行业的盈利水平不同。我们对比了三家企业的毛利水平（如图 3 – 17 所示），格林美和东江环保的毛利率较高，怡球资源的毛利率最低。其中，电子废弃物处理需要取得拆解资质且具有较高的技术壁垒，因此其毛利率较高，如格林美的电子废弃物处理和废旧汽车回收拆解；深加工产品也因技术方面的要求，毛利率也较高，如东江环保的工业废物资源化；而一般的再生金属资源生产，如怡球资源的再生铝锭生产的主要行业壁垒是废旧资源的获取，技术壁垒低，毛利率也较低（如表 3 – 8、表 3 – 9 所示）。

表 3 – 8　　　　　　　　　三家公司主营业务及进入产业链环节比较

| 股票代码 | 公司名称 | 主营业务 | 进入环节 |
|---|---|---|---|
| 002340 | 格林美 | 回收、利用废弃钴镍资源，生产、销售超细钴镍粉，家电回收拆解，废旧汽车回收拆解 | 回收、拆解、稀贵资源再生、普通资源再生 |
| 601388 | 怡球资源 | 再生铝合金锭生产、销售、回收、普通资源再生 | 再生铝合金锭生产、销售、回收、普通资源再生 |
| 002672 | 东江环保 | 固废处理项目建设、运营，再生资源生产、销售，电子废弃物处理 | 回收、拆解、稀贵资源再生、普通资源再生 |

资料来源：笔者根据各公司年报资料信息整理。

表 3 - 9　　　　　　　　　　各类城市矿产利用业务主要壁垒盈利水平

| 业务类型 | 行业主要壁垒 | 毛利率水平 |
| --- | --- | --- |
| 电子废弃物处理 | 拆解资质、技术 | 45% |
| 废旧轮胎热解 | 技术 | 40% |
| 工业废物资源化（生产铜盐等产品） | 技术 | 33% |
| 超细镍钴粉生产 | 技术 | 32% |
| 废旧汽车回收拆解 | 回收拆解资质 | 22% |
| 再生铝锭生产 | 废旧资源获取 | 10% |

资料来源：笔者根据城市矿产上市公司年报资料信息整理。

（3）政策、渠道、技术、资金成为城市矿产回收利用企业持续发展的关键要素。城市矿产的所具有的外部资源、环境属性决定了它是一个政策驱动的行业，以上案例的分析也充分表明，与其他国家类似，国家政策对我国城市矿产行业发展具有很强的引导作用。城市矿产的再生资源属性决定了在发展过程中收集渠道是关键，案例表明发展自建渠道是目前行业龙头企业的战略选择；以格林美为代表的部分企业在政府部门的大力支持下，自建渠道已初具规模，取得了不错的成绩。此外，案例分析也表明，高技术企业获取了超额利润。城市矿产回收利用行业能否发展壮大，技术是主要驱动力。在过去的 10 多年，我国的城市矿产方式主要靠填埋、酸洗等粗暴方式，效率低下且环境污染严重，处置技术非常落后。近几年，在国家政策的引导和支持下，通过企业和高校的研发创新，城市矿产循环再造技术已经取得了长足的进步，这为产业未来的快速发展提供了必要的条件。近年来国家政策的颁布使得行业发展得以规范，产业集中度提升。2012年我国率先在电子废弃物拆解领域建立生产者责任延伸制，实施基金补贴制度，使得非正规企业利润空间不断地被压缩，龙头企业未来的发展趋势一定是加快并购重组的步伐，这对企业的资金获取和整合能力提出了更高的要求，借助资本市场、占据资金优势的企业方能获得快速的发展。

（4）政策驱动下的城市矿产企业，政府的补贴和税收优惠政策对企业的业绩增长作用非常显著。案例分析表明，正规拆解企业成本主要源于回收费用、拆解费用。根据公司年报数据，拆解费占近 50%，回收费用约 35%，成本与收入基本持平甚至高于收入，故补贴是拆解企业的主要利润保证。以格林美为例，政府补贴下的利润远远高于企业自身的盈利水平，政府补贴对格林美的业绩增长作用非常显著。本书还对比了三家企业的政府补贴情况（如图 3 - 14 所示），可以直观看出我国政府政策的侧重点。格林美上市以来电子废弃物拆解已初步规范，先后收到各种财政补贴约 4.7 亿元，2013 年 10

月，公司收到废弃电器电子产品处理基金的第一批资金为 7 565.93 万元，占全国发放总额的 12%；东江环保具备电子废弃物拆解资质和电池材料等资源利用技术，使政府的补贴逐年增加，2009~2015 年共收到政府补贴约 1.1 亿元。

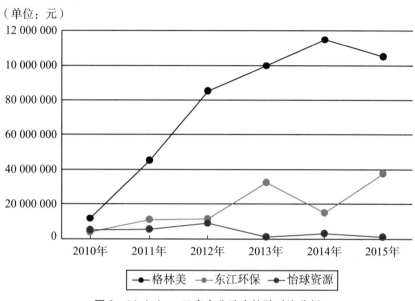

图 3 - 14（a） 三家企业政府补贴对比分析

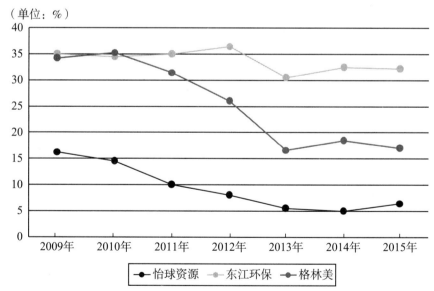

图 3 - 14（b） 三家企业主营业务毛利率对比分析

图 3 - 14 三家企业政府补贴及业务毛利率对比分析

（5）我国城市矿产行业发展整体上面临产能过剩的困境，企业的盈利能力和资产利用效率亟待提高。2009 年以来，以上三家企业的资产净利率均是下降趋势，说明产能过剩已经成为行业普遍现象，有效需求严重不足。课题组在企业和行业协会调研中也发现，近年来受宏观经济下行压力的影响，导致资源品价格下跌，用城市矿产制成品（再生金属等）弥补一次性资源不足的比较利益越来越低，生产企业减少城市矿产制成品消耗，从而导致对城市矿产的需求较低。这造成前期巨额投资建设的城市矿产回收加工企业经营规模缩减，产能无法全部释放，经济效益下滑，城市矿产回收加工量减少，2014～2015 年企业开工率普遍不足 60%，企业的盈利能力和资产利用效率亟待提高。

# 第4章

## 中国城市矿产产业发展的空间链分析

空间链是指同一行业的产业链条在不同地区间的分布（吴金明，2006）。本研究对中国"城市矿产"产业的区域分布情况进行全面描述，分析区域发展情况差异及影响因素；并选取课题组所在的湖南省"城市矿产"产业链作为研究案例进行深入调查分析，以此为典型案例，剖析我国城市矿产产业集群的发展现状，并探究产业发展中所面临的问题。

### 4.1 中国"城市矿产"产业发展的区域分布情况——以城市矿产示范基地分布为例

2010 年 5 月，我国启动了国家"城市矿产"示范基地的建设活动。2013 年，在国务院发布的《关于加快发展节能环保产业的意见》中，提出将支持建设 50 个技术先进、环保达标、管理规范、利用规模化、辐射作用强的示范基地。在国家政策的支持下，城市矿产产业的发展受到越来越多的关注，相关企业获得长足发展，产业集聚的趋势也日趋显现。五年以来，我国陆续公布了六批共 49 家城市矿产示范基地名单（如表 4-1 所示），示范基地已成为城市矿产企业集聚化、规模化发展的一个典型方向。本部分以城市矿产示范基地为研究对象，分析我国"城市矿产"产业发展的区域分布情况。

表 4 - 1　　　　　　　　　我国城市矿产示范基地名单及主营产品

| 区域 | 省份 | 城市矿产示范基地 | 主营产品 |
|---|---|---|---|
| 华北 | 北京市 | 北京市绿盟再生资源产业基地 | "大都市"城市矿产产业基地发展模式 |
| | 天津市 | 天津子牙循环经济产业区 | 废旧机电、废旧电子电器、废旧汽车、废旧塑料、精深加工再制造、节能环保能源产业 |
| | 河北省 | 河北唐山再生资源循环利用科技产业园 | 废电子电器、废旧汽车、废旧钢铁、废纸、塑料、轮胎 |
| | | 中航工业战略金属再生利用产业基地 | 战略稀贵金属 |
| | 山西省 | 山西吉天利循环经济科技产业园区 | 报废铅蓄电池、锂离子电池、七类废物、废钢 |
| | 内蒙古自治区 | 内蒙古包头铝业产业园区 | 铝 |
| 华东 | 上海市 | 上海燕龙基再生资源利用示范基地 | 废玻璃 |
| | 江苏省 | 邳州循环经济产业园再生铅产业集聚区 | 再生铅 |
| | | 江苏如东循环经济产业园 | 废钢铁、废电机、报废车 |
| | | 江苏戴南科技园区 | 不锈钢制品、汽车轮胎用子午钢帘线、汽车配件、自行车配件、劳保用品和轻纺工业等 |
| | 浙江省 | 宁波金田产业园 | 废铜 |
| | | 浙江桐庐大地循环经济产业园 | 废旧家电及电子废弃物、含铜污泥 |
| | | 台州市金属资源再生产业基地 | 金属资源、废旧家电及电路板、废塑料 |
| | 安徽省 | 安徽界首田营循环经济工业区 | 再生铅、极板蓄电池、铅化工、塑料 |
| | | 滁州市报废汽车循环经济产业园 | 报废汽车 |
| | 山东省 | 青岛新天地静脉产业园 | 报废汽车、废轮胎、废塑料、废矿物油、贵金属 |
| | | 山东临沂金升有色金属产业基地 | 有色金属—铜 |
| | | 烟台资源再生加工示范区 | 废五金电器、废电线电缆 |
| 华中 | 湖北省 | 湖北谷城再生资源园区 | 再生铅、再生铝、再生塑料、报废汽车拆解产业 |
| | | 荆门格林美城市矿产资源循环产业园 | 稀贵金属 |
| | | 湖北大冶有色再生资源循环利用产业园 | 废杂铜、稀贵金属、废弃物、再制造 |

续表

| 区域 | 省份 | 城市矿产示范基地 | 主营产品 |
|------|------|------------------|----------|
| 华中 | 湖南省 | 湖南汨罗循环经济工业园 | 再生铜、铝、不锈钢、塑料橡胶加工、废旧汽车、电子废弃物拆解 |
| | | 永兴县循环经济工业园 | 稀贵金属—金银 |
| | 河南省 | 河南大周镇再生金属回收加工区 | 再生铝、再生铜、再生不锈钢 |
| | | 洛阳循环经济园区 | 废钢铁、废家电、废塑料、废纸、汽车拆解 |
| | 江西省 | 江西新余钢铁再生资源产业基地 | 废钢铁 |
| | | 鹰潭（贵溪）铜产业循环经济基地 | 铜 |
| | | 江西省丰城市资源循环利用产业基地 | 精深铜加工、废旧物资拆解、再生金属 |
| 华南 | 广东省 | 广东清远华清循环经济园 | 废五金、废旧电器、废旧汽车、废灯管、陶瓷废渣 |
| | | 广东赢家再生资源回收利用基地 | 废塑料、废钢铁、废纸、废有色金属、废玻璃、旧机电设备、家电 |
| | 广西壮族自治区 | 广西梧州再生资源循环利用园区 | 再生铜、再生铝、再生不锈钢、再生塑料 |
| | | 玉林龙潭进口再生资源加工利用园区 | 废电线电缆、废电机、废钢铁、有色金属、废塑料 |
| | 福建省 | 福建华闽再生资源产业园 | 废五金、废塑料、废电线电缆、废电机、废钢铁、废有色金属 |
| | | 福建海西再生资源产业园 | 塑料、钢铁、玻璃、汽车再用件、铜、铝、胶粉 |
| | | 厦门绿洲资源再生利用产业园 | 废旧电子电器、五金、废钢、塑料、轮胎、废玻璃 |
| 东北 | 辽宁省 | 大连国家生态工业示范园区 | 废旧汽车、家电、塑料、金属、玻璃 |
| | | 辽宁东港再生资源产业园 | 废旧机电、废旧家电、废塑料 |
| | 黑龙江省 | 黑龙江东部再生资源回收利用产业园区 | 废钢铁、有色金属、废机电、废旧电子电器、废塑料、报废汽车 |
| | | 哈尔滨循环经济产业园区 | 废旧钢材、废旧纸张、废旧塑料、废旧金属、废旧家电、废旧玻璃 |

| 区域 | 省份 | 城市矿产示范基地 | 主营产品 |
|---|---|---|---|
| 西北 | 陕西省 | 陕西再生资源产业园 | 固体废弃物、矿物油、CRT玻璃、金属铜资源、等离子体焚烧技术研发、再生工业用基础油、电池电瓶、废旧家电、生物钾肥、废钢、废汽车、塑料 |
| | 甘肃省 | 兰州经济技术开发区红古园区 | 铅、碳素为主的有色冶炼、煤、化工 |
| | 新疆维吾尔自治区 | 新疆南疆城市矿产示范基地 | 废旧橡胶、塑料、钢铁、有色金属、废旧电子 |
| | | 克拉玛依石油化工工业园区 | 石油化工 |
| | 宁夏回族自治区 | 宁夏灵武市再生资源循环经济示范区 | 废旧车辆拆解、废旧物资回收、有色金属加工 |
| 西南 | 四川省 | 四川西南再生资源产业园区 | 废塑料、废电子电器、汽车摩托车零配件再制造 |
| | | 四川保和富山再生资源产业园 | 废旧铜、再生橡胶、废旧汽车零部件 |
| | 重庆市 | 重庆永川工业园区港桥工业园 | 再生铝、纸、新型建材 |
| | 贵州省 | 贵阳白云经济开发区再生资源产业园 | 废钢、铜、铝、废旧汽车、废旧电子电器、废轮胎、废玻璃、废塑料 |

数据来源：中再交易网。

　　从以上名单可见，目前国家公布的城市矿产示范基地主要集中在我国的中东部，其中华北6家，华东12家，华中10家，华南7家，东北4家，西北5家，西南4家（如表4-2、图4-1所示）。

表4-2　　　　　　　　　　我国城市矿产示范基地区域分布动态变化

| 批次 | 华北 | 华中 | 华南 | 华东 | 东北 | 西北 | 西南 | 合计 |
|---|---|---|---|---|---|---|---|---|
| 第一批 | 1 | 1 | 1 | 3 | 0 | 0 | 1 | 7 |
| 第二批 | 2 | 3 | 2 | 4 | 2 | 1 | 1 | 15 |
| 第三批 | 1 | 1 | 1 | 1 | 1 | 1 | 0 | 6 |
| 第四批 | 1 | 3 | 2 | 2 | 0 | 0 | 2 | 10 |
| 第五批 | 1 | 0 | 1 | 1 | 1 | 2 | 0 | 6 |
| 第六批 | 0 | 2 | 0 | 1 | 0 | 1 | 0 | 4 |
| 合计 | 6 | 10 | 7 | 12 | 4 | 5 | 4 | 48 |

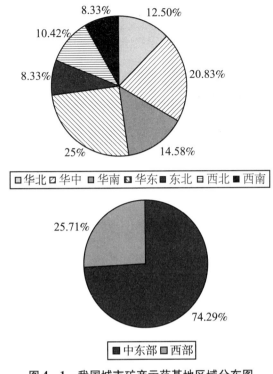

图 4-1 我国城市矿产示范基地区域分布图

## 4.2 中国城市矿产产业发展的区域差异及影响因素分析

### 4.2.1 我国城市矿产产业发展的区域差异分析

本书采用各个省份 2014 年"废弃资源综合利用业"规模以上工业企业的主要经济指标来衡量我国城市矿产各区域发展差异。其中工业行业分类按 2011 年《国民经济行业分类》标准划分；企业规模划分按 2011 年《统计上大中小微型企业划分办法》标准执行（中国统计年鉴，2015）。同时，由于云南、宁夏、新疆、西藏相关数据的不可获得，以及青海地区工业行业的分类与其他各省份存在差异，本课题剔除了以上五个省份进行分析。我国各省份城市矿产行业主要经济指标详见表 4-3。

**表 4 - 3**　　　　　　　　　我国各省份城市矿产行业主要经济指标　　　　　　　单位：万元

| 省份 | 企业个数（个） | 工业总量 | 主营业务收入 | 利润总额 | 总资产 |
|---|---|---|---|---|---|
| 广东省 | 280 | 10 720 400 | 10 721 400 | 1 007 300 | 4 943 600 |
| 安徽省 | 130 | 4 283 200 | 3 908 200 | 166 000 | 1 274 600 |
| 浙江省 | 152 | 3 790 900 | 3 578 700 | 21 600 | 2 048 500 |
| 江苏省 | 151 | 2 519 600 | 2 601 100 | 82 400 | 1 675 300 |
| 天津市 | 102 | 2 433 649 | 2 287 295 | 39 666 | 1 747 005 |
| 广西壮族自治区 | 27 | 1 837 972 | 1 696 857 | 37 825 | 676 593 |
| 四川省 | 39 | 1 620 000 | 1 464 500 | 92 400 | 635 500 |
| 湖南省 | 77 | 1 420 300 | 1 417 300 | 70 000 | 532 700 |
| 湖北省 | 51 | 1 312 700 | 1 283 400 | 9 300 | 740 000 |
| 河南省[※] | 61 | 1 278 168 | 1 183 500 | 85 800 | 713 600 |
| 江西省 | 37 | 1 162 992 | 12 138 251 | 790 636 | 3 795 249 |
| 山东省 | 66 | 883 693 | 946 187 | 77 086 | 587 125 |
| 河北省 | 59 | 859 000 | 816 000 | 51 000 | 541 000 |
| 辽宁省 | 47 | 761 800 | 764 200 | 31 300 | 586 600 |
| 福建省 | 3 | 659 812 | 681 941 | 33 508 | 269 583 |
| 上海市 | 28 | 310 900 | 325 200 | 35 500 | 289 700 |
| 吉林省 | 13 | 243 993 | 235 509 | 13 104 | 190 279 |
| 重庆市 | 20 | 223 527 | 220 823 | 13 511 | 185 509 |
| 内蒙古自治区 | 14 | 217 530 | 190 209 | 2 740 | 81 763 |
| 甘肃省 | 13 | 155 235 | 162 415 | 3 332 | 234 820 |
| 贵州省 | 8 | 103 900 | 86 800 | 400 | 40 800 |
| 陕西省[※] | 4 | 80 008 | 79 199 | 1 802 | 31 123 |
| 北京市 | 8 | 76 471 | 76 457 | 571 | 94 693 |
| 海南省 | 1 | 28 209 | 28 148 | 257 | 42 593 |
| 黑龙江省 | 5 | 23 007 | 33 899 | 8 029 | 60 063 |
| 山西省[※] | 4 | 9 541 | 9 529 | 1 741 | 17 109 |

注：[※]河南省工业总量是通过工业增量、投入营业成本、应交增值税加总间接测算；山西省相关数据通过 2013 年数据与全省制造业平均增速测算；陕西省相关数据通过 2012 年数据与 2013、2014 全省制造业平均增速测算。

数据来源：中国统计年鉴（2015）、各省份统计年鉴（2015）、陕西省统计年鉴（2013）、陕西省统计年鉴（2014），2013 年陕西省国民经济和社会发展统计公报，2014 年陕西省国民经济和社会发展统计公报，2014 年山西省国民经济和社会发展统计公报。

以上数据显示，无论从企业个数，还是从工业总量、主营业务收入、利润总额、总资产等指标来看，广东省都是行业"龙头老大"；安徽省、浙江省、江苏省、天津市四省市分别列在第二到五位；按工业总量排序，广西壮族自治区、四川省、湖南省、湖北省、河南省、江西省分获六到十一位，进入城市矿产行业年工业总量100亿元俱乐部。

## 4.2.2 我国城市矿产行业发展区域差异的影响因素分析

4.2.1 的分析表明，每一座城市矿山的开发价值不尽相同，是由一个地区可回收利用的各种废弃物资源的多少决定的。通过对国内外学者研究成果的梳理，以及课题组的访谈调研，发现主要有以下因素决定了可回收利用的资源规模，具体包括：区域的经济发展水平会影响城市矿产的成矿规模（李博等，2015），产品寿命会影响城市矿产的成矿速度（Araújo et al.，2014），除此之外，产品销售量、产品社会保有量、废弃产品处置方式、居民消费价格指数、国内生产总值、居民年龄构成、受教育程度、收入情况、家庭结构、物价水平、技术进步等均是影响城市矿产形成的因素（李博等，2015）。

我们可将城市矿产产业发展区域差异的影响因素分为两类（如图 4-2 所示），第一类包括区域产业结构、区域人口结构、区域消费水平、居民受教育程度、收入水平等外生因素，主要影响城市矿产的成矿规模、结构和分布等；第二类包括产品的使用寿命、有价物含量、社会消费量、处置方式等内生因素，主要影响城市矿产的成矿结构、速度和形态等。

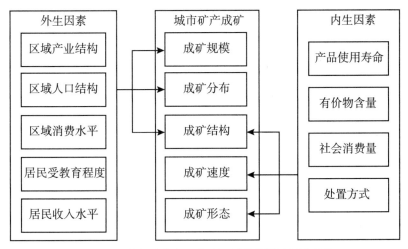

图 4-2 城市矿产产业发展区域差异影响因素总结

在未来的研究中，我们可以收集各省市产业发展历年来的面板数据，实证研究以上影响因素的具体作用。

## 4.3　我国中部地区城市矿产产业集群案例研究——以湖南省为例

### 4.3.1　湖南省城市矿产产业集群基本情况

随着国家大力倡导发展循环经济，城市矿产产业政策不断出台。湖南省按照"两型社会"建设思路，城市矿产产业取得了较快的发展。2014 年湖南全省城市矿产产业总产值为 800 亿元，同比增长 8.8%；资源回收量为 1 860 万吨，同比增长 8.4%。全省"城市矿产"资源加工利用量约为 400 万吨，形成年处理废旧家电及报废办公设备约为 300 万台（套）；全省共有城市矿产相关从业人员约 30 万人，加工利用企业约 530 家。全省城市矿产产业形成了以"长株潭"城市圈为核心，以 107 国道"永兴—汩罗"沿线为走廊的产业布局，拥有 6 家国家级循环经济试点、2 个国家级"城市矿产"示范点、4 个国家再生资源回收利用试点城市、6 个国家级区域性大型再生资源回收利用试点基地，2 个国家再制造示范基地，初步形成了废品回收、运输、分拣、仓储、流通、加工、装备、信息发布的完整产业链。为了系统研究"城市矿产"的回收、资源化利用及绿色再制造的产业现状与发展趋势，深入了解湖南省城市矿产产业的现状及发展瓶颈，由中南大学资源循环研究院牵头并组织了一批校内外专家，依托国家社科课题项目，对湖南省省市矿产领域做了系统行业调研，包括电子废弃物与废旧汽车拆解、废旧零部件再制造、废旧塑料及橡胶回收、废旧钢铁的循环利用、典型二次金属资源循环利用、稀贵及稀散金属循环利用、再生铝、再生铜及废旧二次电池回收利用等。

### 4.3.2　电子废弃物及报废汽车拆解产业

#### 4.3.2.1　产业发展现状分析

**1. 电子废弃物拆解产业初具规模，报废汽车产业刚刚起步**

（1）电子废弃物产业。据统计，湖南省每年产生的废弃电器、工业电子废物等达数百万吨,全省年回收量达1466万吨,且各类废旧物资再利用的量正以每年20%的速率递增,年加工能力达270万吨,交易额达640亿元。目前,全省共有回收企业近600家,回收网点遍布全国,交易市场24个,各类分拣中心55个,覆盖面较广。

汨罗循环经济产业园是全国首批"城市矿产"示范基地,城市矿产年回收量达150万吨,年加工量70万吨,年工业总产值达150亿元,年缴税收超过8亿元,初步形成了"资源回收市场、产业加工工厂、资源利用循环"的格局。同时,汨罗市的再生资源集散市场被国务院批准列为国家循环经济试点,其中电子废弃物的交易较为活跃。

湖南同力循环经济发展有限公司为汨罗产业园代表性的拆解企业,通过建设一个市场网络体系(城市矿产回收利用交易拆解市场体系)、建立两个中心(城市矿产现代物流中心和再生资源信息中心)、发展三个示范区(报废汽车及装备回收拆解再制造工程中心示范园区;电子废弃物加工处理工程中心示范园区;国外废塑料、废七类物资进口定点加工拆解示范园区)、创立四个平台(公共服务平台、公共环境保护平台、高新技术应用、研发、孵化平台和金融服务平台),致力打造一条集"电子废弃物及报废汽车回收拆解""产业废弃物及生活垃圾资源化利用""金属资源""绿色能源"开发于一体的循环经济产业链。

(2)报废汽车产业。据统计,湖南省2014年报废汽车达6万余辆,全省共有报废汽车处理处置企业50余家,回收网点遍布全省。湖南省报废汽车行业刚刚起步,主要有长沙汇金报废汽车回收公司,邦普报废汽车回收公司等,目前报废汽车回收量不足,僧多粥少,行业竞争激烈。

**2. 回收体系初步形成**

湖南省已逐步形成了供销合作社负责回收城镇居民废旧物品,物资部门负责回收生产企业废旧物资,各专业部门负责回收本系统内报废设备和材料的多渠道纵向回收系统。目前,全省专业回收网络已成雏形,正计划从湖南省14个市州和122个县级行政建制区域中遴选100个地区作为湖南省再生资源回收与处置的前端结点,主要负责再生资源的收集。

**3. 物流中心已建成,有待进一步发挥功能**

岳阳港地处长江中游南岸,下辖的湖南岳阳国际集装箱港为"长江八大良港"之一,为全球港口50强。岳阳港现有158亩货场、1100米铁路专用线,两个直立式码头和8个泊位,能堆存20万吨以上的矿石、钢材及废旧电子电器、报废汽车等。岳阳港为汨罗市电子废弃物的交易与运输提供了极大的便捷,该市城市矿产企业60%左右的原料和产品经由岳阳港运输,年运输量过1000万吨,亟须进一步发挥岳阳、汨罗的水路交通运输优势。

### 4.3.2.2 产业发展中存在的问题

经调研，岳阳—汨罗电子废弃物及报废汽车拆解产业发展中存在的问题如下：

**1. 缺乏高效的物联网系统**

电子废弃物及报废汽车拆解产业均存在着拆解原料供应不足，难以满足企业正常拆解量的需求。由于缺乏高效的物联网系统，废旧"四机一脑"在汨罗市当地保有量相当少，报废汽车量也无法匹配湖南省汽车拆解企业的拆解能力，对于企业来说"货源"成了大问题，岳阳物流港的优势暂未充分发挥。混乱的回收体系导致回收价格不断攀升，给企业带来很大的压力。

**2. 企业无法及时获得信息数据**

当地缺乏对"城市矿产"流动特征和转化效率的探索，信息化程度低，可追溯性差，且缺乏城市矿产当地社会蓄积量的分析，如果不分析判断各类城市矿产资源社会蓄积程度及增长规律，不对城市矿产时空分布格局进行特征分析，难以把握市场行情。

**3. 企业不具备现代化拆解技术**

汨罗当地企业仍使用"回收、分拣、打包销售"三部曲的捡垃圾传统模式，设备多为人工拆解，对电子电器的破坏大，分类不规范，无法实现精细化拆解，拆解效率也难以达到自动拆解线的水平。同时，拆解工作环境差，工人健康难以保障。由于缺乏烟气和粉尘捕集污染控制技术，拆解线粉尘量大，给操作工人的身体健康带来了一定的危害。报废汽车回收拆解企业的经营利润依赖于低端的废钢铁材料销售，汽车零部件的拆解分类等技术不成熟，缺乏零部件的可识别系统、精细深度拆解系统及零部件识别系统等关键技术。

**4. 企业技术更新换代速度慢**

当前，汨罗地区只针对电子废弃物第一批拆解目录中的"四机一脑"进行拆解，拆解技术已无法满足如今新兴的电子废弃物第二批至第三批拆解目录，更无法大规模拆解报废汽车。传统的"四机一脑"拆解已运行了数年，其社会积存量也日益减少。特别是已淘汰的 CRT 电视机等，即将面临无原料可拆的处境。而对于淘汰的黄标车，也只能回收其中的废钢铁等低端资源，其技术更新换代速度远落后于电子废弃物及报废汽车的更新换代速度。

## 4.3.3　废旧零部件再制造产业

### 4.3.3.1　产业发展现状分析

**1. 产业发展门类齐全**

湖南省再制造产业主要有七大类：工程机械再制造、汽车及零部件再制造、机床再制造、办公信息设备再制造、家电再制造、轨道交通再制造和药械再制造。目前湖南省有 11 个再制造产品进入国家再制造产品推广目录，有两家再制造企业的再制造试点实施方案获得 B 类方案。

**2. 各领域形成了代表性的龙头企业**

工程机械再制造的代表企业是湖南中大机械制造有限责任公司，该公司具备较强的科研开发能力与持续创新能力，先后自主研制造了性价比十分优越的 YZ32 型全液压超重吨位超大激振力自行式振动压路机、YZTY 系列全液压超重吨位超大激振力拖式振动压路机等产品。该公司的再制造试点实施方案获得国家 B 类方案。

汽车及零部件再制造的代表企业是广东明杰环保科技有限公司，该公司是广东省资源综合再利用的龙头企业和广东省循环经济试点示范企业，国家限制进口类定点处理资质企业。该公司主要针对汽车发动机缸体、缸盖、曲轴、连杆等进行再制造。公司与浏阳制造产业基地签约，将在湖南投资 5 亿元，项目投产后年销售收入达到 12.6 亿元。

机床再制造的代表企业是湖南宇环同心数控机床有限公司，该公司是以生产精密、高效、数控系列磨床著称的国家装备制造业重点企业，公司通过不断研制开发，现拥有数控双端面磨床系列产品，数控凸轮轴、曲轴磨床系列产品，数控外圆磨床系列产品，各种磨床通用型动静压轴承高速电主轴系列产品，高档活塞环生产线全套专用加工设备，以及高精度研磨抛光机系列产品六大系列 30 多个品种。公司拟建设年再制造 300 台机床的生产线，其再制造试点实施方案获得国家 B 类方案。

办公信息设备再制造的代表企业是湖南中美佳贸易有限公司，2013 年全部建成投产后，使浏阳制造产业基地成为我国三大进口旧工程复印机（废旧进口复印机）再制造市场之一。

家电再制造的代表企业是湖南华良电器实业有限公司，该公司是以冰箱、洗衣机等白色家电的生产、销售及服务为主导，以化工、餐饮、贸易为依托的现代化、多元化、集团化的企业。公司落户宁乡经济技术开发区，投资 1.5 亿元进行家电再制造，在废旧电器回收和再制造项目上可实现年产值近 10 亿元。

轨道交通再制造的代表企业是湖南中基路桥有限公司，该公司主要从事机车轨道减震器和轨道交通装备的再制造，"十二五"末实现产值20亿元。

药械再制造的代表企业是楚天科技股份有限公司，该公司主要从事医疗装备的再制造，包括核磁共振、CT、X光机等。

湖南再制造项目除矿山机械、铁路机车装备和船舶以外，基本上涵盖了国家所有的再制造试点项目，并且还有一定程度的范围拓展，如医药器械再制造。

**3. 再制造产业发展基地蓬勃发展**

湖南浏阳制造产业基地是我国首个再制造产业示范基地，创建于2003年，位于浏阳市永安镇，总规划面积36.6平方公里，是以工程机械整机生产、汽车零配件、现代家具和再制造为主导产业的专业特色园区，属于湖南省级园区，其中再制造实施方案获国家A类方案。浏阳基地在国内率先提出再制造产业聚化发展理念，规划4.5平方公里作为再制造产业专区，2009年被国家工信部批准为"全国机电产品再制造集聚试点园区"，2013年被国家发展改革委确定为"国家级再制造产业示范基地"，2014年获批"湖南省新型工业化产业示范基地"。2012年，世界500强企业、欧洲最大汽车部件再制造企业德国博世成功入驻，极大地带动了浏阳再制造产业规模的扩大和品质提升，对中国再制造产业的发展具有重大意义。同时，园区全面启动建设再制造产业公共发展平台，再制造产业发展中心、再制造旧件回收物流拆解清洗中心等7个项目。目前园区聚集了100余家规模企业，其中包括宇环数控、华恒焊接等行业内先进装备制造企业，博大机械、波特尼汽车线束等汽车零部件知名企业，以及赢家环保、轩辕春秋、明杰再生、法泽尔等12家在行业内具有领先科技创新水平的再制造优质企业，2014年企业产值达到10亿元。基地已形成了产业特色鲜明、集群度高、互补性强的产业聚集，在以工程机械、汽车零部件为主导的产业化发展中成绩显著，为湖南省的工程机械、汽车产业的快速发展奠定了一定规模的配套基础。

### 4.3.3.2 产业发展中存在的问题

湖南省再制造产业发展时间较短，市场环境尚不成熟，发展过程中仍存在一些问题：

**1. 对再制造认识高度不够，观念尚未普及**

再制造作为制造产品报废阶段高技术回收处理的新理念，还没有被人们广泛认识，再制造企业和消费者对再制造发展的世界背景认识不清，缺乏大局观和危机意识。尚未形成完善的回收体系，再制造企业缺乏充足的原料供应，严重影响了再制造产业的持续发展。

**2. 发展思路尚待清晰，缺乏创新和规范管理**

再制造是对维修的创新发展，是在先进制造、维修服务体系中交叉、融合、优化出来的新兴产业领域，对企业的创新和规范管理要求很高。但现有的再制造企业还缺乏清晰的发展思路，缺乏创新和规范管理。

**3. 存在政策障碍，政府支持不足**

长期以来，由于我国的产业结构对再制造没有一个明确的定位、需求和发展态度，致使各部门在制定产业发展规划时，没有考虑制造业可持续发展对再制造业的需求，某些政策和法规从各个方面对再制造的发展客观上设置了障碍。

**4. 企业规模不大、效益不高，没有形成再制造产业集聚区**

湖南省尽管已有一些试点示范企业，但总体规模不大、效益不高，企业的积极性没能充分调动起来。究其原因，除了众所周知的旧件回收体系不健全、税收政策不到位、用户接受程度不高等问题外，最主要的原因是生产成本高。造成生产成本高的主要原因是：一是缺少工程方面的应用及对技术的改进和完善；二是规模经济效益尚未形成。

**5. 部分关键技术和理论需要攻关和推广**

绿色高效清洗技术、快速无损检测技术、再制造产品性能评价及寿命预测等基础理论、再制造成形技术、再制造零部件性能评价及寿命预测等技术和理论亟须进行攻关和推广。

### 4.3.4　废旧塑料与橡胶循环利用产业

#### 4.3.4.1　产业发展现状分析

**1. 产业格局初步形成**

湖南省废旧橡塑行业从 20 世纪 60 年代起步，目前已形成了产品门类齐全、分布广泛、形式多样、初具规模、自成体系的行业格局。年生产能力达 1 400 千吨，年产量超过 600 千吨，企业分布面广，覆盖了全省各地、县、市乃至乡镇，产品种类繁多，用途广泛。

**2. 市场发展潜力巨大**

据统计，2014 年年末湖南省各类车辆共有 650 万辆，增长率为 13%，按 7% 的汽车报废量估算，预计湖南省每年的汽车报废量为 45.5 万辆，可回收的旧废轮胎为 182 万条（8 万吨）；2014 年湖南省橡胶加工过程中产生的废料约为 1 万吨，其他相关电子产品废旧橡胶材料约为 1.3 万吨，因此 2014 年湖南省内橡胶资源总量约为 10.3 万吨。塑料应用更为广泛，全国人均消费塑料为 40 千克，湖南省年消费量约为 260 万吨。按照年均 5%的报废率计算，每年废旧塑料产值为 13 万吨。与此同时，湖南省的塑料橡胶的产量不到消费量的 30%，所以废旧塑料回收产业对湖南省来说具有重大的市场潜力。

**3. 形成一批代表性回收利用企业**

（1）湖南仁和环保科技有限公司。该公司又名长沙市第一垃圾中转处理场，是 2004 年由长沙市政府批准成立的社会公益性中外合资企业，以城市生活垃圾处理和综合利用为主业，先将市区松散的生活垃圾集中，通过现代化处理设备压缩减容后，采用大容量封闭式集装箱车转运至填埋场处理，达到提高垃圾处理效率、降低成本、减少垃圾填埋用地、缓解交通压力、避免二次污染、节约能源、提高市民生活质量、提升长沙市形象、创造良好社会效益的目的，最终实现垃圾处理"无害化、减量化、资源化"。该公司建立以"城市矿产"中废旧塑料综合利用为主，形成 6 万吨/年的废塑料拆解、加工生产能力。基地利用国内外先进的废旧塑料加工处理设备和环保处理设施，推行"不露天""硬底化""零排放"的"圈区管理"模式，不但很大程度上减少环境污染，而且实现了再生资源回收、进口、加工、再利用的再生循环。

（2）汨罗市桥塑化有限公司。该公司采用了无污染超微粉碎解离技术和高压静电分选技术，将难以处理的废塑料基复合材料进行了综合回收处理。回收后的塑料组分具有纯度高、性能好、金属（铝等）回收率及纯度高等特点，是废铝塑复合材料回收利用技术发展的方向。项目市场产业化前景广阔，不但实现了资源再生综合利用，还解决了废塑料造成的"白色污染"，技术实力雄厚。

（3）湖南平桂制塑科技事业有限公司。湖南省汨罗市平桂制塑实业有限公司是一家专业生产"平桂牌"PVC – U 系列门窗型材、高档豪华室内免漆木塑门系列、"洞庭牌"PVC 型材、门材和板材及粉料的大型生产厂家。企业通过了湖南省高新技术企业认证，并成为湖南省区域循环经济示范基地。公司目前注册资本为 2 900 万元，总资产 0.8 亿元。公司先后投入 7 000 多万元，引进了具有国际一流水平的塑钢型材生产线 20 条，年产优质 PVC 塑料异型材 1.5 万吨，并自行组装高级塑钢门窗 15 万平方米，年产广泛应用于化工、化肥、石油、电镀、水净化处理和环境保护设备及各种耐腐蚀板材 8 000 吨。为保证产品质量，公司还引进了先进的检测设备，并通过 ISO9001 – 2000 国际质量管理体系认证，ISO14001 环境管理体系认证。公司是湖南省高新技术企业，连续几年荣获"湖南省信用企业"和"诚信企业"称号。

### 4.3.4.2　产业发展中存在的问题

近些年，湖南省废旧橡塑回收行业发展迅速，为湖南省的经济、环境等方面做出了显著贡献，但也存在大量问题。

**1. 回收利用量不足**

湖南省橡塑制品的消耗量每年在 300 万吨以上。若按橡塑料制品中有 30% 为可回收材料计算，则湖南省可回收橡塑料废弃物每年约有 90 万吨，而这还不包括企业生产中产生的边角料和没使用过的残次塑料制品；而湖南省目前回收量在 2 万吨，远远低于可回收量。

**2. 回收政策不健全**

废橡塑料回收利用可有效减少能源消耗和环境污染，但目前湖南省在宏观层面还没有对橡塑料回收利用行业发展进行综合规划；各级政府很少有对废弃橡塑料回收利用行业和再加工企业扶持的具体政策；缺乏废橡塑料分类技术规范。社会对废橡塑料行业缺少理性认识，一些政府部门与广大民众将再生橡塑制品看作劣质产品，很大程度上制约了废橡塑料回收再生行业的发展。

**3. 回收管理归属不明确**

目前，湖南省至少有 50 多万人从事个体废品收购，规范和管理好这支队伍是回收工作的重点之一。据了解，目前废橡塑料行业由生态环境部、国家发改委、商务部、海关总署和质检总局等共同管理。因为行业归口不明确，致使缺乏行业指导、技术规范。所以应尽早确立归口部门，将生活垃圾分类回收工作与之密切结合，从而建立起全社会的回收体系。

**4. 回收存在质量及环境破坏问题**

目前废旧橡塑料回收利用行业进入门槛低，技术含量低。许多地方出现作坊式废旧塑料回收加工点，生产设备落后，从业人员技术匮乏，其结果是产品技术含量低，质量不稳定。在包装废物中的纸类、金属类和塑料瓶等已经得到了较为广泛和自发的回收利用，但回收利用价值不大的塑料包装袋没有得到较好回收，进而对环境造成污染。除此以外，因缺乏有效地领导和协调，一些回收企业的污水未进行处理就地排放，地下水质受到了严重影响。

## 4.3.5　废旧钢铁循环利用产业

### 4.3.5.1　产业发展现状分析

**1. 湖南省废旧钢铁资源丰富**

近十几年来，湖南省汽车、通信设备和家电的使用越来越普及，加之机械设备制造业的快速发展，由此产生的废旧钢铁数量巨大，因而蕴藏着巨大的回收市场。随着炼钢技术的提高和成熟，废旧钢铁比可进一步提高，这意味着湖南省钢铁企业还具有很大的处理回收废旧钢铁的能力和空间。

**2. 废旧钢铁回收使用较低**

近年来，由于钢铁产能严重过剩，再加上国家对环境保护提出了更加严格的要求，钢铁企业采购废旧钢铁价格一跌再跌，重型废旧钢铁价格低至 2 309 元/吨，达到近 10 年最低水平，但由于各方面原因的限制，湖南省回收率仅为 60%，意味着还有很多废旧钢铁没有得到二次利用。

**3. 废旧钢铁回收产业雏形初现**

湖南省废旧钢铁分拣、拆解、加工、资源化利用和无害化处理的产业链条逐步形成，而其中具有代表性的是娄底市经济开发区初步形成的废旧钢铁资源循环相关企业基地。娄底市经济技术开发区是湖南省人民政府批准的省级开发区，现已被评为国家级开发区。由娄底市政府直接管辖，开发区总体规划面积43.9平方公里，其中娄星北路以东、涟水河以北的娄底市（2000～2020年）城市总体规划以内的范围面积38.9平公里，市政府新址附近的高新科技园面积5平公里。开发区紧紧依托华菱涟钢，总投资81亿元人民币的涟钢超薄板超大型项目为开发区的腾飞提供了难得的契机，开发区的主导产业将依托涟钢薄板项目，发展相关配套项目，培育高附加值钢铁产业群，以此带动仓储保管运输业和钢制品交易市场等一系列产业的发展。

### 4.3.5.2 产业发展中存在的问题

目前，湖南省废旧钢铁行业存在的主要问题有：

**1. 废旧钢铁回收利用产业资金困难**

从调查情况看，废旧钢铁回收利用产业融资、信贷比较困难，资金缺乏，难以支撑自身规模的进一步扩张。与此同时，较重的税费负担也在一定程度上影响了企业的扩大再生产。

**2. 回收网点尚未形成规范体系**

湖南省从事废旧物资回收的站点数量众多，经过近几年的治理整顿和规范管理有很大进步，但管理仍相对松散，尤其是对具有一定初加工处理能力的中、小公司缺乏规范管理。由于回收企业工艺落后、缺乏监管，回收的资源向非法小钢厂流失现象严重。

**3. 科研和技术支撑体系薄弱**

"十二五"期间我国废旧钢铁加工技术、加工设备、废旧钢铁净化处理水平、二次污染防治水平、废旧钢铁应用技术、管理水平都有所提高，但这都仅限于行业协会、废旧钢铁供应商和应用企业根据自身需要而进行的自我研发。在废旧钢铁循环利用科学技术领域，缺乏国家统一管理和规划，没有形成体系和规模，也未正式纳入国家科研规范体系。市场发展所需的科研和技术支撑体系极其薄弱。

## 4.3.6　典型二次金属资源循环产业

### 4.3.6.1　产业发展现状分析

湖南省有色金属资源丰富，有色金属行业发达，典型企业有湖南水口山有色金属集团有限公司和中国五矿铜业（湖南）公司。然而，随着有色金属资源的逐渐枯竭、行业环境污染日趋严重，以及传统有色金属行业形势严峻等问题，加快行业转型、充分循环利用再生有色资源亟待解决。

**1. 再生金属资源产量丰富**

湖南省人口约 7 000 万，是手机、电脑、汽车等电子电器产品的消费大省，年报废量为 3 000 万 ~ 4 000 万台，重量超过 500 万吨，省内"城市矿产"资源丰富，为湖南省冶炼企业实施资源循环提供了良好的原料保障。据统计，全省再生金属年回收量达 1 466 万吨，且各类废旧物资再利用量正以每年 20% 的速率递增，再生金属年加工能力达 270 万吨，交易额达 640 亿元，并形成覆盖全国的专业回收网络。

**2. 成长起代表性的二次金属循环依托企业**

湖南水口山有色金属集团有限公司坐落于湖南常宁市水口山经济园区，是湖南省内重要有色金属生产企业。该公司采用具有自主知识产权的水口山炼铅法工艺，年产粗铅 12 万吨。加上原有三厂和金信公司的生产能力，水口山集团已具有 20 万吨铅的生产规模，成为全国第二大铅生产企业。为顺应国家绿色节能、资源循环号召，水口山公司加紧企业转型，利用自身技术优势，大力发展再生铅、再生铜等有色金属生产。该公司采用具有我国自主知识产权的"水口山炼铅法"处理废铅蓄电池生产再生铅，采用富氧底吹熔池熔炼方法，用工业氧气处理含硫和铅的原料，进行自热熔炼产出粗铅和高铅渣；在铅精矿中搭配废杂铅料，采用先进的氧气底吹熔炼工艺、烟气经两转两吸制酸后以优于国家环保标准排放，该系统是目前最优的再生铅资源综合利用途径。与现有采用短窑、鼓风炉及反射炉等处理方法相比，除了环保方面的绝对优势以外，还具有能耗低、金属回收率高、工艺流程简短等好处。水口山公司还积极寻求合作，与中国五矿签订战略合作协议，在衡阳市重点发展金铜综合回收产业升级项目（以下简称"金铜项目"）。该项目建厂址位于松柏镇东南部，常宁市水口山经济开发区水口山有色金属工业园内,占地 1 000 亩,总投资 29.46 亿元。项目采用具有自主知识产权的水口山炼铜工艺,预计年处理铜物料 50 多万吨,年产阴极铜 10 万吨,达产后年销售收入 61.5 亿元、年净利润 2.6 亿元。为进一步提高金铜项目盈利能力,中国五矿还决定再投资 25 亿元,配套建设 20 万吨废杂铜再生利用工程、水口山熔池熔炼技术与装备研发基地等数个项目。未来将以中国五矿大量海外铜资源为支撑,有机整合湖南省境内的铜资源,将常宁市水口山经济园区打造成为铜、铅、锌冶炼综合回收基地,实现企业的转型升级。

### 4.3.6.2 产业发展中存在的问题

目前,行业发展中存在的主要问题有:

**1. 二次资源分选、拆解量大**

湖南省在再生有色金属产业还属于以手工操作为主的劳动密集型产业,自动化和机械化程度低。例如,对电缆、废旧家电中铜资源的回收,对于除去铜线包皮、电路板有机物,通常采用人工拆解或焚烧的方法,导致效率低下并产生二噁英等污染气体。对废旧铅蓄电池的回收,主要靠人工,使用磁铁、钢锉等工具,完全依靠操作者经验。这种分选方法难度大、效率低、质量差、成本高、工作量大,与国外先进的分选、拆解系统,如意大利安吉泰和美国的 MA 破碎分选系统相比差距很大,先进的分选与拆解技术亟须研究并采用。

**2. 回收技术水平落后**

湖南省再生铜、再生铅的回收技术普遍采用反射炉、鼓风炉、回转窑冶炼等落后技术,能耗大,环境污染严重。仅有几家大型企业采用富氧底吹熔池熔炼技术,先进技术推广不广泛。而国外发达国家普遍采用开发的新型现代化工艺及装备,如氧气顶吹回转炉工艺、倾动炉工艺等,原料适应性强,生产绿色环保,自动化程度较高。

**3. 高性能再生金属产品加工技术落后**

湖南省再生金属加工产品较为单一,加工技术相对落后,循环再利用企业不能生产高品质工业材料如耐腐蚀材料、高强度、韧度及低阻抗导电材料、高品质超薄铜片,以及印刷电路板板基等高端民用产品,更无法涉足航空航天和国防军工用高性能产品,这大大降低了再生金属加工产品的行业应用范围。因此,创新高性能再生金属产品加工技术势在必行。

### 4.3.7 稀贵及稀散金属循环利用产业

### 4.3.7.1 产业发展现状分析

湖南省稀贵、稀散金属工业相对比较分散,产业集中度低,市场规模较小;由于近年矿源紧张，企业生产成本普遍提升，企业收益不高，导致湖南省稀贵、稀散金属产业规模效益增长缓慢。

**1. 郴州永兴稀贵金属冶炼工业发展情况**

湖南郴州永兴享有"银都"之称，它不仅是湖南省最主要的稀贵金属产业集中地，还是全国著名的"冶炼之乡"，全县从事"三废"回收金银冶炼者达 6 000 多户，从业人员 2 万余人，年回收黄金 400 万克、白银 2 000 余吨、产值约 2 亿元，是唯一经中国人民银行总行批准的允许自行销售"三废"回收金银产品的县。永兴县国家循环经济示范园建立在原永兴工业园和太和循环经济项目区的基础上，现已有入园企业 17 家（已投产 7 家），其中精深加工区 7 家，综合回收利用区 10 家。目前，示范园的建设工作已全面展开且初具规模，入园企业已发展到 40 家以上，园区企业总产值超过 100 亿元。2012 年，永兴县从全国各地收集各种含金属废料 120 万吨，从中回收白银 2 100 吨，增长 2.5%；黄金 7.2 吨，增长 1.5%；铋 4 500 吨、铂族金属 5.6 吨、铟 65 吨、碲 280 吨，其他有色金属 17 万吨，实现产值 160 亿元，增长 45%，实现税收 4.5 亿元。2015 年上半年，永兴全县共生产白银 1 335 吨、黄金 4.48 吨、铋 2 890 吨、碲 136 吨、铟 40 吨、其他金属 9.3 万吨，实现产值 102 亿元。

**2. 衡阳稀贵稀散金属产业发展情况**

湖南衡阳的稀贵、稀散金属产业主要集中在水口山有色金属集团有限公司，2011 ~ 2015 年水口山有色金属集团有限公司投资 8 000 万开始着手中国五矿湖南水口山金铜回收产业升级项目，主要用于改造金铜冶炼厂的基本设施，并且配备一批国际先进冶炼设备，提高冶炼渣中的金铜回收率。预期目标为年处理 5 万吨铜物料，年产阴极铜 10 万吨、黄金 2.4 吨、白银 200 吨、铟 5.7 吨，硫酸 50 万吨，配套建设 20 万吨杂铜再生利用工程。

**3. 株洲稀贵稀散金属产业发展情况**

湖南株洲的稀贵、稀散金属产业主要集中在株洲冶炼厂。2010 年株洲冶炼厂全年完成回收精铋 191 吨、精碲 2 011 千克，全公司有价元素综合回收率达到 73%。2011 年株洲冶炼厂综合回收稀贵、稀散金属水平进一步提高，铅、稀贵系统效益型生产卓有成效，处理当期产生的各种渣料 4 万余吨；完成电金 450 千克、电银 114.6 吨、精铟 46.97 吨、精碲 2 230 千克，分别较上年增长 15.38%、5.7%、27.18%、10.9%。除了每年回收大量冶金副产品中的稀贵金属以外，2015 年从银铋转炉维修时所拆卸下来的耐火材料砖中的稀贵金属也开始逐步被有效回收，其中所夹杂的金、银、铋具有很大的回收价值，如果直接对耐火材料进行火法处理，由于其熔点高、处理较困难，将会消耗大量的人力、物力和财力，为此株冶技术研发中心做了大量的试验研究，最终另辟蹊径确定了选冶结合的处理工艺——银铋砖渣经选矿方法富集有价金属后再进入转炉熔炼回收贵重金属。目前，株洲冶炼集团公司银铋砖渣回收项目已阶段性完成，共处理几年来堆积的银铋砖渣近 400 吨，精矿回收银、金、铋等创效近千万元。

### 4.3.7.2　产业发展中存在的问题

尽管湖南省稀贵、稀散金属种类较全，资源丰富，在全国占有重要地位，但是还没有形成产业集群。从产业形态看，产业小散弱，整体上生产规模普遍较小，产业自主创新能力不强，生产成本较高；从产业关联看，产业链、价值链和技术链短；从产业市场环境看，营销链和供应链落后；从环境影响看，生态链薄弱，资源综合利用水平低；从产业效果看，核心竞争力不强，未能形成促进撬动其他产业、推动湖南经济跨越发展的大产业。

## 4.3.8　废旧二次电池回收利用产业

### 4.3.8.1　产业发展现状分析

**1. 产业发展初具规模，具备一定回收基础**

目前，湖南省从事新能源汽车产业链上生产制造型企业将近 200 家，其中规模企业 34 家。2014 年湖南省新能源汽车整车销售收入超过 60 亿元，带动关键零部件销售收入约 200 亿元。长沙比亚迪 K9 纯电动大巴、南车时代的电动公交车、众泰纯电动乘用车、中联重科的环卫车辆等，在全国已有较高的知名度和美誉度。

湖南省共有电池材料企业 100 多家，形成了全国规模最大、产品最齐全的电池材料聚集区，其中杉杉新材、瑞翔新材成为深圳比克、天津力神、深圳比亚迪等国内电池厂家的一级供应商。在动力锂电池方面，2013 年全省锂电池销售收入约 8 亿元。湖南省二次电池产业已初具规模，处于快速成长期，为废旧二次电池回收产业打下了良好的回收基础。

**2. 产业集聚发展初具规模**

长沙星沙、望城及宁乡等周边地区是湖南省新能源产业的核心区域，为湖南省二次电池回收与再制造产业的发展打下了良好的基础。

宁乡经开区成立于 2002 年，2010 年被评为国家级经开区。园区主导产业为新能源材料产业，以邦普、雅城、杉杉、意大利马克菲尔等为代表的新材料产业圈正迅速发展。2015 年园区完成工业总产值 560 亿元，财政总收入约 10 亿元。

湖南杉杉户田新材料有限公司是国家高新技术企业，专业致力于新型锂离子电池正极材料的开发与生产，拥有年产 5 000 吨锂电正极材料的生产规模。目前产品有钴酸锂、锰酸锂、镍钴二元系、镍钴锰三元系、磷酸铁锂、钛酸锂等。2006 年成功确立国内规模最大的锂离子电池正极材料制造商的行业领先地位。产品销至国内 70 多家厂商，并远销美国、加拿大、韩国等海外市场，为全国第一、世界第三的锂离子电池正极材料生产商。2010 年公司实现正极材料销售收入 6.1 亿元，利税约 5 200 万元。

湖南瑞翔新材料股份有限公司位于长沙国家级经济技术开发区，是一家专门从事锂离子电池正极材料的研究、开发、生产和销售的高新技术企业。公司已经成为国内锂离子电池正级材料制造企业的领跑者，并将业务延伸到韩国、日本等多个国家和地区。公司成为深圳比克、天津力神、深圳邦凯、深圳比亚迪、TCL、东莞新能源等国内主要电池企业的供应商。依托完整产业链布局带来的原材料质量控制、先进生产工艺及科学合理品质管理优势，公司与国际排名第二的锂离子电池制造商三星 SDI 达成全面战略合作关系，成为三星 SDI 全球最主要的锂离子正极材料供应商。

湖南邦普循环科技有限公司为国内最大的废旧锂电池资源化回收处理和高端电池材料生产企业，年回收处理废旧电池总量超过 6 000 吨，年产镍钴锰氢氧化物 8 000 吨，年产值约为 10 亿元。邦普是废旧电池回收利用国家循环经济标准化试点，年处理废旧电池总量超过 13 000 吨、年生产镍钴锰氢氧化物 7 500 吨，总回收率超过 98.58%，回收处理规模和资源循环产能已跃居亚洲首位。邦普通过独创的"逆向产品定位设计"技术，在全球废旧电池回收领域率先破解"废料还原"的行业性难题，并成功开发和掌握了废料与原料对接的"定向循环"核心技术，一举成为回收行业为数不多的新材料企业。

### 4.3.8.2　产业发展中存在的问题

**1. 核心技术有待突破，产业链尚不完整**

由于二次电池产业本身尚属于战略新兴产业，二次电池不断更新换代，电池成分波动大，类型的多样化对回收工艺与设备也有更高的要求。电池绿色拆解、高效浸出、材料合成等工艺关键技术都尚未得到规模化应用推广，目前只有少数龙头企业掌握二次电池的高附加值回收利用技术，但回收规模都不大，更多的只是起到示范作用，经济可行的规模化资源化回收利用技术与装备还有待进一步提高。

目前，湖南省内仅有邦普、雅城、杉杉等开展了废旧手机电池的回收与产业化实施，但研发力量有限、处理规模小，尚不能支撑新能源产业链的长远发展。

**2. 回收体系不健全, 原料来源无法保障**

目前湖南省尚未建立完善有效的网络回收体系, 回收网络基本是个人或单位组织行为自发形成。相关法律法规也没有对废旧电池的回收处理做出具体的强制规定, 回收与不回收没有奖励和处罚措施, 有关职能部门无法对生产企业、回收部门、用户个人做出有针对性的指导, 更无法采取强制性回收措施。由于回收网络体系的不健全, 导致大量电池仍然未能有效回收, 企业没有足够的原材料保障, 不愿建立废旧二次电池回收生产线; 少数作为示范基地建成的回收线, 也处于时产时停的状态, 没有产生实际效益。

**3. 企业生产规模小**

大部分厂家集中生产四氧化三钴、硫酸镍、硫酸钴等有限的几个品种。由于技术无优势、利润空间小, 再加上原料供应无保障, 废旧二次电池回收产业至今尚未形成大规模化生产, 已经投产的回收生产线需要搭配处理其他废镍废钴资源。

**4. 协同创新平台薄弱, 产学研合作有待加强**

湖南省拥有大量的科研院所、初具规模的新能源产业圈及众多的相关科研成果, 然而由于缺乏相关的科技协同创新平台, 湖南省在新能源材料产学研合作方面一直有所欠缺, 导致高校众多的科研成果难以向相关产业转化, 科研人才难以服务于地方经济, 科研资源无法助力地方产业发展。

# 4.4　研究结论

通过以湖南省作为典型案例的分析, 以管窥豹, 可以反映我国城市矿产产业发展中存在的主要问题:

**1. 回收体系有待完善**

(1) 组织化程度低。城市矿产回收以社会化个体回收为主, 具有一定规模的企业回收量仅占回收总量的 10% ~ 20% 。行业小、散、差的特点明显, 回收主体组织化程度低, 市场竞争力差, 管理工作难度大。以湖南汨罗为例, 全市现有废品回收经营户4 000 多家, 但只有160 余家企业入驻园区, 其中规模企业仅有70 多家。

(2) 分拣技术水平低。行业内技术研发普遍投入不足, 操作工人缺乏技术培训, 专业知识水平和技能操作水平较低。除少数企业回收工艺和装备较先进、环境保护设施较完善外, 大多数从业主体设备简陋、技术落后、分拣精细化、专业化水平较低, 在一定程度上影响资源利用率。

(3) 部分品种回收率低。废旧二次电池、废塑料与橡胶等品种, 受回收成本高、利用价值较低和利用水平有限等因素影响，经济效益较差，回收率较低。

**2. 交易市场和加工园区的空间布局合理性有待提高**

我国当前已建设和待建设的废旧物资收集、交易和加工园区具有内陆收集交易、沿海加工的布局特点，具有一定的科学合理性。但国内很多地方简单地以资源收集和再生为目标，盲目上马资源加工园区，不经合理的布局规划，难免将带来重复建设、布局混乱、恶性竞争的不良局面，不利于城市矿产产业健康发展。从湖南省来看，这一情况也比较严重，如汽车拆解行业，目前全省各地共有汽车报废与拆解工厂 56 家，大多数汽车拆解企业产能过剩"吃不饱"。

**3. 技术及设施装备条件有待提升**

我国现阶段城市矿产从收集、交易到再制造的过程，都需要大量的人力参与，是当之无愧的劳动密集型产业。从产业本身来看，具有成分复杂、资源分布丰度特点复杂等特点。如何解放大量的劳动力从事资源的高效分类收集、将人力从有毒有害的资源化操作过程中解放出来，使资源化过程从依靠手工转变成依靠先进技术装备，从依高强度劳动转变成依靠先进科技，是城市矿产产业发展的瓶颈问题之一。

**4. 产业技术亟待突破**

城市矿产产业科技创新中存在的主要问题如下：

（1）电子废弃物与废旧汽车拆解产业。缺乏高效物联网系统，拆解企业"吃不饱"；信息化程度低，可追溯性差；缺乏现代化、自动化拆解技术；技术更新换代速度慢。

（2）废旧塑料与橡胶资源循环产业。填埋法处理严重妨碍水的渗透和地下水流通；添加溶出会造成二次污染，资源化利用程度低；焚烧法处理过程中会产生有毒有害的烟气，回收价值低；塑料颗粒再造生产技术、装备落后，产品种类单一，产品附加值低；橡胶翻新或制胶粉技术生产效率低，经济效益不明显。

（3）典型二次金属资源利用产业。以手工操作为主，自动化和机械化程度低；设施落后，能源消耗高，金属回收率低；技术水平落后、技术发展方向不明确。

（4）稀贵与稀散金属资源循环利用产业。生产工艺改造提升的步伐缓慢；"二次污染"治理压力很大；产业基础薄弱，高附加值产品少。

（5）再生铜深加工产业。缺乏废杂铜分选和再生过程的合金元素在线实时分析；缺乏废杂铜合金熔体质量控制技术和镀涂覆层的高效环保分离、回收关键技术；废杂铜合金熔体控制技术落后，产品种类少；紫杂铜高纯净化熔体制备技术及装备先进性差，电工用铜杆品质低。

（6）再生铝深加工产业。废铝分选与拆解机械化和自动化低，拆解工作量大；废铝细分与提纯难度大，熔体净化、熔炼过程的技术亟待突破；高性能再生铝产品加工技术落后，再生铝加工产品单一。

（7）废旧零部件再制造产业。缺乏有效的无损检测及寿命预测评估理论与技术；表面工程技术与修复技术落后，再制造零部件性能低；系统、完善的再制造工艺技术标准、质量检测标准等亟须建立。

（8）废旧二次电池循环利用产业。废旧二次电池预处理工艺复杂，装备落后；电池成分波动大，浸出与分离过程难控制；高端材料品种缺乏，材料制备技术水平低。

（9）废旧钢铁回收再制造产业。电炉炼钢短流程工艺和技术发展缓慢；废钢综合回收率和再生产产品附加值低；废钢回收和再生产过程存在二次污染问题。

# 第5章

## 中国城市矿产产业发展的价值链分析

本部分拟以电子废弃物、废旧动力汽车电池为特定研究对象，从价值链视角对我国"城市矿产"产业发展情况进行分析研究。本章首先从价值链理论从发，对电子废弃物在回收、拆解及资源化利用环节中的成本效益进行分析，从中揭示中国城市矿产产业发展中现存的一些问题及本质原因。接下来，本章从价值流的视角，采用湖南省 KLY 公司先进储能材料国家工程研究中心提供的相关数据，分析废旧动力汽车电池回收利用的经济价值和环境价值：经济价值的分析，可以初步确定电池回收再利用各个环节的盈利水平，以此作为企业的业务选择的参考；通过分析废旧电池的环境价值，确定废旧电池回收的减排能力、环境价值，能够为未来国家财税补贴政策的补贴金额确定提供一定的依据。

## 5.1 中国城市矿产产业价值链的成本收益分析——以电子废弃物回收利用行业为例

电子废弃物回收利用行业是我国城市矿产产业的重要组成部分。近几年来，我国陆续出台一系列政策积极引导电子废弃物回收利用行业发展。自《废弃电器电子产品回收处理管理条例》（以下简称《条例》）以及基金征收和补贴制度实施以来，截至 2015 年年底，进入废弃电器电子产品处理基金补贴名单的处理企业共计 109 家。处理企业年处理能力超过 1.5 亿台，实际处理废弃电器电子产品达到 7 500 万台左右（中国家电研究院，2016）。但是过度依赖政府基金扶持，统一的回收体系尚未建立等问题依旧是制约行业发展的重要因素。本部分以中国电子废弃物回收利用行业为例，在确定产业链分析环节的基础之上，对各环节进行详细成本收益分析，从中探寻城市矿产产业发展中存在的问题及本质原因。

## 5.1.1　电子废弃物回收利用行业价值链分析环节

### 5.1.1.1　电子废弃物回收环节价值链分析

在电子废弃物的回收环节，回收的废弃电子电器设备流向非正规拆解渠道和正规拆解渠道两个方向。随着我国出台基金补贴政策，正规企业收购价格提升，流向正规渠道的电子废弃物产品数量持续增加；加上部分拆解及资源化利用企业利用"互联网＋"减少回收中间环节，实现闭环式发展，电子废弃物流向正规拆解企业已经成为未来行业发展的重要趋势。因此，在对回收环节的价值链进行分析时，本研究主要选取流向正规回收渠道的电子废弃物进行分析。同时，将回收环节产业价值链分成三个部分：小型回收环节、中型回收环节、大型回收环节。

**1. 小型回收环节成本收益分析**

小型回收环节的成本主要是消费端的收购成本，由于运输距离和仓储时间较短，所以不计算该部分的物流仓储费用。根据中国家用电器协会的市场调查及沈阳淘绿环保有限公司的数据资料，对已经失去使用价值的废旧电冰箱、电视机、空调、洗衣机、电脑的市场收购价格进行梳理，结果如表 5 - 1 所示。

表 5 - 1　　　　　　　　　　废旧电子电器测算价格　　　　　　　　　　单位：元/台

| 产品名称 | 规格 | 收购价格范围 | 测算价格※ |
|---|---|---|---|
| 老式电视机 CRT | 25 寸以下 | 30 ~ 40 | 35 |
| | 25 寸以上 | 50 ~ 60 | 55 |
| 洗衣机 | 全自动 | 50 | 50 |
| | 双缸 | 50 ~ 60 | 55 |
| | 滚筒 | 45 ~ 65 | 55 |
| 空调 | 窗机 | 50 ~ 100 | 75 |
| | 挂机 | 100 ~ 300 | 200 |
| | 柜机 | 150 ~ 400 | 275 |
| 电冰箱 | 单门 | 45 | 45 |
| | 双门 | 50 ~ 120 | 85 |
| | 冰柜 | 50 | 50 |

| 产品名称 | 规格 | 收购价格范围 | 测算价格※ |
|---|---|---|---|
| 电脑 | 显示器 CRT | 20 | 20 |
| | 主机 | 30 | 30 |

※测算价格是收购价格范围的平均数。
数据来源：沈阳淘绿环保科技有限公司。

回收阶段的收益主要由各环节的加价构成，现阶段对于电子废弃物，街头小贩在回收环节的加价一般为 20～30 元/台，维修部和小型回收点的加价一般为 5～10 元/台，中型回收中心一般加价 3～5 元/台，而大型回收环节一般加价 1～2 元/台（兴业证券研究所，2015）。在小型回收环节，街头小贩和回收点的回收加价差距较大，所以分别核算这两种回收方式下的毛利及毛利率。同时考虑到不同产品的收购测算价格相差较大，每个产品的加价存在差异，所以课题组对相关加价的数据进行了处理，回收各阶段加价测算值具体如表 5 - 2 所示。

本书小型回收环节的成本收益分析主要是对两种不同回收方式下，各产品的回收阶段销售毛利率进行测算。具体公式如下：

$$PM = P/R = P/(C + P)$$

其中，$PM$—销售毛利率，$P$—该环节的毛利（即回收各环节的加价），$R$—销售收入，$C$—收购价格。

根据以上数据，小型回收环节的销售毛利率计算结果如表 5 - 3 所示。

表 5 - 2　　　　　　　　回收各环节电子废弃物加价测算值　　　　　　　单位：元/台

| 产品名称 | 规格 | 测算价格 | 小贩※ | 小回收点※ | 中型回收※ | 大型回收※ |
|---|---|---|---|---|---|---|
| 老式电视机 CRT | 25 寸以下 | 35 | 20.59 | 5.29 | 3.12 | 1.06 |
| | 25 寸以上 | 55 | 21.37 | 5.69 | 3.27 | 1.14 |
| 洗衣机 | 全自动 | 50 | 21.18 | 5.59 | 3.24 | 1.12 |
| | 双缸 | 55 | 21.37 | 5.69 | 3.27 | 1.14 |
| | 滚筒 | 55 | 21.37 | 5.69 | 3.27 | 1.14 |
| 空调 | 窗机 | 75 | 22.16 | 6.08 | 3.43 | 1.22 |
| | 挂机 | 200 | 27.06 | 8.53 | 4.41 | 1.71 |
| | 柜机 | 275 | 30.00 | 10.00 | 5.00 | 2.00 |

续表

| 产品名称 | 规格 | 测算价格 | 小贩※ | 小回收点※ | 中型回收※ | 大型回收※ |
|---|---|---|---|---|---|---|
| 电冰箱 | 单门 | 45 | 20.98 | 5.49 | 3.20 | 1.10 |
| | 双门 | 85 | 22.55 | 6.27 | 3.51 | 1.25 |
| | 冰柜 | 50 | 21.18 | 5.59 | 3.24 | 1.12 |
| 电脑 | 显示器 CRT | 20 | 20.00 | 5.00 | 3.00 | 1.00 |
| | 主机 | 30 | 20.39 | 5.20 | 3.08 | 1.04 |

※加价的测算值＝最低加价＋（收购测算价格－最低收购测算价格）×每单位加价增加值

$$每单位加价增加值 = \frac{最高加价 - 最低加价}{最高收购测算价格 - 最低收购测算价格}$$

表5－3　　　　　　　小型回收环节电子废弃物不同回收方式销售毛利率　　　　单位：%

| 产品名称 | 规格 | 小贩毛利率 | 回收点毛利率 |
|---|---|---|---|
| 老式电视机 CRT | 25 寸以下 | 37.04 | 13.14 |
| | 25 寸以上 | 27.98 | 9.37 |
| 洗衣机 | 全自动 | 29.75 | 10.05 |
| | 双缸 | 27.98 | 9.37 |
| | 滚筒 | 27.98 | 9.37 |
| 空调 | 窗机 | 22.81 | 7.50 |
| | 挂机 | 11.92 | 4.09 |
| | 柜机 | 9.84 | 3.51 |
| 电冰箱 | 单门 | 31.80 | 10.87 |
| | 双门 | 20.97 | 6.87 |
| | 冰柜 | 29.75 | 10.05 |
| 电脑 | 显示器 CRT | 50.00 | 20.00 |
| | 主机 | 40.47 | 14.76 |

从表5－3可以看出，街头小贩和回收点的毛利率相差巨大，差距最大的为窗式空调，小贩回收方式的销售毛利率是22.81%，回收点回收方式的销售毛利率为7.5%，小贩回收的毛利率是回收点毛利率的3倍多。两种回收方式毛利率差距最小的为电脑显示器分别为50%和20%，小贩回收毛利率是回收点回收销售毛利率的2.5倍。

**2. 中型回收环节的成本收益分析**

中型回收环节的成本由收购价格构成，收购价格等于消费端的收购价格与小型回收环节加价之和。而在小型回收环节的成本收益测算过程中，分别计算了街头小贩和回收点的加价，因此需要对该部分的加价进行处理，根据中国再生资源回收利用协会掌握的数据显示，目前在全国的拆解企业中，有 90% 甚至更高比例都是通过个体小贩购买电子废弃物，因此本书假定走向正规拆解渠道的废旧电子电器有 90% 来自街头小贩，10% 来自回收点，所以小型回收环节平均加价等于两种回收方式加价分别乘以百分比之和（即等于小贩加价×90% + 回收点加价×10%）。通过计算中型回收环节的总成本见表 5 - 4 所示。同时，根据销售毛利率的计算公式以表 5 - 2 中型回收环节的加价为毛利率，可以计算出中型回收环节的销售毛利率，结果如表 5 - 5 所示。

表 5 - 4　　　　　　　　　　中型回收环节总成本　　　　　　　　单位：元/台

| 产品名称 | 规格 | 收购总成本 |
| --- | --- | --- |
| 老式电视机 CRT | 25 寸以下 | 54.06 |
| | 25 寸以上 | 74.80 |
| 洗衣机 | 全自动 | 69.62 |
| | 双缸 | 74.80 |
| | 滚筒 | 74.80 |
| 空调 | 窗机 | 95.55 |
| | 挂机 | 225.21 |
| | 柜机 | 303.00 |
| 电冰箱 | 单门 | 64.43 |
| | 双门 | 105.92 |
| | 冰柜 | 69.62 |
| 电脑 | 显示器 CRT | 38.50 |
| | 主机 | 48.87 |

表 5 - 5　　　　　　　　　　中型回收环节毛利率　　　　　　　　单位：%

| 产品名称 | 规格 | 销售毛利率 |
| --- | --- | --- |
| 老式电视机 CRT | 25 寸以下 | 5.45 |
| | 25 寸以上 | 4.19 |
| 洗衣机 | 全自动 | 4.44 |
| | 双缸 | 4.19 |
| | 滚筒 | 4.19 |
| 空调 | 窗机 | 3.47 |
| | 挂机 | 1.92 |
| | 柜机 | 1.62 |

| 产品名称 | 规格 | 销售毛利率 |
|---|---|---|
| 电冰箱 | 单门 | 4.73 |
| | 双门 | 3.21 |
| | 冰柜 | 4.44 |
| 电脑 | 显示器 CRT | 7.23 |
| | 主机 | 5.93 |

从表 5 - 5 可以看出，不同产品之间，毛利率相差较大，毛利率最低的产品是柜式空调，毛利率为 1.62%，而毛利率最高的电脑显示器 CRT 是 7.23%，是挂式空调的 4 倍多。

**3. 大型回收环节成本收益分析**

大型回收环节的成本也由三个部分组成：产品收购价格、物流成本、仓储成本。产品收购价格由中型回收环节总成本和加价价格构成（即中型回收环节的总收益）。物流和仓储成本数据来自国家发改委环资司和广发证券发展研究中心。由于从中型回收中心到大型回收中心通常距离相对较远，所以物流成本与中型回收环节存在差异。大型回收环节的总成本计算结果如表 5 - 6 所示。根据销售毛利率的计算公式以表 5 - 2 大型回收环节的加价为毛利率，可以计算出大型回收环节的销售毛利率，结果如表 5 - 7 所示。

表 5 - 6　　　　　　　　　　大型回收环节总成本　　　　　　单位：元/台

| 产品名称 | 规格 | 收购价格 | 仓储 | 物流 | 总成本 |
|---|---|---|---|---|---|
| 老式电视机 CRT | 25 寸以下 | 57.18 | 4.00 | 3.00 | 64.18 |
| | 25 寸以上 | 78.08 | 4.00 | 3.00 | 85.08 |
| 洗衣机 | 全自动 | 72.85 | 5.00 | 4.00 | 81.85 |
| | 双缸 | 78.08 | 5.00 | 4.00 | 87.08 |
| | 滚筒 | 78.08 | 5.00 | 4.00 | 87.08 |
| 空调 | 窗机 | 98.98 | 5.00 | 4.00 | 107.98 |
| | 挂机 | 229.62 | 5.00 | 7.00 | 241.62 |
| | 柜机 | 308.00 | 5.00 | 7.00 | 320.00 |
| 电冰箱 | 单门 | 67.63 | 5.00 | 4.00 | 76.63 |
| | 双门 | 109.43 | 5.00 | 5.00 | 119.43 |
| | 冰柜 | 72.85 | 5.00 | 5.00 | 82.85 |
| 电脑 | 显示器 CRT | 41.50 | 3.00 | 2.00 | 46.50 |
| | 主机 | 51.95 | 3.00 | 2.00 | 56.95 |

注：仓储、物流数据来源于国家发改委环资司和广发证券研究中心。

表 5 - 7　　　　　　　　　　大型回收环节毛利率　　　　　　　单位：%

| 产品名称 | 规格 | 销售毛利率 |
|---|---|---|
| 老式电视机 CRT | 25 寸以下 | 1.62 |
| | 25 寸以上 | 1.32 |
| 洗衣机 | 全自动 | 1.35 |
| | 双缸 | 1.29 |
| | 滚筒 | 1.29 |
| 空调 | 窗机 | 1.11 |
| | 挂机 | 0.70 |
| | 柜机 | 0.62 |
| 电冰箱 | 单门 | 1.41 |
| | 双门 | 1.04 |
| | 冰柜 | 1.33 |
| 电脑 | 显示器 CRT | 2.11 |
| | 主机 | 1.79 |

从表 5 - 7 可以看出，不同产品之间，毛利率相差较大，毛利率最低的产品依旧是柜式空调，毛利率为 0.62%，而毛利率最高的电脑显示器 CRT 是 2.11%。最高毛利率是最低毛利率的 3 倍多。

### 5.1.1.2　电子废弃物拆解及资源化利用环节价值链分析

电子废弃物经过多次的回收流通之后最终流入拆解环节，进一步进入资源化利用环节。但是介于很多的企业实行拆解环节与资源化利用环节一体化运营，课题组将拆解和资源化利用环节合二为一，合并为一个环节。同时，在测算拆解及资源化利用环节的成本和收益的过程中。该环节的成本主要包括采购成本和处理成本，而采购成本由收购价格（即大型回收环节的总收益）及物流成本构成。此环节的采购成本也是构成拆解及资源化利用环节的主要成本。处理成本主要是指拆解及资源化利用过程中产生的直接处理材料成本、直接人工成本、制造费用、固定资产折旧、财务费用、管理费用等。该环节的收益主要是主要电子废弃物拆解材料的经济价值。拆解及资源化利用环节成本收益分析测算思路详见图 5 - 1 所示。

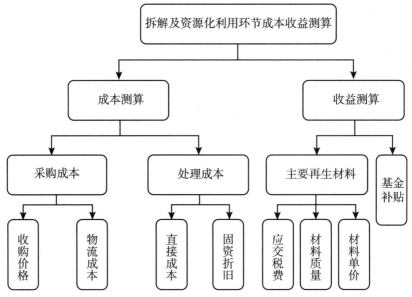

图 5 - 1　废旧电器电子拆解及资源化利用环节成本收益测算

注：应交税费属于扣减项目。

**1. 拆解及资源化利用环节成本测算**

　　该环节的采购成本主要由收购价格与物流成本构成，收购价格通过上一回收环节的总收益计算，物流成本依据国家发改委环资司和广发证券发展研究中心相关数据。处理成本包含的内容众多，而且我国电子废弃物市场长期处于散乱状态，因此无法收集到处理厂成本费用的精确资料。因此本书处理成本主要简化为直接处理成本和固定资产折旧两个部分，处理费用的估算根据国家发改委自 2005 年起在全国设立 4 个试点（浙江省、青岛市、北京市、天津市）的运行统计数据，以建设处理量 20 万台/年，投资 3 000 万元为样本进行测算（广发证券研究所，2014）。同时，基于数据的可获得性，本环节将电脑显示器与主机放入一起进行核算。拆解及资源化利用环节总成本测算结果如表 5 - 8 所示。

表 5 - 8　　　　　　　　　　拆解及资源化利用环节总成本　　　　　　　　单位：元/台

| 产品名称 | 规格 | 收购价格 | 物流 | 处理成本 | 总成本 |
|---|---|---|---|---|---|
| 老式电视机 CRT | 25 寸以下 | 65.24 | 5.00 | 31.70 | 101.94 |
| | 25 寸以上 | 86.22 | 5.00 | 36.70 | 127.92 |
| 洗衣机 | 全自动 | 82.97 | 8.00 | 24.70 | 115.67 |
| | 双缸 | 88.22 | 8.00 | 24.70 | 120.92 |
| | 滚筒 | 88.22 | 8.00 | 24.70 | 120.92 |

续表

| 产品名称 | 规格 | 收购价格 | 物流 | 处理成本 | 总成本 |
|---|---|---|---|---|---|
| 空调 | 窗机 | 109.20 | 8.00 | 21.70 | 138.90 |
| | 挂机 | 243.32 | 10.00 | 26.70 | 280.02 |
| | 柜机 | 322.00 | 12.00 | 31.70 | 365.70 |
| 电冰箱 | 单门 | 77.73 | 12.00 | 43.30 | 133.03 |
| | 双门 | 120.69 | 12.00 | 53.30 | 185.99 |
| | 冰柜 | 83.97 | 12.00 | 53.30 | 149.27 |
| 电脑 | 显示器 CRT | 47.50 | 3.00 | 42.70 | 154.19 |
| | 主机 | 57.99 | 3.00 | | |

资料来源：处理成本、物流数据来源于国家发改委环资司和广发证券研究中心。

**2. 拆解及资源化利用环节收益测算**

在拆解及资源化利用环节，各类废旧电子电器主要原材料可以大致分为钢、铝、铜、铁、塑料等，根据国家发改委的课题研究小组通过对国内主要家电生产企业产品的调查，目前我国各类废旧电子电器主要的原材料比例和平均质量如表5－9所示（国家发改委环资司，广发证券研究所，2014）。

表5－9　　　　　　　　各种电子废弃物主要材料质量　　　　　单位：公斤

| 产品名称 | 规格 | 平均质量 | 钢 | 铝 | 铜 | 塑料 | 其他 |
|---|---|---|---|---|---|---|---|
| 老式电视机 CRT | 25 寸以下 | 29.00 | 1.99 | 0.31 | 1.30 | 5.33 | 20.07 |
| | 25 寸以上 | 46.50 | 2.93 | 0.42 | 1.69 | 6.73 | 34.73 |
| 洗衣机 | 全自动 | 42.50 | 21.97 | 0.85 | 1.36 | 15.00 | 3.32 |
| | 双缸 | 29.00 | 5.02 | 0.49 | 2.00 | 16.01 | 5.48 |
| | 滚筒 | 77.50 | 26.71 | 2.84 | 2.57 | 12.63 | 32.75 |
| 空调 | 窗机 | 36.00 | 15.60 | 1.62 | 2.96 | 2.00 | 13.82 |
| | 挂机 | 47.00 | 12.19 | 3.46 | 5.62 | 3.63 | 22.10 |
| | 柜机 | 104.50 | 40.28 | 6.27 | 10.51 | 6.59 | 40.85 |
| 电冰箱 | 单门 | 31.00 | 18.57 | 0.03 | 0.40 | 6.50 | 5.50 |
| | 双门 | 68.50 | 25.00 | 3.00 | 2.00 | 24.00 | 14.50 |
| | 冰柜 | 68.50 | 25.00 | 3.00 | 2.00 | 24.00 | 14.50 |
| 电脑 | 显示器 CRT + 主机 | 30.00 | 3.00 | 0.60 | 0.90 | 6.90 | 18.60 |

电子废弃物中的主要材料（如钢、铝、铁、铜等）近两年来价格波动较大，根据电器废弃物中主要材料的 2015 年市场平均价格确定主要材料的测算价格（再生资源信息网，2015），如表 5 - 10 所示。

表 5 - 10　　　　　　　　　　主要材料测算单价　　　　　　　　　单位：元/公斤

| 废料品种 | 钢 | 铝 | 铜 | 塑料 |
|---|---|---|---|---|
| 测算单价 | 1.30 | 9.50 | 36.50 | 5.80 |

数据来源：再生资源信息网。

根据以上材料的质量与单价，可以测算出我国废旧空调可回收材料的理论价值。由于其中废玻璃、电子元件等其他的一些材料含量相对较低，所以不进行详细的测算。同时由于处理工艺及处理流程和成本的限制，废弃的电器产品中的材料不可能实现百分之百回收（广发证券发展研究中心，2014）。根据我国质监局和标准委员管理会发布的《家用或类似用途的电器安全使用年限和再生利用通则》规定，归属于大型器具的大小家电、冰箱、洗衣机等，其材料的再使用和再生利用率至少应该达到电器质量的 75%（质监局和标准委员管理会，2007），同时根据相关资料显示，我国正在起草的家电再生利用通则中（国家标准）将空调、洗衣机、冰箱的再生率分别 85%、80%、75%（广发证券，2014）。因此，本书将电视机的再生率定为 75%，空调、洗衣机、冰箱的再生率分别定为 85%、80%、75%，考虑计算机含有很多贵重金属和稀有金属，具有较高的价值，现有数据无法相加测算，故假设计算机的再生率为 100%，同时在计算机的理论价值基础上给予了 15 元/台的溢价（数据来源：广发证券发展研究中心，2014）。各种电子电器产品主要材料的实际价值如表 5 - 11 所示。

表 5 - 11　　　　　　　各种电子废弃物可生材料实际价值　　　　　　　单位：元

| 产品名称 | 规格 | 理论价值合计 | 再生率（%） | 实际价值 |
|---|---|---|---|---|
| 老式电视机 CRT | 25 寸以下 | 83.90 | 75 | 62.92 |
| | 25 寸以上 | 108.52 | 75 | 81.39 |
| 洗衣机 | 全自动 | 173.28 | 80 | 138.62 |
| | 双缸 | 177.04 | 80 | 141.63 |
| | 滚筒 | 228.76 | 80 | 183.01 |

续表

| 产品名称 | 规格 | 理论价值合计 | 再生率（%） | 实际价值 |
|---|---|---|---|---|
| 空调 | 窗机 | 155.31 | 85 | 132.01 |
| | 挂机 | 274.90 | 85 | 233.67 |
| | 柜机 | 533.77 | 85 | 453.70 |
| 电冰箱 | 单门 | 76.73 | 75 | 57.54 |
| | 双门 | 273.20 | 75 | 204.90 |
| | 冰柜 | 273.20 | 75 | 204.90 |
| 电脑 | 显示器 CRT + 主机 | 82.47 | 100 | 97.47 |

除了电子废弃物材料的价值，政府的基金补贴也是构成该环节收益的重要组成部分。根据《废弃电器电子产品处理基金征收使用管理办法》，我国政府对处理企业按照实际完成拆解处理的废弃电器电子产品数量给予定额补贴。2015 年我国政府对废弃电器电子产品处理基金补贴标准进行了调整，公告从 2016 年 1 月 1 日实施，与旧标准相比，废弃电视机、微型计算机的基金补贴标准有所下降，电视机从原来的 85 元/台调整到 60 元/台或 70 元/台；微型计算机从 85 元/台降到 70 元/台；废弃空调基金补贴有较大幅度提高，从 35 元/台提至 130 元/台；洗衣机从原来的 35 元/台提升到了 45 元/台。

另外，因为在废旧产品材料流入下一个流通环节的过程中，会产生增值税的问题，所以收益中应该扣除税费。根据财税［2015］72 号关于印发《资源综合利用产品和劳务增值税优惠目录的通知》，废旧电器电子产品现实行 30% 的退税优惠政策。根据以上分析，可以得出拆解及资源化利用环节的总收益，如表 5-12 所示。

表 5-12　　　　　　　　拆解及资源化利用环节总收益　　　　　单位：元/台

| 产品名称 | 规格 | 材料价值 | 基金补贴 | 税费※ | 总收益 |
|---|---|---|---|---|---|
| 老式电视机 CRT | 25 寸以下 | 62.92 | 60.00 | 7.49 | 115.43 |
| | 25 寸以上 | 81.39 | 70.00 | 9.69 | 141.70 |
| 洗衣机 | 全自动 | 138.62 | 45.00 | 16.50 | 167.12 |
| | 双缸 | 141.63 | 45.00 | 16.85 | 169.78 |
| | 滚筒 | 183.01 | 45.00 | 21.78 | 206.23 |
| 空调 | 窗机 | 132.01 | 130.00 | 15.71 | 246.30 |
| | 挂机 | 233.67 | 130.00 | 27.81 | 335.86 |
| | 柜机 | 453.70 | 130.00 | 53.99 | 529.71 |

| 产品名称 | 规格 | 材料价值 | 基金补贴 | 税费※ | 总收益 |
|---|---|---|---|---|---|
| 电冰箱 | 单门 | 57.54 | 80.00 | 6.85 | 130.70 |
| | 双门 | 204.90 | 80.00 | 24.38 | 260.52 |
| | 冰柜 | 204.90 | 80.00 | 24.38 | 260.52 |
| 电脑 | 显示器 CRT + 主机 | 97.47 | 70.00 | 11.60 | 155.87 |

※税费是指应交增值税，扣除30%的税收优惠之后的金额。

### 3. 拆解及资源化利用环节毛利率

根据以上对电子废弃物拆解及资源化利用环节的成本和收益分析，可以测算出该环节的毛利率（如表5－13所示）。公式如下：

$$PM = (R - C)/R$$

其中，$PM$——销售毛利率，$R$——总收益　　　$C$——总成本。

同时，为了反映基金补贴和税收优惠对毛利率的影响，本书进一步分别测算了扣除基金补贴和税收优惠之后各电子废弃物在拆解及资源化利用的毛利率并与不扣除的情况进行对比，对比结果如图5－2所示。

表5－13　　　　　　　　　　拆解及资源化利用环节毛利率　　　　　　单位：%

| 产品名称 | 规格 | 销售毛利率 |
|---|---|---|
| 老式电视机 CRT | 25 寸以下 | 11.69 |
| | 25 寸以上 | 9.73 |
| 洗衣机 | 全自动 | 30.79 |
| | 双缸 | 28.78 |
| | 滚筒 | 41.37 |
| 空调 | 窗机 | 43.61 |
| | 挂机 | 16.62 |
| | 柜机 | 30.96 |
| 电冰箱 | 单门 | -1.78 |
| | 双门 | 28.61 |
| | 冰柜 | 42.70 |
| 电脑 | 显示器 CRT + 主机 | 1.08 |

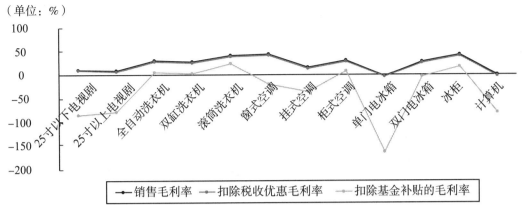

图 5 - 2　扣除基金补贴或税后优惠条件下的毛利率比较

从图 5 - 2 可以看出，政府基金补贴对于电子废弃物在拆解及资源化利用环节的毛利率影响巨大，基金补贴构成了拆解及资源化利用企业盈利的重要组成部分。同时，政府给予的税收优惠政策也给拆解及资源化利用企业带来了更多的盈利空间。

### 5.1.1.3　各环节价值链传导

根据以上对各环节的成本收益分析，可以得出电子废弃物在各个环节经济价值流动状况。梳理各环节毛利率的流动情况，可得表 5 - 14 及图 5 - 3。同时，考虑影响各环节成本收益的主要因素为初始收购价格、各类电子电器产品材料价值和基金补贴，本书通过折线图展示三者之间的变动关系（如图 5 - 4 所示）。

表 5 - 14　　　　　　　　各类废旧电子电器各环节毛利率　　　　　　　　单位：%

| 产品名称 | 小型回收环节 | 中型回收环节 | 大型回收环节 | 拆解及资源化利用环节 |
|---|---|---|---|---|
| 老式电视机 CRT | 21.89 | 4.82 | 1.47 | 10.71 |
| 洗衣机 | 19.09 | 4.28 | 1.31 | 33.65 |
| 空调 | 9.94 | 2.34 | 0.81 | 30.40 |
| 电冰箱 | 18.39 | 4.12 | 1.26 | 23.18 |
| 电脑 | 31.31 | 6.58 | 1.95 | 1.08 |
| 平均毛利润率 | 20.12 | 4.43 | 1.36 | 19.80 |

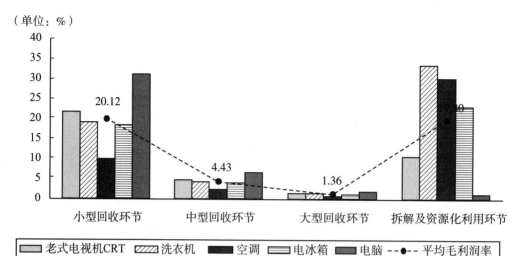

图 5-3　电子废弃物回收利用产业各环节毛利率

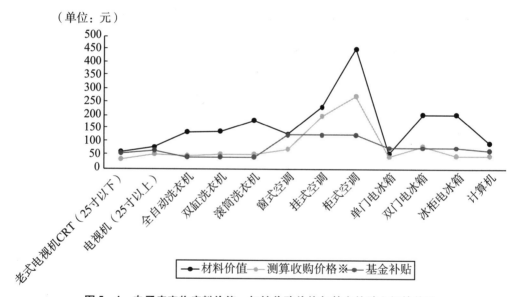

图 5-4　电子废弃物废料价值、初始收购价格与基金补贴之间的关系

## 5.1.2　研究发现与结论

通过以电子废弃物回收利用行业为例对城市矿产产业价值链的分析，可以发现在电子废弃物回收、拆解及资源化利用的各个环节及各环节之间，毛利率的分布不均衡，有较大的差距。接下来我们对各环节利润分布状况进行分析，明确利润产生差异的原因及可能带来的危害，进而针对上述问题提出合理的建议。

### 5.1.2.1　回收环节毛利率分布情况分析

（1）在小型回收环节，街头小贩和回收点的毛利率相差巨大，差距最大的为窗式空调，小贩回收方式的销售毛利率是22.81%，回收点回收方式的销售毛利率为7.5%，小贩回收的毛利率是回收点毛利率的3倍多。课题组认为，造成差距的主要原因是街头小贩的回收模式灵活性更强，通常情况下小贩有较为固定的回收区域，可以提供上门服务。而且现在正规渠道的回收点设置较少，市民大多也不清楚回收点的位置，虽然现在有一些企业利用"互联网＋"实现便捷回收，但目前的宣传力度和普及范围都有限。据了解，我国现阶段初级回收渠道以个体回收者为主，2015年个体回收者的回收渠道占比达到了85.86%（中国家电研究院，2016）。在这样的状况之下，街头小贩掌握了大量的城市矿产资源，拥有较强的议价能力。而该环节毛利率的差距也势必会影响下一环节的回收成本，最终导致终端拆解企业的采购成本增加。

（2）不同产品之间毛利率相差很大，从表5－7可以发现，毛利率最低的产品依旧是柜式空调，毛利率为0.62%，而毛利率最高的电脑显示器CRT是2.11%。最高毛利率是最低毛利率的3倍多。通过比较分析，课题组认为影响不同产品毛利率的因素有三个：收购价格、回收数量规模、拆解处理方式。具体分析如下：①从本书的数据中可以发现，产生这种现象的原因很大程度上是由于不同产品初始收购价格相差较大，而加价能力受到很大的限制。根据图2－8我们可以看出，电子废弃物测算收购价格跟材料价值基本呈现正相关的关系，说明在初始回收环节，收购价格在一定程度上跟废旧产品的材料价值有密切的关系，拆解利用的材料价值越高，收购价格越高。②由于从产品构成上来说电脑显示器CRT类同于老式电视机，而电脑主机的构成材料比传统的产品更为复杂，因此课题组试图剔除计算机类产品，寻找其他产品之间的毛利率差异。研究发现，在各个回收环节，25寸以下老式电视机的毛利率都最大。本书认为造成该现象的原因一个是因为电视机的回收数量规模最大，容易产生经济规模效应。中国科学院生态环境研究中心研究员杨建新曾指出，自2012年7月实施基金制度以来，已纳入基金补贴范围的"四机一脑"流入正规拆解渠道的回收率虽有大幅攀升，但回收种类仍以电视机为主，其余废旧家电回收量不足两成（中国再生资源协会，2015）。同时在各类电子废弃物中，电视机的拆解率最高，电视机和电脑的拆解率分别为98.74%，28.55%，而电冰箱、洗衣机、空调分别只有12.17%、24.03%、0.73%（广发证券研究所，2014）。截至2015年，电视机依旧是各类拆解企业的主要拆解规划产品（中国家电研究院，2016）。③从回收环节的毛利率分布可以发现，电视机、计算机和洗衣机的毛利率要明显高于空调和冰箱。根据中国家电研究所的研究报告发现，电视机、微型计算机、洗衣机主要的处理方式以集体或单位手工拆解为主，而空调和冰箱除了进行手工机械处理，制冷剂润滑剂的回收也是一个重要的环节。据了解，机械处理法与其他方法相比其主要优点在于污染小、成本低、易实现规模化且可对废旧电器中的金属和非金属等各种成分综合回收利用，现今机械处理回收方式在废旧电子电器资源化研究中占据主要位置（张妍，卢志强，2014）。由此课题组认为，回收处理方式的不同也对不同产品毛利率有一定的影响。毛利率的差距容易导致一些毛利率较低的产品回收拆解率较低，造成资源的浪费及处理企业处理能力的闲置。

（3）在整个回收环节的各部分，毛利率呈现下降的趋势。课题组通过分析认为，前端回收者具有更强的议价能力，一方面是越靠近消费端拥有更多的议价空间，另一方面由于拆解企业对收购价格的控制，越往后回收者的加价空间越小。但集中的回收模式可以有效地减少拆解及资源化利用企业的采购成本，所以对于大中型的回收环节应当给予更好的政策环境，增加其竞争力和提升利润水平。

### 5.1.2.2 拆解及资源化利用环节毛利率分布情况分析

拆解及资源化利用环节，不同产品规格之间毛利率也有较大的差距，造成这样结果的原因除了回收阶段的影响之外，还有不同款式之间政府基金补贴的数额相同。通过表5-12和表5-13的对比可以发现，在存在基金补贴和不存在基金补贴的情况之下，各产品的毛利率相差悬殊。这样势必会使企业对于不同的拆解产品有所偏好，基于企业的盈利性质，必然会偏好于利润率更高的产品。课题组在调研中发现，由于电视机补贴相对较高，获利空间较大，尤其是小尺寸电视机获利空间更大，二者共同作用导致电视机拆解比例居高不下；而房间空调器等产品由于补贴标准相对处理成本而言偏低，无法抵消回收处理成本，导致企业回收处理积极性较低，回收量较小。

### 5.1.2.3 回收、拆解及资源化利用的各个环节之间毛利率分布情况

在回收、拆解及资源化利用的各个环节之间，毛利率同样存在很大的差异，拆解及资源化利用环节的平均毛利率达到了19.8%，而大型回收环节的平均毛利率仅有1.36%，而这部分的差异大部分原因也是政府的基金补贴主要是针对拆解企业所致，而不涉及回收环节。从以上的价值链分析可以看到，政府的基金补贴及税收优惠政策对于拆解及资源化利用环节的影响力是巨大的，在没有基金补贴的情况下，该环节很大程度上处于亏损的状态。这也导致产业中出现了一部分意图获取补贴而简单回收处理的企业，这种落后的经营方式和盈利模式并不利于产业的良性发展。因此，基金补贴政策需要有效地调整，其目标应促使企业引进先进生产设备和技术以提升管理水平，通过规模效应、延伸产业链去获取经济效益，而不是仅仅依赖政府的补贴来维持企业发展。

## 5.2　HEV 废旧电池回收再利用各环节价值流测算——基于湖南省 KLY 公司相关数据的研究

### 5.2.1　HEV 废旧电池回收再利用价值分析及财税补贴政策概述

　　HEV 废旧电池回收再利用价值的分析主要是测算经济价值和环境价值两个部分。通过分析废旧电池回收再利用的经济价值，初步确定电池回收再利用各个环节的盈利水平，以此作为回收利用企业的业务选择的参考。通过分析废旧电池的环境价值，可以确定废旧电池回收的减排能力、环境价值，为政府财税补贴金额提供依据。本部分研究思路详见图 5 – 5 所示。

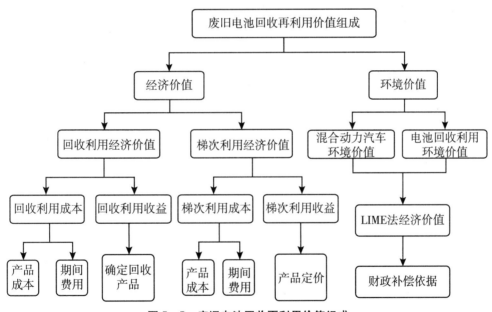

**图 5 – 5　废旧电池回收再利用价值组成**

### 5.2.2　HEV 废旧电池回收再利用经济价值分析

　　HEV 废旧电池回收再利用的经济价值主要由回收利用经济价值和梯次利用经济价值两个部分组成（如图 5 – 6 所示）。鉴于现国内电池梯次利用市场尚未成熟，本研究主要考察 HEV 废旧电池回收利用的经济价值。梯次利用部分的经济价值参考美国 Sandia 国家实验室的研究成果。

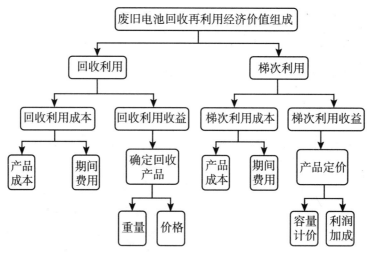

**图 5 - 6 废旧电池回收再利用经济价值组成**

从废旧电池到提取出电池中的稀土、镍、钴等有用成分需要经过拆解、浸出、焙烧、分离、沉淀等多个工序（如图 5 - 7 所示）。根据最终产品可以将各个工序组合成五个业务单元：（1）梯次利用业务单元；（2）稀土提取业务单元；（3）稀土盐加工业务单元；（4）镍钴回收业务单元；（5）球镍加工业务单元。

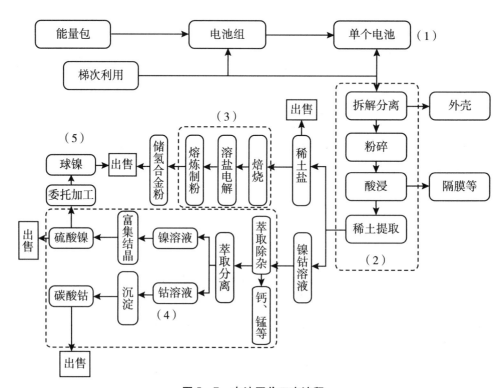

**图 5 - 7 电池回收工序流程**

　　确定废旧电池回收经济利用价值，分别测算回收利用的成本和收益。回收利用的成本（$C$）测算，分为产品成本（$C_1$）测算和期间费用（$C_2$）测算两个部分。产品成本测算又分为直接材料（$M$）、直接人工（$W$）、制造费用（$E$）摊销三个部分；期间费用分为销售费用、财务费用和管理费用三个部分。回收利用收益测算部分，主要分别确定回收产品的类型、数量及价格，计算出回收收益。废旧电池回收利用经济价值分解详见图 5－8 所示。

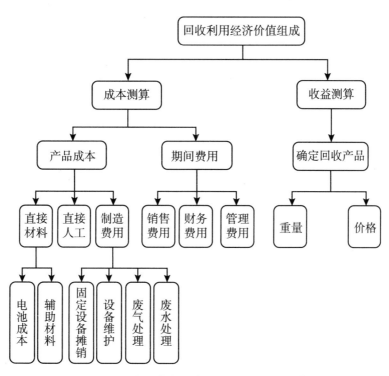

**图 5－8　废旧电池回收再利用经济价值测算**

### 5.2.2.1　以实验室数据为基础的废旧电池回收利用经济价值测算

　　由于电池的型号各不相同，不同重量的电池里含有的镍钴含量并不一样。以现有的实验结果为基础，每套设备每次处理 85.33 千克电池，每天处理 4 次，日处理量为 341.32 千克电池，一年工作日为 250 天，年处理量为 85.33 吨电池。

**1. 产品成本—直接材料成本测算**

　　直接材料（M）成本主要由废旧电池的电芯成本和加工处理过程中投入的成本组成，辅助材料是指生产过程中新加入的物料及耗费的能源的和。

　　用公式表示为：

$$M = C(R) + C(P)$$

其中，$C(R)$——原材料成本，$C(P)$——加工处理成本。

（1）原材料成本测算。原材料成本主要指电池的成本，由废旧电池的购买成本、运输成本构成，即：

$$C(R) = C(R_0) + C(R_1)$$

其中，$C(R_0)$——废旧电池的购买费用，$C(R_1)$——运输费用。

$$CR_0 = \gamma \times k \times P(Ni) \times T = 0.45 \times 33\% \times P(Ni) \times T$$

其中，$\gamma$——价格系数，取值 0.45；$k$——镍含量，取值 33%；$P(Ni)$——当前镍价，$T$——处理的废旧电池重量。

镍价取 2013 年 5 月至 11 月半年的均价 9.6 万元/吨。经计算可知，每吨废旧电池价格约为 14 553 元。

KLY 回收公司位于湖南省，回收的废旧汽车动力电池主要来源于广东省、湖北省、江西省等周边省份。参考安泰物流公司一般危险品运输报价：航空距离 500 公里时，提货费 300 元/吨，送货费 300 元/吨，运费 800 元/吨，10 吨以上免提送货费。每吨废旧电池的运输费用平均为 800 元/吨。

则 1 吨电池加工成本可表示为：

$$C(R) = T \times (14\ 553 + 800) = T \times 15\ 353$$

其中，$T$——废旧电池处理重量，单位为吨。

例如：85.33 千克 144V6Ah 的电池中能提取出 50 千克电芯。85.33 千克废旧电池的价格为 1 216 元，运输费用约为 68 元，预处理成本约 60 元，则 85.33 千克电芯的成本为 1 310 元。

（2）加工处理成本测算。以处理 85.33 千克电池为例，85.33 千克电池加工成硫酸镍的辅助材料成本为 41.3 + 239.7 = 281 元。稀土提取工序中所需要投入的物料、数量及相应成本详见表 5 - 15 所示。

表 5 - 15　　　　　　　　　　稀土提取工序物料投入明细

| 所需物料 | 所需数量 | 单价（元/吨） | 总价（元） |
| --- | --- | --- | --- |
| 硫酸 | 40L | 300 | 22.08 |
| 30% 双氧水 | 20L | 800 | 19.20 |
| 合计 | | | 41.28 |

资料来源：KLY 公司提供。

镍钴回收工序中所需要投入的物料、数量及相应成本详见表 5 – 16 所示。

表 5 – 16　　　　　　　　　　镍钴回收工序物料投入明细

| 所需物料 | 所需数量 | 单价（元/吨） | 总价（元） |
|---|---|---|---|
| 硫酸钠 | 25.08 千克 | 700 | 17.56 |
| 30% 双氧水 | 20.53 升 | 800 | 19.70 |
| 碳酸钠 | 56.55 千克 | 1 400 | 79.16 |
| 硫酸 | 37.81 升 | 300 | 20.37 |
| 盐酸 | 179.93 升 | 200 | 41.38 |
| 氢氧化钠 | 21.08 千克 | 2 500 | 52.69 |
| 草酸 | 2.16 千克 | 3 000 | 6.47 |
| 氨水 | 3.26 升 | 800 | 2.40 |
| 合计 | | | 239.70 |

资料来源：KLY 公司提供。

**2. 产品成本——直接人工成本测算**

目前实验室数据表明，连续处理时整个工序需要 12 个人，一天处理 200 千克，每人每天的工资按 150 元计算，则处理 50 千克的电芯人工费为 450 元。根据 KLY 提供的资料，从硫酸镍加工成球镍需人工费约为 84 元。则 50 千克电芯加工成球镍需要人工成本 534 元。大规模量产后，人工成本需要重新估计。

**3. 产品成本——制造费用测算**

（1）制造费用——固定成本摊销测算。

①稀土提取工序固定成本测算。稀土提取工序需要的固定设备的品种、类型、投资如表 5 – 17 所示。

表 5 – 17　　　　　　　　　　稀土提取工序设备投入明细

| 所需设备 | 所需数量 | 总价（元） |
|---|---|---|
| 浸出反应釜 | 1 | 7 200 |
| 计量槽 | 3 | 600 |
| 搪瓷反应釜 | 3 | 32 000 |
| 抽滤盘 | 1 | 1 100 |
| 扬液器 | 1 | 39 500 |

| 所需设备 | 所需数量 | 总价（元） |
|---|---|---|
| 纯水储罐 | 1 | 1 500 |
| 除稀土后液储槽 | 1 | 1 500 |
| 浓硫酸储槽 | 1 | 700 |
| 板框压滤机 | 2 | 42 000 |
| 储槽 | 2 | 1 400 |
| 合计 | | 127 500 |

资料来源：KLY 公司提供。

②镍钴回收工序固定成本测算。镍钴回收工序需要的固定设备的品种、类型、投资表 5 - 18 所示。

表 5 - 18　　　　　　　　　镍钴回收工序设备投入明细

| 所需设备 | 所需数量 | 总价（元） |
|---|---|---|
| 萃取箱 | 1 | 230 000 |
| 计量槽、低位槽 | 30 | 12 000 |
| 搪瓷反应釜 | 2 | 64 000 |
| 抽滤盘 | 2 | 2 200 |
| 扬液器 | 2 | 79 000 |
| 合计 | | 387 200 |

资料来源：KLY 公司提供。

③公用设备固定成本测算。相关工序的公用设备投入如表 5 - 19 所示。

表 5 - 19　　　　　　　　　公用设备投入明细

| 所需设备 | 所需数量 | 总价（元） |
|---|---|---|
| 厂房 | 1 | 2 300 000 |
| 废气吸收塔 | 1 | 14 500 |

资料来源：KLY 公司提供。

④设备折旧费用分摊。加工成硫酸镍产品所有设备成本合计为529 200元。

一套固定设备的处理量为85.33千克电池/年，8年折旧期，即设备在生命周期内处理682吨电芯。加工成硫酸镍每吨电池分摊的设备固定成本为776元。

厂房折旧期为20年，厂房中能放置两套固定设备。厂房在生命周期内能处理3 410吨电池。每吨电池分摊的厂房固定成本为674元。

加工成硫酸镍每吨电池分摊的固定成本为1 450元，每85.33千克电池分摊的固定成本为124元。

（2）制造费用——能源成本测算。其他加工处理成本还包括电耗，根据KLY公司提供的"小试实验能耗预测表"，处理85.33千克电池能耗共计293.39千瓦，则能源成本约为440元（293.39千瓦时×1.5元/千瓦时）。

每吨电池的能源成本为5 156元。

处理85.33千克电池制造费用合计为：440 + 124 = 564元。

处理1吨电池的制造费用合计为：5 156（能源成本）+ 1 450（固定设备摊销）= 6 606元。

**4. 电池回收收益测算**

$$R = R(Fe) + R(RE) + R(SN) + R(CO)$$

其中，$R$——收益，$R(Fe)$——废铁收入，$R(RE)$——稀土复盐收入，$R(SN)$——硫酸镍收入，$R(CO)$——草酸钴收入。85.33千克电池回收产品重量测算如表5-20所示。

表5-20　　　　　　　　　　50千克电芯回收产品重量测算

| 回收硫酸镍产品：121.60千克 | |
| --- | --- |
| 电池重量85.33千克 | 电池镍含量：33% |
| 电池含镍28.16千克镍（85.33×33%） | |
| 假设回收率95% | 硫酸镍镍含量：22% |
| 回收硫酸镍产品：121.60千克（28.15×95%/22%） | |

85.33千克电池处理产品、产量及收益如表5-21所示。废铁、硫酸镍、球镍、草酸钴等产品都有现行市场价，取5月至11月半年平均价。稀土复盐的价格参考市场上碳酸稀土的市场价格（稀土含量42%），实验产出稀土复盐稀土含量为20.5%，按照稀土含量比例折合稀土复盐价格为13.1元/千克。

表 5 - 21                   加工 85.33 千克电池产品明细

| 产品 | 产出重量（千克） | 单价（元/千克） | 收益（元） |
|---|---|---|---|
| 硫酸镍产品 | 121.6 | 26.3 | 3 198.1 |
| 草酸钴产品 | 2.9 | 61.2 | 177.5 |
| 稀土复盐 | 13.4 | 13.1 | 175.5 |
| 废铁 | 23.1 | 1.9 | 43.9 |
| 合计 | | | 3 595.0 |

资料来源：KLY 公司提供。

加工 1 吨电池回收产品收益详见表 5 - 22 所示。

表 5 - 22                   1 吨电池回收产品收益

| 产品 | 产出重量（千克） | 单价（元/千克） | 收益（元） |
|---|---|---|---|
| 硫酸镍 | 1 425.1 | 26.3 | 37 480 |
| 草酸钴产品 | 34.0 | 61.2 | 2 080 |
| 稀土复盐 | 157.0 | 13.1 | 2 057 |
| 废铁 | 270.7 | 1.9 | 514 |
| 合计 | | | 42 132 |

规模量产后，还需要考虑的成本因素如表 5 - 23 所示。

表 5 - 23                   规模量产后还需考虑的成本因素

| 成本因素 | 取值 | 依据 |
|---|---|---|
| 设备维护费用 | 1 200 元/吨 | KLY 估计 |
| 废水废渣处理 | 430/吨 | CATARC 估计 |
| 销售费用 | 占营业收入 1.58% | 格林美 2012 年报 |
| 管理费用 | 占营业收入 11.69% | 格林美 2012 年报 |
| 财务费用 | 初次投资 × 贷款利率 | 初次投资 × 贷款利率 |
| 税金 | 占营业收入 1.12% | 格林美 2012 年报 |

备注：贷款利率：6.55%（5 年以上贷款利率）。初次投资即固定设备投资。

年处理量 85 吨的成本收入，如表 5 - 24 所示。

表 5 - 24　　　　　　　　　　　　85 吨电池回收成本收入　　　　　　　　　　　单位：元

| | |
|---|---|
| 收入 | 3 594 990 |
| 营业成本 | 2 744 372 |
| 直接材料成本 | 1 591 594 |
| 直接人工成本 | 450 000 |
| 制造费用成本 | 702 778 |
| 销售费用 | 56 801 |
| 管理费用 | 420 254 |
| 财务费用 | 185 313 |
| 税金 | 40 264 |
| 利润 | 147 986 |

### 5.2.2.2　大规模投产废旧电池回收利用经济价值估算

大规模投产后的成本估计采用两种方法，一种是估计一个规模效应系数，用相关成本乘以规模效应系数；另一种是通过估计投入的固定设备，估测其他相关成本。

估测方法一：基于规模效应系数估测

年加工量为 5 000 吨电池时，每吨电池的直接材料成本与处理 200 吨电池一致，如表 5 - 25 所示。

表 5 - 25　　　　　　　　　　回收 1 吨电池直接材料成本　　　　　　　　　单位：元/吨

| 成本 | 成本 |
|---|---|
| 原材料成本 | 15 353 |
| 辅助材料成本 | 3 299 |
| 合计 | 18 652 |

规模扩大后直接人工成本、制造费用会大大降低，参考中南大学专家意见，设规模效应系数为 0.6。则直接人工成本及制造费用成本估算如表 5 - 26 所示。

表 5 - 26　　　　　　　回收 1 吨电池人工成本及制造费用成本　　　　　　单位：元/吨

| 成本 | 处理 200 吨电池 | 处理 5 000 吨电池 |
|---|---|---|
| 直接人工 | 5 274 | 3 164 |
| 制造费用 | 8 236 | 4 942 |

考虑表 5-25、表 5-26 的成本因素，在基于规模系数的方法中，年处理 5 000 吨电池的成本收入估测如表 5-27 所示：

表 5-27　　　　　　　　回收 5 000 吨电池成本收入　　　　　单位：万元

| 收入 | 21 065 |
|---|---|
| 营业总成本 | 13 379 |
| 直接材料成本 | 9 326 |
| 直接人工成本 | 1 582 |
| 制造费用成本 | 2 471 |
| 销售费用 | 333 |
| 管理费用 | 2 463 |
| 财务费用 | 278 |
| 税金 | 236 |
| 利润 | 4 376 |

估测方法二：基于固定设备投入估测

年加工量为 5 000 吨电池时，每吨电池的直接材料成本与处理 200 吨电池一致。年加工量为 5 000 吨电池时，各环节人工成本估计如表 5-28 所示。

表 5-28　　　　　　　　回收 5 000 吨电池人工成本

| 环节 | 人员数量 | 工资（元/天） | 总工资（元） |
|---|---|---|---|
| 预处理 | 9 | 150 | 1 350 |
| 酸溶浸出 | 12 | 150 | 1 800 |
| 沉稀土 | 12 | 150 | 1 800 |
| 化学除铁 | 12 | 150 | 1 800 |
| 萃取除杂 | 6 | 150 | 900 |
| 萃取分离 | 6 | 150 | 900 |
| 镍产品精制 | 15 | 150 | 2 250 |
| 钴产品精制 | 12 | 150 | 1 800 |
| 管理人员 | 10 | 200 | 2 000 |
| 检测人员 | 5 | 150 | 750 |
| 合计 |  |  | 15 350 |

每年工作日为 250 天，处理 5 000 吨电池每年的直接人工成本为：15 350 × 250 ＝ 3 837 500 元

年处理量为 5 000 吨电池时，投入固定设备及价格如表 5 - 29 所示。

表 5 - 29　　　　　　　　　　　回收 5 000 吨电池固定设备摊销

| 设备 | 数量 | 单价（万元） | 总价（万元） |
|---|---|---|---|
| 粉碎机 | 2 | 80 | 160 |
| 反应釜 | 25 | 11 | 275 |
| 抽滤盘 | 18 | — | 60 |
| 泵 | 260 | 0.1 | 26 |
| 压滤机 | 16 | 12 | 192 |
| 萃取槽 | 2 | 3 | 6 |
| 蒸发器 | 12 | 27 | 324 |
| 烘干机 | 3 | 33 | 99 |
| 总和 | | | 1 142 |
| 折旧期：8 年 | | 共处理 4 万吨（5 000 × 8） | |
| 每吨分摊固定设备成本 285 元 | | | |

年处理量为 5 000 吨电池时，厂房分摊成本计算如表 5 - 30 所示。

表 5 - 30　　　　　　　　　　　回收 5 000 吨电池厂房成本摊销

| 厂房分摊成本：23 元/吨电池 | |
|---|---|
| 厂房折旧期：20 年 | 年处理量 5 000 吨 |
| 生命周期内处理：10 万吨 | |
| 厂房建设费用 230 万 | |

年处理量为 5 000 吨电池时，固定设备摊销为：23 ＋ 285 ＝ 308 元/吨。

年加工量为 5 000 吨电池时，能源成本测算如表 5 - 31 所示。

表 5 - 31　　　　　　　　　　　回收 5 000 吨电池能耗　　　　　　　　单位：千瓦

| 环节 | 能耗 |
|---|---|
| 预处理 | 1 600 |
| 酸溶浸出 | 10 500 |

| 环节 | 能耗 |
|---|---|
| 沉稀土 | 9 700 |
| 化学除铁 | 9 700 |
| 萃取除杂 | 2 400 |
| 萃取分离 | 2 400 |
| 镍产品精制 | 24 980 |
| 钴产品精制 | 1 450 |
| 天总能耗 | 62 730 |
| 年总能耗 | 15 682 500 |

按 1.5 元/千瓦计算，年总能源成本为 23 523 750 元。

年处理量为 5 000 吨电池时制造费用估算如表 5 - 32 所示。

表 5 - 32　　　　　　　　　　回收 5 000 吨电池制造费用

| 制造成本 | 成本（元/吨） | 总成本（万元） |
|---|---|---|
| 能源成本 | 4 705 | 2 352 |
| 固定设备摊销 | 308 | 154 |
| 废水废渣处理 | 430 | 215 |
| 设备维护 | 1 200 | 600 |
| 合计 | 6 643 | 3 321 |

在基于固定设备估算的方法中，年处理 5 000 吨电池的成本收入估测如表 5 - 33 所示。

表 5 - 33　　　　　　　　　　回收 5 000 吨电池成本收入　　　　　　　　单位：万元

| 收入 | 21 065 |
|---|---|
| 营业总成本 | 13 031 |
| 直接材料成本 | 9 326 |
| 直接人工成本 | 384 |
| 制造费用成本 | 3 321 |
| 销售费用 | 333 |

续表

| 收入 | 21 065 |
|---|---|
| 管理费用 | 2 463 |
| 财务费用 | 75 |
| 税金 | 236 |
| 利润 | 4 827 |

### 5.2.2.3　HEV 废旧电池梯次利用价值流分析

电池梯次利用经济价值组成如图 5-9 所示。

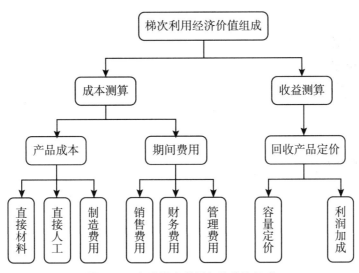

**图 5-9　电池梯次利用经济价值组成**

电池梯次利用各工序和最终用途如图 5-10 所示。

**1. 梯次利用价值流分析**

（1）梯次利用成本计算。

$$C = C_1 + C_2 \tag{5.1}$$

$$C_1 = M + W + E \tag{5.2}$$

其中，$C$——回收利用总成本，$C_1$——产品成本，$C_2$——期间费用，$M$——直接材料，$W$——直接人工，$E$——制造费用。

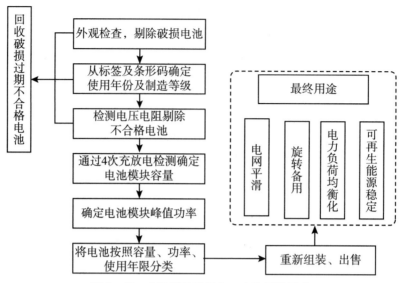

**图 5 - 10　电池梯次利用各工序和最终用途**

这是按照会计科目对回收总成本进行分类的，其中产品成本包括直接材料成本，直接人工成本和制造费用；期间费用包括销售费用、财务费用和管理费用。各个具体的公司可以按照自己公司当前的实际情况进行具体值的确定。

（2）梯次利用电池单位成本计算。

$$C_0 = C/KWH \qquad (5.3)$$

其中，$C_0$——单位容量电池成本，$C$——总费用，$KWH$——回收电池总有效容量。

这里的 $KWH$ 是指公司回收回来的电池的总有效容量，在这里单位取每千瓦时。这样可以有效地反映出公司回收电池的单位成本，从而有效地避免以每块电池包为单位时无法反映出公司回收废旧电池质量和总效率的问题。

（3）梯次利用电池价格计算。

①梯次利用价格计算方法一。

$$P_1 = (n_1/n_2) \times P_0 \times \alpha \qquad (5.4)$$

$$P = P_1/n_1 \qquad (5.5)$$

其中，$P_1$——二次利用电池价格，$n_1$——二次利用电池剩余有效容量，$n_2$——新电池容量，$P_0$——新电池价格，$\alpha$——折旧系数，$P$——二次利用电池的单位容量价格，单位：元/千瓦时。

各个公司可以根据回收废旧电池的具体情况对公式（5.4）中的折旧系数进行具体的定值。在公式（5.5）中可以算出单位价格，这样对于价格就会有一个直观的了解。

②梯次利用价格计算方法二。

$$REV = \frac{CC + \sum_{i=0}^{n} \dfrac{EXP + TR\left(EXP - \dfrac{CC}{n}\right)}{(1 + IRR)^i}}{\sum_{i=0}^{n} \dfrac{1 - TR}{(1 + IRR)^i}} \tag{5.6}$$

$$P = \frac{REV}{KWH} \tag{5.7}$$

其中，$REV$——年收入，$i$——年，$CC$——固定成本，$n$——设备的生命周期，$EXP$——每年费用，$IRR$——内部报酬率，$TR$——税率，$P$——电池价格，$KWH$——总电池有效容量。

公式（5.6）表示在设定的设备生命周期内，结合具体的税率与内部收益率来算出公司在废旧电池方面的年收入。在公式（5.7）中，有效的算出了以单位废旧电池有效容量为基础的电池价格。

（4）梯次利用电池经济价值计算。

$$L_0 = P - C \tag{5.8}$$

$$L = L_0 \times KWH \tag{5.9}$$

其中，$L_0$——废旧电池单位容量所获利润，$P$——废旧电池单位容量价格，$C$——废旧电池单位容量成本，$L$——电池梯次利用总利润，$KWH$——回收电池总剩余有效容量。

可以利用公式（5.9）最终算出判断废旧电池回收的总利润，从而确定是否回收废旧电池。

**2. 美国示例分析**

该案例选自艾琳·克里迪、约翰·利普特、乔什·皮尔、韦恩·斯托克、菲利浦·西蒙斯以及鲁道夫·荣斯特的《二手电动车固定式终端应用的技术经济可行性分析》。文章分析了美国几个州回收废旧电池的具体情况及相关的利润计算。其中因为各州之间距离较远，所以将运输成本考虑进去。结合美国的具体电池使用情况确定每年电池的回收数量大概为 60 480 包。表 5 - 34 至表 5 - 36 显示了公司在具体回收废旧电池时各方面的费用情况。

表 5 - 34　　　　　　　　　　　　　　　设备成本

| 设备种类 | 数量 | 单位成本（美元） | 项目成本（美元） | 总成本（美元） |
|---|---|---|---|---|
| 检测设备 | | | | 1 140 816 |
| 电池循环仪 MVN16 - 40 - 40 | 24 | 43 725 | 1 049 400 | |
| 脉冲检验 RCN1 - 200 - 24 | 6 | 8 000 | 48 000 | |

续表

| 设备种类 | 数量 | 单位成本（美元） | 项目成本（美元） | 总成本（美元） |
|---|---|---|---|---|
| 电脑 | 6 | 7 236 | 43 416 | |
| 处理材料设备 | | | | 138 462 |
| 传运机 | | | 28 871 | |
| 电池起重设备 | 8 | 1 000 | 8 000 | |
| 日产 PE30YSC 叉车 | 1 | 18 595 | 18 595 | |
| 存储电池货架 | | | 5 182 | |
| 中型运输卡车 | 1 | 50 000 | 50 000 | |
| 办公室及其他设备 | | | | 20 500 |
| 总费用（美元） | 1 299 778 | | | |

表 5 – 35　　　　　　　　　　　人工费用

| 费用类别 | 数量 | 平均工资（美元） | 总费用（美元） |
|---|---|---|---|
| 检测员 | 8 | 41 210 | 370 890 |
| 包装员 | 12 | 23 490 | 281 880 |
| 叉车司机 | 1 | 26 940 | 26 940 |
| 卡车司机 | 1 | 26 940 | 26 940 |
| 监督者 | 2 | 46 560 | 93 120 |
| 车间经理 | 1 | 85 450 | 85 450 |
| 电气工程师 | 1 | 66 320 | 66 320 |
| 物流/销售代表 | 1 | 58 630 | 58 630 |
| 办公室主任 | 1 | 28 220 | 28 220 |
| 保安 | 3 | 19 470 | 58 410 |
| 门卫 | 1/4 | 19 880 | 4 970 |
| 总工资 | | 1 101 770 | |
| 非工资补偿因子 | | 27.4% | |
| 非工资补偿额 | | 301 895 | |
| 总工资费用 | | 1 403 665 | |

表 5 - 36　　　　　　　　　　　　　直接费用间接费用明细

| 费用类别 | 数量 | 单位成本（美元） | 总费用（美元/年） |
|---|---|---|---|
| 直接成本 | | | |
| 购买废旧电池 | 60 480 | 98. 10 美元/包<br>75 美元/千瓦时 | 5 933 088 |
| 包装材料 | 2 880 | 250 | 720 000 |
| 劳动成本 | | | 1 403 655 |
| 厂房租赁费用 | 10 173 | 11. 27 | 114 679 |
| 能源费用 | | | 79 245 |
| 运输费用 | 50 000 | 0. 365 | 18 250 |
| 其他直接费用 | | | 22 035 |
| 间接费用 | | | |
| 保险费用 | | 3% 直接费用 | 250 051 |
| 行政费用 | | 16% 直接费用 | 1 333 064 |
| 维修费用 | | 4% 直接费用 | 333 401 |
| 税收费用 | | | 214 803 |
| 总工资费用 | 10 425 871 | | |

由以上各表的数据结合公式（5.6）与公式（5.7）进行计算得：

$CC = 1\ 299\ 778$，$n = 5$，$EXP = 10\ 425\ 872$，$IRR = 15\%$，$TR = 8.84\%$，$KWH/MODU-LS = 60\ 480$。

最终算出具体的年收入和电池的定价如表 5 - 37 所示。

表 5 - 37　　　　　　　　　　　　　产品定价结果

| 项目类别 | 总成本（美元/年） |
|---|---|
| 投入电池包数量 | 5 933 088 |
| 年收入 | 720 000 |
| 电池销售价格（美元/包） | 176. 43 |
| 电池销售价格（美元/千瓦时） | 147. 02 |

### 5.2.3 HEV废旧电池回收环境价值分析

#### 5.2.3.1 环境成本测算LIME方法介绍

LIME方法是日本学者于2005年开发的将各类排放物对环境的负面影响用货币衡量的一种转化方法。LIME将不同种类的环境负荷物质所造成的人类健康损害量在共同的断点汇集并考虑了各端点数间的重要性，AHP法确定各端点间的重要性清单，计算特性化系数和损害系数。通过查阅文献，得到不同废弃物的LIME值，以货币单位乘以废弃物的排放数值，即可得出外部损害价值。

#### 5.2.3.2 燃油外部环境成本计算

机动车燃油中含有多种有害气体，燃油汽车污染气体排放因子转换表及经济价值换算详见表5-38所示。

表5-38　　　　　　　　燃油汽车污染气体环境损害价值

| 废气组成 | 排放因子<br>（克/千米） | 排放因子转换<br>（克/升） | LIME值<br>（日元/千克） | 汇率 | LIME值<br>（元/千克） | 经济价值<br>（元/千升） |
|---|---|---|---|---|---|---|
| CO | 1.000 | 14.49 | 121.00 | 0.062 | 7.502 | 108.70 |
| HC | 0.100 | 1.45 | 31.90 | 0.062 | 1.978 | 2.87 |
| $NO_2$ | 0.080 | 1.16 | 141.00 | 0.062 | 8.742 | 10.14 |
| $CO_2$ | 172.500 | 2 499.53 | 1.74 | 0.062 | 0.108 | 269.65 |
| $SO_2$ | 0.894 | 12.95 | 1 010.00 | 0.062 | 62.620 | 810.93 |
| 合计 | 每1千升油排放气体对环境造成的外部损耗 | | | | | 1 202.29 |

资料来源：排放因子，《电动汽车节能与减排潜力计算模型》，《现代电力》。
　　　　　　LIME值，《基于生态设计的资源价值流转会计研究》，郑玲博士论文。

则每1千升油排放气体对环境造成的外部损耗为1 202.29元。

全国城市汽车的平均行驶里程为2.7万千米/年，2015年乘用车平均燃料消耗量降至每百公里6.9L/百千米，每年每辆车需要1 863升油。每年每辆乘用车排放汽油的外部环境成本为2 239.87元。假设混合动力汽车减少50%燃油使用量，则混合电动汽车环境效益为5 597.67元。假设对环境效益的贡献电池占50%，则混合动力电池创造环境效益为629元（如表5-39所示）。

表 5 – 39                     HEV 电池环境价值测算

| | |
|---|---|
| 汽车平均行驶里程：2.7 万千米/年 | 平均燃油量 6.9L/百千米 |
| 每年每辆车需要 1 863 升油（270×6.9） | |
| 每年每辆乘用车排放汽油的外部环境成本为 2 239.87 元（1.863×1 202.29） | |
| 设混合动力汽车电池寿命为 5 年 | 假设混合动力汽车减少 50% 燃油使用量 |
| 混合电动汽车环境效益为 5 599.67 元（2 239.87×5×50%） | |
| 电池驱动系统成本占汽车成本 30%~45% | 动力电池占驱动系统成本 30% |
| 混合动力电池创造环境效益为 503.97~755.96 元（平均 629 元） | |

### 5.2.3.3　电池回收环境成本测算

回收 35 千克电池的环境成本测算详见表 5 – 40、表 5 – 41 所示。

表 5 – 40                  35 千克镍氢电池回收对环境的损耗值

| 回收情况 | 温室效应（kg – 二氧化碳当量） | 酸化效应（kg – 二氧化硫当量） |
|---|---|---|
| 不回收 | 379 | 14.5 |
| 熔炼回收 | 366 | 9.5 |
| 精益回收 | 353 | 4.3 |

资料来源：Matthias Buchert，Life Cycle Assessment（LCA）of Nickel Metal Hydride Batteries for HEV Application.

表 5 – 41                 35 千克镍氢电池回收污染气体减排因子转换表

| 废弃物 | LIME 值（日元/千克） | 汇率 | LIME 值（元/千克） | 不回收 | 熔炼回收 | 精益回收 |
|---|---|---|---|---|---|---|
| $CO_2$ | 1.74 | 0.062 | 0.108 | 40.93 | 39.53 | 38.12 |
| $SO_2$ | 1 010.00 | 0.062 | 62.620 | 907.99 | 594.89 | 269.27 |
| 合计 | | | | 948.92 | 634.42 | 307.39 |

电池报废后，与简单熔炼回收电池相比，每回收 35 千克废旧电池的环境效益为 327.03 元（634.42 – 307.39）。则每吨废旧镍氢电池创造的环境效益价值为 9 343.71 元。

### 5.2.3.4　与开采原生矿相比电池回收环境成本测算

回收 1 吨镍氢电池中有色金属与开采原生矿的节能减排情况如表 5 – 42 所示（参考

有色金属节能减排数据）。

表 5 – 42 有色金属节能减排

| 回收节能（吨标准煤/吨） | 10.4 吨标准煤 |
| --- | --- |
| 废水 | 671.80 吨 |
| 固体废弃物 | 540.20 吨 |
| 二氧化碳 | 25.00 吨 |
| 二氧化硫 | 0.18 吨 |

固体废弃物和废水由于所含成分不明确，不便估计环境成本，只能估计减排的温室气体和酸性气体的环境成本。1 吨有色金属回收减排因子转换如表 5 – 43 所示。

表 5 – 43 1 吨有色金属回收减排因子转换

| 废弃物 | LIME 值（日元/千克） | 汇率 | LIME 值（元/千克） | 减排量 | 环境价值 |
| --- | --- | --- | --- | --- | --- |
| $CO_2$ | 1.74 | 0.062 | 0.108 | 25 000 | 2 700 |
| $SO_2$ | 1 010.00 | 0.062 | 62.620 | 180 | 11 272 |
| 合计 | | | | | 13 972 |

回收每吨废旧镍氢电池中有色金属与采集原生矿相比创造的环境效益价值为 13 972 元。

由实验数据可知，每 85.33 千克电池能回收 31.71 千克有色金属。则每吨电池能回收 372 千克有色金属。每吨电池回收与采集原生矿相比创造的环境价值为 5 198元。每个电池包重 55 千克，回收每个电池包与采集原生矿相比创造的环境价值为 514 元。

### 5.2.4 财政税收补贴政策建议

根据图 5 – 11 的研究思路，并参考国内外实践，笔者认为，国家财税补贴可以针对电池生产、电池回收两个环节进行。参考环境价值测算结果，电池生产环节国家应给予 629 元/电池包的补贴，电池回收环节国家应给予 514 元/电池包的补贴。

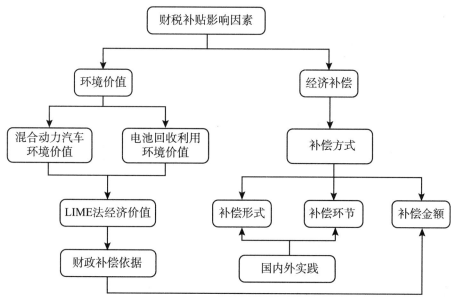

**图 5 - 11　财政税收补贴影响因素**

# 第6章

# 中国城市矿产产业发展的政策研究

本章将首先分析发达国家促进"城市矿产"产业发展相关政策的特点，从主要政策工具、政策作用对象及政策的市场作用三个不同角度展开对发达国家相关政策的分析，寻求对中国"城市矿产"产业发展可供借鉴的政策选择。然后，本研究将利用内容分析法梳理中国发展"城市矿产"的相关政策法规、标准规范、通知公告，概括各种管理手段，分析政策演进过程及特征；在此基础上利用行业数据、上市公司数据及问卷调查数据，采用空间状态模型、面板数据模型及 Ordinal Logistic 回归分析等方法，对我国"城市矿产"相关支持政策的执行效果从产业和企业两个层面进行实证研究，对其中存在的问题进行分析。最后，针对前文研究中所发掘的产业发展的制约因素，以及现有政策的不足，本研究拟构建加快"城市矿产"产业发展的政策框架、政策体系和政策思路，从供给—环境—需求三个方面进行政策创新，"三管齐下"协力推进我国城市矿产产业的发展。希望通过对这三个问题的系统研究，为我国"城市矿产"产业的发展提供可行的政策建议。

## 6.1 国外城市矿产产业发展政策的对比研究

本节拟从发达国家城市矿产产业主要政策工具（规制型、经济激励型和社会型）、政策作用对象（"城市矿产"产生者、"城市矿产"回收者、"城市矿产"利用者、原生资源利用者）以及政策的市场作用（供给、需求、市场环境）三个不同角度展开对发达国家相关政策的分析，在此基础上总结美国、德国、日本为代表的发达国家促进"城市矿产"产业发展相关政策的特点，然后探究对中国"城市矿产"产业发展可供借鉴的政策启示。

## 6.1.1　发达国家城市矿产产业政策举措分析

本研究借鉴罗敏、朱雪忠（2014）的研究，根据政府干预程度的强弱将发达国家城市矿产政策工具分为规制型、经济激励型和社会型三大类进行研究，具体政策工具如表6-1所示。

表 6-1　　　　　　　　　　　　政策工具分类

| 基本政策<br>工具类型 | 工具名称 | 主要解释 |
|---|---|---|
| 规制型 | 管制 | 政府通过制定一系列法规、标准、认证等规范产业中各主体行为，维护市场秩序 |
| | 直接提供 | 包括政府直接提供的土地支持、关键技术研发和推广平台等 |
| 经济激励型 | 财政支出 | 由财政部门按照预算计划，将国家集中的财政资金向有关部门和方面进行支付的活动 |
| | 税收调节 | 税收减免、税率优惠、税前扣除、加计扣除、加速折旧、结转返回等 |
| 社会型 | 信息与劝诫 | 相关信息的公开、知识的宣传教育和普及等 |
| | 自愿性行为 | 行业间的自愿协议，信息技术人才等方面的民间交流与合作等 |

资料来源：作者整理。

将以上分析工具用于发达国家城市矿产政策工具的研究，发现各国的政策措施具体如下：

### 6.1.1.1　规制性型工具[①]

西方发达国家的规制型政策工具主要体现在相关法律法规以及行动计划和指南的制订。

**1. 制定颁布法律法规**

美国关于城市矿产回收利用方面的立法已有40多年的历史，目前已经形成了较为完备的循环经济法律体系。主要的法律包括《资源保护与回收法》《固体废弃物管理

---

[①]　此部分内容综合以下资料：王昶，徐尖，姚海琳. 日本城市矿产资源开发利用政策及启示［J］. 世界有色金属，2013（2）；62-65；范连颖. 日本循环经济的发展与理论思考［M］. 北京：中国社会科学出版社，2008；周永生. 城市矿产概论［M］. 广州：中国出版集团. 2013；政府绿色采购，百度百科. http：//baike. baidu. com.

法》《有毒物质管理法》《有害废弃物控制法》《综合性环境影响、补偿和责任法》等。其中，1976 年颁布的《资源保护与回收法》促进了美国废弃物的再生、再循环和综合利用。除联邦一级法律外，各州也制定了相应的法律。自 20 世纪 80 年代中期以来，美国已有半数以上的州先后制定了一系列促进资源循环再生的法律法规。

德国以《促进循环经济和保障环境可承受的废物管理法》作为发展循环经济、促进城市矿产回收利用的总的指导纲领。在这一法律框架下，根据各个行业的特点、不同情况制定行业废弃物回收利用的相关法规，具体包括《包装废弃物回收条例》《废旧电子产品回收条例》《废旧汽车回收条例》《废旧电脑回收条例》《废油管理条例》《商业废弃物回收条例》《废弃物回收条例》《循环经济与废弃物管理法》等。其中，1994 年颁布的《循环经济与废弃物管理法》，标志着废弃物管理和处置的加强，也表明德国循环经济立法取得了实质性的进展。

日本政府构建了多层次的法律体系为城市矿产产业发展提供了有力的法律支撑保障。其中，《促进建立循环社会基本法》为基本法，《固体废弃物管理和公共清洁法》和《资源有效利用促进法》为综合法，《促进容器与包装分类回收法》《家用电器回收法》《建筑及材料回收法》《食品回收法》《汽车再生利用法》《绿色采购法》为专业法。通过三个层面的立体法律体系，日本基本构建起企业、政府机关、消费者三位一体，实现抑制废弃物产生、推动城市矿产综合利用、预防随意处置废弃物等多重目标的保障体系。

**2. 制定行动计划与指南**

发达国家城市矿产的循环利用不仅依赖于一些法律法规，还得益于所制定的相关行动计划和指南。

为了鼓励再生产品的生产和使用，美国政府大力推行"联邦能源管理计划"，该计划规定在政府采购中再生产品必须占很高的比例。另外，美国政府于 1993 年 7 月成立了"总统可持续发展理事会"（PCSI），负责执行联合国环境发展大会"二十一世纪议程"，制定国家持续发展战略及国家行动计划。由于对城市矿产的利用需要相关的技术支持，因此美国政府也制定了一些推动技术研发的计划。

除了法律法规之外，德国制定了比较全面的具体战略计划。1998 年 10 月 20 日，德国联邦政府（绿党与社民党共同组阁）发表联合声明，把"生态现代化"作为了经济发展的政策目标。为了使一次性包装物得到反复利用，德国还发起了"绿点"计划，其基本原则是：谁生产垃圾谁就要为此付出代价。企业交纳的"绿点"费，由 DSD（双元回收系统）用来收集包装垃圾，然后进行清理、分拣和循环再利用。德国政府在资源、生态方面，倡导实施资源的节约、再利用、再循环的"3R"原则，并以再生资源替代不可再生资源，实现有效利用资源及优化能源结构的目标。

日本政府不仅制定了基本方针和政策，也同时制定了一些具体的行动指南和行动计划，增强政策的指导性和可操作性。例如，ISC 在 1990 年 12 月首次评估了设计和生产可减量化、可再利用、可资源化的产品，同时还制订了推动垃圾减量化及增加回收利用比例的技术指南，其后每年都对技术指南进行修改；截至 2001 年 3 月，ISC 针对 18 个行业 28 种被指定的产品废弃物，都提出相应的处理和回收指南。为促进废弃物的回收和再利用，日本政府以报废车辆和废纸为中心，对主要废弃物都制定具体回收计划。

### 6.1.1.2　经济激励型工具

西方发达国家的经济激励型工具主要包括收费政策、补贴政策、保证金（押金—返还）政策等。

**1. 收费政策**

涉及城市矿产回收及资源化利用的收费方式主要包括消费者付费、生产者付费及垃圾（一般废弃物）处理费三种。

（1）消费者付费制度。消费者付费制度是要求消费者对其消费过程产生的非环保废弃物向政府或公司缴纳一定的费用，以补偿企业或社会回收利用废弃物的成本，通过市场的力量来约束民众的消费行为，从而达到刺激消费者减少废弃物的产生（计量收费）或者为废弃物处理提供资金（等额收费）的目的。

日本在《家电再生利用法》《建材再生利用法》《汽车再生利用法》中，规定废弃者应当支付与旧家电、旧容器包装、旧汽车的收集、再商品化等有关费用。

（2）生产者付费制度（生产者责任延伸制度）。生产者付费制度是指在产品出售时，由生产者预先支付产品废弃后的回收处置费用，以及即将产生的潜在环境危害费用。生产者付费制度依循的是"生产者延伸责任"的法律理念，即生产商应对其生产的产品的全生命周期负责，该制度是发达国家推进城市矿产产业发展的重要经济政策手段。

美国生产者延伸制度明确了企业在生产环节和消费环节的责任和义务：包括生产者必须承担源头预防责任、产品信息披露责任、回收、处置与循环利用责任。美国政府要求生产者必须在产品开发及生产过程中尽量使用环保或再生材料，生产厂商要在产品包装的显要位置标明其是再生产品还是原生产品（周永生，2013）。美国加利福尼亚州通过第一部州内电子垃圾回收法规，法规规定从 2005 年 1 月起，零售商每出售一台电脑或电视，必须向州政府相关部门支付 6~10 美元的回收费用（周永生，2013）。

欧盟在 1993 年之前就形成了生产责任制的政策；1998 年 7 月又颁布《废旧电子电

器回收法》，要求厂家对其产品在每个环节上对环境造成的影响负责，相关垃圾的回收和处理费用也由厂家承担。2002 年 2 月欧盟通过《废旧电子电气设备（WEEE）指令》和《关于在电子电气设备中限制使用某些有害物质（ROHS）指令》，前者要求生产商对废弃的电子产品的回收、处理进行负责，并对进入市场的电器电子相关产品上标明回收的标志；后者要求投放到市场的电器电子产品不能含有包括汞、六价铬等 6 种有害物质。西班牙、荷兰、意大利等欧盟大部分国家都完成了把 WEEE 或 ROHS 指令转化为国内法律的任务（周永生，2013；中信证券，2015）。

德国的《循环经济与废物管理法》规定：开发、生产、加工及经营产品的相关责任方，要相应承担实现循环经济目的的产品责任。2005 年 7 月，德国颁布《电子电气设备使用、回收、有利环保处理联邦法》，明确制造商对其设计、制造和销售的家电和电子产品进行收集、再使用和处置等义务，即从电器的原材料选择和产品设计开始，就为将来的使用和废弃考虑（周宏春，2008）。

瑞典提出"生产者责任制"，认为由于处理废旧家用电子电器所需要的产品基本信息和资料由制造商掌握，因此制造商们有义务将废用的家用电子电器回收。对于没有能力组建回收再利用体系的企业，瑞典成立专门机构，这些企业可以加入这些机构，缴纳一定会费，让机构履行生产责任制的义务。

日本在其个别物品再生利用法中，都遵循了延伸的生产者责任制的理念。如在1995 年颁布、1997 年实施的《促进容器与包装分类回收法》中，规定容器包装生产公司负有废物回收和处置的业务；在于 1998 年颁布、2001 年实施的《家用电器回收法》中，规定"废弃电视、冰箱、空调和洗衣机由厂商负责回收、再生和处置"，而对于进口家用电器，制造商和进口商有回收的义务。

（3）垃圾（一般废弃物）处理手续费征收制度。垃圾（一般废弃物）处理手续费征收制度主要包括填埋税和焚烧税。填埋税是由政府强制征收的，其目的是为了刺激废物产生者减少要求填埋处理的废物数量，通过提高处置费用标准，促进城市矿产回收利用，或以其他方式处置（周宏春，2008）。

美国征收废弃物填埋税和焚烧税，向那些将垃圾直接运往倾倒场的公司或企业征收垃圾税，以杜绝乱倒垃圾行为。尽管美国没有对废旧电子电器实行强制性回收利用和处置的法律，不过一些州已经开展了此方面的立法工作。例如，新泽西州、宾夕法尼亚州和马萨诸塞州通过了征收填埋税和焚烧税来促进有关家电企业回收利用废弃物的立法（中信证券，2015）。

欧洲许多国家都进行了填埋税的征收，丹麦、荷兰和英国分别于 1998 年、1995 年和 1996 年实施填埋税制度。

**2. 补贴政策**

补贴政策主要包括对城市矿产回收、拆解及资源化利用生产企业的直接补贴，以及对有助于城市矿产循环利用的经济行为进行的间接补贴。具体补贴形式包括税收优惠、补助金、信贷优惠、生态税、政府绿色采购等类型。

（1）税收优惠政策。税收优惠政策主要通过加快折旧、免征或者回扣税金等形式，对使用城市矿产进行生产的企业给予扶持。许多国家根据本国制订的相关法律法规，对城市矿产回收、拆解及资源化利用的企业或部门实现减免税。

美国通过提供抵税优惠、减免税收等优惠政策来鼓励城市矿产的开发和利用。针对企业的税收优惠政策包括：依据"国家税收条令"103条规定，对城市矿产回收债券的利息免税，对利用城市矿产制成品为原料所生产的产品免征增值税、营业税，对利润少的品种如轮胎、废塑料、废纸实现免税。美国许多州为使得电子产品生产企业将资源循环利用与其收益结合，规定在减免项目得以通过的情况下，生产企业所减免的税款将用于循环利用城市矿产或使用安全原材料代替有毒原材料所需的成本；税款减免的程度根据企业实际所实现的废物削减率进行调整。政府也通过税收政策，根据企业回收利用目标的完成情况来减免或加大税收比率，以促进废物的回收利用（周宏春，2008）。康涅狄格州对城市矿产加工企业提供低息商业贷款，并适当减免企业的所得税、财产税、设备销售税等；亚利桑那州规定，如果企业分期付款购买城市矿产及污染控制型设备可享受10%销售税的优惠政策（周永生，2013）。

德国的所得税法规定，销售排除或降低环境危害的产品可以免交销售税；企业也可以享受折旧优惠，环保设施可在购置或建造的财政年度内折旧60%，之后每年按成本的10%折旧。城市矿产循环利用产业研发也享有相关税收优惠，这使相关产业的相关研发投资远远高于其他产业的研发投资（周宏春，2008）。

日本针对城市矿产相关企业的税收减免政策更为广泛，包括：对购置城市矿产处理设备、加工利用设备免除财产税、土地占用和经营场地税；对控制污染的设备减税21%，对资源循环利用设备减税15%；对从事城市矿产循环利用工人有关税收全部免征；对公害防治设施减免固定资产税，减免税率分别为原税金的40%～70%（周宏春，2008）；对废旧金属类物资的再生处理设备，在其使用年限内，除了实施普遍退税以外，还按照设备价格的14%～20%不等进行特别退税处理（周永生，2013）。对废纸脱墨、玻璃碎片杂物去除、空瓶洗净、铝再生制造等设备实行3年的退还固定资产税（周永生，2013）。

（2）补助金政策。所谓补助金政策是指城市矿产的利用者因减少对资源的消耗及环境的影响，而从政府或其他部门得到的不必返还的财政补贴。由于城市矿产产业大多利润较低，实行补助金政策，有助于企业在利益驱动下使用城市矿产制成品，在减少对原生资源消耗的同时，也减少废弃物的处置数量。

国外补助金制度主要针对相关技术的研发和设备的改进。以日本为例，日本实施包括创新技术研发补助金、城市矿产资源化利用装置补助金制度等在内的补助金制度，具体包括：①创新技术研发补助金制度。根据"中小企业基本法"等法律，对中小企业在废物处理和再生利用技术的大规模研发方面，对建设和开发费补助1/2（直属项目）或2/3（地区项目），补助金额为每件500万~3 500万日元；②城市矿产资源化装置补助金制度。每年选定一些重大工程项目，对社会公开招标。对确有技术能力和一定经济能力的中标者（企业和地方公共团体），可补助机械设备费的1/2，每项补助约1亿日元；③研发补贴政策。对中小企业从事环境技术研究与开发的项目给予补贴，补贴费占其研发费用的50%左右；④设备补助金制度。城市矿产资源化利用工艺设备，给予相当于生产、实验费1/2的补助，对引进先导型能源设备企业予以1/3的补助等（周宏春，2008）；⑤生态工业园区补偿金制度。对于进入生态园的企业的建设费中，国家和地方政府都会给予大量的经费补助，资金可以达到企业初步建设经费总额的1/3甚至一半及以上（周永生，2013）。

美国政府对于环保、资源节约行为及与城市矿产相关技术的创新，都给予了一定的资金补助。如美国于1995年设立了"总统绿色化学挑战奖"，该奖项支持具有基础性和创新性、并对工业生产具有实用价值的化学工艺新方法，以减少资源的消耗，提高城市矿产的回收再利用率（周永生，2013）。

（3）信贷优惠。信贷优惠是指为鼓励生产企业增加对城市矿产制成品的使用，提供给其低于市场均衡利率的贷款。

日本规定，只要满足条件，中小企业金融公库、国民生活金融公库将对引进3R技术设备的企业提供低利融资，从事循环经济研究开发、设备投资、工艺改进的企业分别享受政策贷款利率，融资比例为40%。企业设置资源回收系统，由非营利性的金融机构提供中长期优惠利率贷款。日本政府还规定，只要是回收处理废弃物的部门，都可以申请月息3‰以下的低息贷款（熊克柱，1994）。

（4）生态税（原生资源税）。原生资源税是对于产品在生产过程中使用的原生资源所征收的税额。原生资源税的征收基于以下原理：原生资源制成品的价格没有包括废弃后的收集和处理费用，而城市矿产制成品的市场价格却包括了回收和循环利用的费用，却没有得到因处理费用节约而获得的效益（周宏春，2008）。通过征收原生资源税，可以一定程度上减少原生资源的使用，促进城市矿产的回收利用。

欧洲在废油的回收上采取了原生资源征税的方法以刺激回收。通过对进口原油征收较高的费用，促使居民或企业回收其产生的废油；征收的税款则用来补贴回收企业。在该政策下，许多国家的废油收集率高达65%（周宏春，2008）。

美国征收新材料税，对使用原生材料的企业征税，以刺激企业更多地选用再生资源和对城市矿产进行资源化利用；此外，美国政府还对除可再生能源以外的其他能源征收生态税，最大限度地减少原始原料的使用，促进可再生能源的使用。德国规定，对使用对环境有害材料或者消耗了不可再生资源的产品加收生态税（一种惩罚税）。

（5）政府绿色采购政策。政府绿色采购是指政府采购在提高采购质量和效率的同时，从社会公共的环境利益出发，综合考虑政府采购的环境保护效果，采取优先采购与禁止采购等一系列政策措施，对社会绿色消费发挥推动和示范作用，直接驱使企业的生产、投资和销售活动，有利于环境保护目标的实现，推动国家循环经济战略及其具体措施的落实（百度百科，2016）。

美国政府主要以联邦法令与总统行政命令作为推动政府绿色采购的法律基础，如美国总统第13101号行政命令"透过废弃物减量、资源回收及联邦采购来绿化政府行动"，以及美国资源保护与回收法（RCRA）。美国各级政府非常重视政府在城市矿产制成品采购方面所发挥的积极作用。美国各州基本都制定了政府采购政策，要求政府使用循环利用的材料和产品；同时，还建立了政府采购方面的监督、审查制度，联邦政府要求各联邦机构对可再生产品的利用率必须提高到总耗能的7.5%（周永生，2013）。

2004年8月，欧盟委员会发布了"政府绿色采购手册"，用于指导欧盟各成员国如何在其采购决策中考虑环境问题；欧盟委员会还建立了一个采购信息数据库，至2006年信息库中已有100多类产品的信息，包括产品说明书、生态标签信息等，还提出了一般采购建议。欧盟通过《政府绿色采购手册》统一了绿色采购纲领。德国自1979年起推行环保标志制度，国家规定政府机构优先采购环保标志产品，规定绿色采购的原则包括禁止浪费、产品必须具有耐久性、可回收、可维修、容易弃置处理等条件。在1994年9月27日通过的《循环经济法》第37章中对政府采购循环经济产品做出了原则规定，明确规定联邦政府有关机关应拟定工作计划，进行采购、使用有关物品；拟定建设计划，采购和使用满足一定的耐用性、维修保证、可再利用性等规定的环境友好型产品和服务。

日本政府在绿色采购方面建树颇丰。1994年日本制定实施了绿色政府行动计划，拟定了绿色采购的基本原则，鼓励所有中央政府管理机构采购绿色产品。为推动此项行动计划，1996年日本政府与各产业团体组成了日本绿色采购网络组织（GPN），参与该组织的会员团体承诺将通过购买环境友善物品及服务，减少采购活动对环境的不良影响。1995年制定了《国家作为事业者和消费者，率先实施环境保护的行动计划》，规定国家在政府采购、政府消费、政府建筑物建设和管理中，都要优先考虑实施环境保护计划的需要。同年，日本政府实施《绿化政府运作法案》，制定有关绿色采购的原则和具体时间表。2001 年开始实施《绿色采购法》，法律要求政府企事业单位对环境友好型产品实施优先购买。2003 年 7 月，日本政府制定"绿色采购调查共通化协议"，为企业绿色采购制定统一调查格式和标准。

（6）消费者补贴。消费者在城市矿产的回收处理和循环利用方面担负着关键的作用。许多发达国家通过消费者补贴，即对消费者购买城市矿产制成品给予一定数额的资金补贴，来直接激励消费者购买和使用城市矿产制成品，从而促进城市矿产的回收和利用。

在美国，消费者补贴是鼓励民众使用城市矿产制成品的重要经济手段，各级政府和城市矿产利用企业为此投入了大量资金。市场对城市矿产制成品的需求是城市矿产产业不断发展的根本前提，美国政府不仅加强对城市矿产的回收，还制定了消费者补贴政策来增加民众对城市矿产制成品的购买力，刺激消费者对城市矿产制成品的消费需求。

日本政府设有政府奖励政策，鼓励消费者进行绿色消费。通过对消费者进行补贴提高消费者购买城市矿产制成品的积极性，使全日本民众都参与到城市矿产的发展中来。

### 3. 保证金（押金—返还）政策

保证金政策是国外在城市矿产管理中普遍使用的一种方法，通过对可能引起污染的产品（如电池、饮料瓶、有毒有害的包装物、废旧荧光灯管等）在销售时附加一定额度的费用（征收保证金），在回收这些产品废弃物时，把保证金返还给购买者的一种制度安排。保证金政策在本质上是税收手段和补贴手段的组合，即当购买可能引起污染的产品时向消费者"征税"，而当消费者把废弃部分退还给指定机构时又将这一税金退还给消费者，若消费者未退还，保证金即成为对可能造成污染的产品销售征收的附加费（张越等，2008）。各国押金—返还制度及实施效果情况详见表 6 - 2 所示。

表 6 - 2                      全球押金—返还制度及实施效果

| 国家 | 实施国家及地区数量 | 实施开始时间 | 主要具体做法 | 回收及覆盖率 |
|---|---|---|---|---|
| 欧洲 | 欧盟 28 国 | 1982 年 | 德国：德国《包装法》明确规定，如果一次性饮料包装的回收率低于 72%，则必须实行强制性押金制度。在此制度下，顾客在购买所有用塑料瓶和易拉罐包装的矿泉水、可乐、啤酒、汽水等饮料时，均须支付相应的押金，顾客在退还空瓶时领回押金<br>瑞典：消费者将易拉罐空罐放进各销售点的专用回收机，回收机会自动识别易拉罐上的条码信息，对回收的每一只在 RETURPACK 公司注册的易拉罐，当场返还消费者 0.5 克朗的有价凭证 | 2012 年：89% ~ 98.5% |

| 国家 | 实施国家及地区数量 | 实施开始时间 | 主要具体做法 | 回收及覆盖率 |
|---|---|---|---|---|
| 美国 | 10 个州 | 1972 年 | 美国制定《饮料瓶再循环法案》，规定向饮料消费者征收 10 美分押金，当消费者完成对饮料瓶的回收再利用后即可返还相应押金 | 2012 年：70.71% |
| 加拿大 | 12 个省 | 1979 年 | 对塑料瓶等产品实施押金政策 | 2010 年：80% |
| 澳大利亚 | 南澳大利亚、北领地两地 | 1997 年 | 对啤酒瓶实施押金政策，押金及返还金额为 0.0363 澳元每瓶 | 2012 年：80.80% |

资料来源：常涛. 智能回收自助机的"互联网＋"思维方法. 再生资源"互联网＋"创新之路 [M]. 北京：中国工信出版集团，人民邮电出版社，2016：pp. 100 – 101；周永生. 城市矿产概论 [M]. 广州：中国出版集团，2013：pp. 67 – 68.

美国制定《饮料瓶再循环法案》，规定向饮料消费者征收 10 美分押金，当消费者完成对饮料瓶的回收再利用后即可返还相应押金（周永生，2013）。德国《包装法》明确规定，如果一次性饮料包装的回收率低于 72%，则必须实行强制性押金制度。在此制度下，顾客在购买所有用塑料瓶和易拉罐包装的矿泉水、可乐、啤酒、汽水等饮料时，均须支付相应的押金，顾客在退还空瓶时领回押金（周永生，2013）。

在日本，保证金制度涉及家电、计算机、多种机电产品、微电子产品等；在日本的岛屿、公园、观光地等风景区，为提高游客的环境意识，减少垃圾产生量，对铝罐、钢罐、塑料瓶、纸包、纸杯、食品盘等实行保证金制度（周永生，2013）。

### 6.1.1.3　社会型工具

西方发达国家的社会型政策工具主要包括公众教育，以及产业界、社会团体及民众的自愿性行为。

**1. 公众教育**

美国是世界上第一个对环境教育专门进行立法的国家，其环境教育法迄今已经有 40 多年的历史。为了宣传及鼓励民众的回收利用行为，美国政府把每年的 11 月 15 日定为该国的"回收利用日"。

日本政府非常重视环境教育，通过各种方式不断提高国民的环保意识。1993 年，日本政府在《环境基本法》中明确提出了环境教育和环境学习的重要性。1998 年，环境厅进一步提出了进行环境教育、开展环境学习的具体方法，并组织实施了"综合环境学习示范区事业"。通过学校、企业、社会及媒体宣传等多种途径对公众进行环境教育，促进国民采取环境友好型的生活方式和行动，有力推动了循环型社会的发展。

德国循环经济发展战略的实现得益于强化而规范的教育，这使民众转变传统生产和消费理念，形成发展循环经济的浓厚社会氛围。德国拥有一个由政府机构、民间组织和学校组成的庞大环保教育网络。它们向民众做环保知识介绍，向企业推广环保技术，向社会宣传新的环保立法。在宣传普及循环经济概念的过程中，德国政府通过舆论媒体等倡导消费者进行绿色消费，提倡在消费和使用的过程中尽可能使用无污染、可再生的资源，对于可能对自然环境产生危害的产品尽可能地避免购买和使用。同时，积极开展全社会层面的循环经济推广，增强社会各阶层对循环经济的认识，促使企业、非政府组织、民众参加到环保活动中，培养民众的环保意识。

**2. 产业界、社会团体及民众的自愿性行为**

在环境保护方面，美国在各级政府部门、专家系统和科研部门之外，有一个规模极大的非政府组织；产业界、社会团体和民众对美国循环经济的发展也起到了巨大的推动作用。产业间共生耦合和代谢的工业园区中观模式在美国经济的循环发展中成效显著，它按照工业生态学原理，通过企业间的能量集成、物质集成及信息集成，形成各产业间的共生耦合和代谢关系，使一家工厂的副产品成为另一家工厂的原料或能源，建立物资循环利用的工业生态园区。物尽其用的理念已渗透到美国生活的各个方面，成为民众的生活习惯和自觉行动，循环经济理念也因此深深地印在了民众心中。如世界上第一个"地球日"就是由美国的环保工作者和一些社会知名人士在1970年4月22日这天发起的。经过几十年的不懈努力，美国的循环经济已收到了显著效果，美国公民的环保意识大为增强，极大地促进了城市矿产产业的发展。

日本在推进循环型社会发展过程中，全民动员，产业界、社会团体及民众共同推进循环经济的发展。首先，在以日本经团联（日本经济界团体联合会）为首的产业界组织的呼吁下，日本各产业都采取了抑制废弃物、推进废弃物循环利用的措施。经团联于1997年制订了"环境自主行动计划"，该计划涉及的领域达到41个业种，提出了各产业的循环利用率及最终处理量的数值目标，并明确了实施方法。其次，日本社会团体在推动循环型社会建设的过程中也发挥了不可忽视的作用。这些民间团体通过组织各种环保活动，积极推进日本循环经济的发展。例如，从事废纸再利用的环境NGO积极推动的"白色度70再生纸"普及运动，不仅使政府、企业节约了费用，又有利于环境保护。再次，日本国民也不断通过进行垃圾分类、购买绿色产品及建立环境家计簿等方式来积极配合中央政府和地方政府发展循环经济的法律法规。在日本，将垃圾分类后再遗弃已蔚然成风，分类后的垃圾可由专门的部门回收循环利用。

在政府的带动和引导下，德国产业界及社会公众渐渐树立起了新的经济观、价值观、生产观和消费观。通过宣传教育，德国民众意识到循环经济的发展不只需要政府的单方面努力，更需要社会各阶层的积极参与。首先，德国企业有着很强的行业自律意识，在很多行业都形成了自律制度，企业自觉地开始采购可再生、可循环利用的资源进行生产，并在废物回收和再利用方面发挥了很重要的作用，同时建立了企业间资源循环利用的系统。其次，民众开始主动地参与到环保活动中，在家庭生活中主动减少对一次性产品的使用，生活垃圾也分类处理。再次，在德国有上千个独立的民间环保组织，其成立有着非政府性和自愿性的特点，与政府的行政命令无关。例如，德国的包装物双元回收系统（Duales System Deutschland，DSD）。DSD 建立于 1990 年 9 月，由包括零售、日用品生产等行业在内的 95 家公司提出并发起。该系统是一家民间中介组织，专门负责对包装废弃物进行分类回收处理及再循环利用。目前，德国的循环经济理念已在全社会范围内得到全面的贯彻，政府、企业、非营利组织、个人都积极参与到保护环境的行列中，自觉为循环经济的发展贡献自己的一分力量。

综上所述，发达国家发展城市矿产产业的主要政策工具详见图 6 - 1 所示。

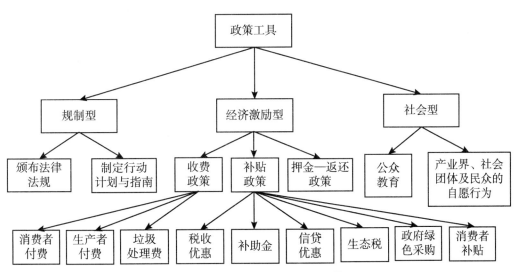

图 6 - 1　发达国家城市矿产产业政策工具

### 6.1.2　发达国家城市矿产产业政策的作用对象分析

为了能够全面理解发达国家城市矿产产业政策体系，有必要针对产业链各主体的行为和相互关系，明确面对不同主体的各项经济政策，以便更好地理解政策内涵。

　　根据本书第一章的分析，借鉴产品全生命周期理论，城市矿产产业链组成详见图6-2所示。

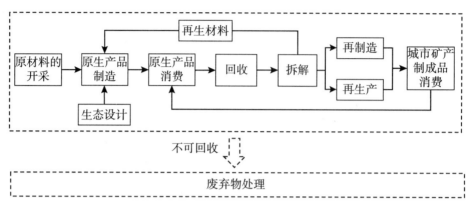

**图6-2　城市矿产产业链**

　　通过对发达国家所采用的城市矿产产业政策工具进行梳理可以发现，消费者付费制度、保证金政策主要是针对原生品消费行为而言的，通过市场的力量来约束民众的消费行为，鼓励多次使用，限制废物的产生，以及鼓励消费者将废弃物交给指定机构处置而不是随意丢弃；政府还通过各种形式的补贴对城市矿产回收者和利用者进行经济支持，主要包括从经营的角度直接支持和从技术设备、占地等方面的间接支持两种形式，补贴政策的具体形式包括税收优惠、补助金、信贷优惠等类型；某些发达国家还通过向原生资源生产者征收生态税的方式来改变对原生资源的大量需求，增加对城市矿产的需求；政府采购、消费者补贴等政策在一定程度上促进了对城市矿产制成品消费的需求。由此可见，发达国家城市矿产产业政策全面作用于产业链中的每个主体（如图6-3所示），有效地提高了城市矿产的开发利用。

### 6.1.3　发达国家城市矿产产业政策的市场作用分析

　　鉴于罗斯韦尔（Rothwell）和泽格维尔德（Zegveld）的政策分析思想，根据城市矿产产业政策对产业发展的影响层面不同，城市矿产产业政策可分为供给型政策、环境型政策与需求型政策工具（Rothwell and Zegveld，1985）。其中，供给型和需求型政策对城市矿产产业发展起直接的推动或拉动作用，环境型政策起间接的影响作用（如图6-4所示）。从这三个方面对政策进行分析和归纳，有助于对发达国家城市矿产产业政策有更加全面的了解。

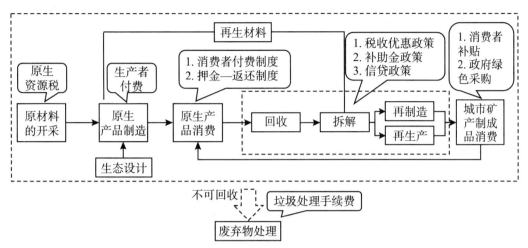

图 6-3　发达国家城市矿产产业政策的作用对象分析

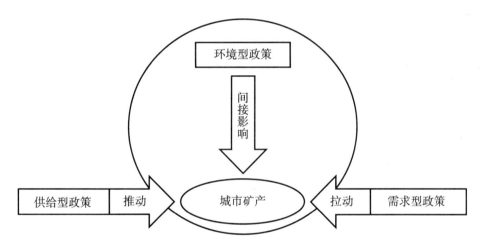

图 6-4　政策工具对城市矿产产业的作用方式

　　供给型政策主要表现为政策对城市矿产产业的推动力，从市场输入的角度入手，通过直接提供企业所需生产要素来推动产业发展（Liao，2016）。环境型政策工具并不直接作用于产业本身，而是通过创设相关规则和制度来支撑、规范产业的发展。需求型政策工具重点在于从产品或服务输出端引导产业的发展，为企业提供明确的需求市场，减少其产品进入市场初期所面临的不确定性。

　　具体到发达国家城市矿产产业政策，供给型、环境型及需求型政策分别如表 6-3 所示。

表 6 - 3　　　　　　　　　　发达国家城市矿产产业政策维度划分

| 供给型政策 | | 环境型政策 | | 需求型政策 |
| --- | --- | --- | --- | --- |
| 人才支持 | 信息支持 | 法律法规 | 信贷优惠 | 政府采购 |
| 资金支持（补助金等） | 公共服务 | 行动计划、指南 | 宣传教育 | 消费者补贴 |
| 技术支持 | 土地支持 | 收费政策 | 生态税 | 宣传教育 |
| | | 税收优惠 | 押金—返还 | |

## 6.1.4　发达国家城市矿产产业政策的特点及对我国的启示

通过从政策工具、政策作用对象、政策市场作用三个维度对发达国家城市矿产产业政策进行全方法的分析比较，总体来看，有以下几个方面的经验值得我国借鉴：

（1）各国政府高度重视城市矿产产业的发展，构建了全面性和立体化的法律体系，并大多通过立法手段以法律形式明确政府、企业和社会公众的责任和义务。例如，德国以《促进循环经济和保障环境可承受的废物管理法》为城市矿产产业发展的总纲，在这一法律框架下，根据各个行业的不同情况制定特定行业发展循环经济的相关法规，包括《包装废弃物回收条例》《废旧电子产品回收条例》《废旧汽车回收条例》《废旧电器回收条例》《商业废弃物回收条例》等；日本法规体系以《促进建立循环社会基本法》为基本法，统领《固体废弃物管理和公共清洁法》和《资源有效利用促进法》这两部综合法，以及《家用电器回收法》《汽车再生利用法》《建筑及材料综合法》等一系列专业法，基本建成企业、行政机关和消费者三位一体，遏制废物产生、推动资源再生和预防随意处置废物等多重目的的体制；美国则主要是以各州的立法为主。

（2）各国结合本身的社会、经济、政治、产业发展特点，形成了符合本国国情的特色发展模式和政策指导方式。例如，德国以"二元回收系统"为基点，综合社会—企业、生产—消费两个层面，以废旧物质流量管理为核心，积极探索发展区域及园区的城市矿产产业；日本则形成了以企业为主导的小型循环系统、以生态园为主体的中型循环系统、以构建循环型社会为终极目标的大型循环系统三层次发展框架；美国形成以杜邦模式为代表的企业内部循环、联邦政府推动下的生态工业园区建设，以及循环生产和循环消费的微观、中观及宏观模式。

（3）各国促进城市矿产产业发展的政策工具手段丰富多样。例如，以美国为例，促进城市矿产产业发展的政策包括财税优惠政策：为城市矿产相关企业提供税收减免或抵免、财政补贴等优惠政策，通过各种税收优惠政策平衡企业的进项和销项流转税税率；惩罚性税收政策：如征收废弃物填埋税和焚烧税，向那些将垃圾直接运往倾倒场的公司或企业征收垃圾税；征收原生材料税：对使用原生材料的企业征税，以促使企业更多选用城市矿产和循环利用的材料资源；奖励政策：对一些环保行为和城市矿产相关技术的创新，政府给予一定奖励；以及其他政策，如押金返还政策等，而这些经济手段又给予了企业发展以充分的市场自由。

（4）各国以产品全生命周期的视角系统设计政策方案，政策作用环节覆盖全产业链上的利益相关主体。前文的分析表明，发达国家的城市矿产政策体现了一种系统性的管理思想，以产品全生命周期思想为指导，例如，消费者付费制度、保证金政策主要针对原生品消费；政府还通过各种形式的补贴对回收者和利用者进行经济支持；通过向原生资源生产者征收生态税的方式来改变对原生资源的大量需求，增加对城市矿产的需求；政府采购、消费者补贴等政策在一定程度上促进了对城市矿产制成品消费的需求。由此可见，发达国家城市矿产产业政策全面作用于产业链中的每个主体，有效地提高了城市矿产的开发利用。

（5）政策从供给、需求和环境端"三管齐下"，协同助力产业发展。供给型政策包括人才支持、信息支持、资金支持（补助金等）、公共服务、技术支持、土地支持等；环境型政策包括法律法规、信贷优惠、行动计划及指南、宣传教育、收费政策、税收优惠、生态税、押金—返还制度等；需求型政策包括了政府采购、消费者补贴和宣传教育等手段。

（6）政策强化社会各主体的定位和参与力度，政府机构、企业、社会机构、居民都积极参与到城市矿产产业的发展之中。以日本为例，该国精细的垃圾分类收集和管理体系的建设过程中，充分体现了"政府主导—企业支撑—民众参与"的特点：政府主导方面，各级政府均以量化指标管理方式，相应制定了针对分类垃圾处理各个环节切实可行的数量规划和清晰的废弃物削减目标，设置了深入社区的垃圾分类回收网络系统；企业支撑方面，日本企业积极研发和生产有利3R政策的产品及资源回收企业的再造，根据企业自己的"绿色经营"理念指定循环利用城市矿产具体量化的中长期发展目标；民众参与方面，日本国民自觉参与分类垃圾回收活动，这除了与政府部门长期的国民教育和技术因素引导之外，还与资源匮乏、国民从小就形成了对环境的敬畏之心和对资源的珍惜之情有关。

## 6.2　中国城市矿产产业政策的演变研究[①]

产业政策是一个国家的中央或地方政府为了其全局和长远利益而主动干预产业活动的各种政策的总和（苏东水，2005）。学术界就政策如何影响城市矿产产业的发展进行

---

① 本节内容发表于"王昶，耿红军，姚海琳等.中国城市矿产政策演化研究 [J].中国人口·资源环境，2017，27（5）."一文中。

了大量研究。总体而言，研究思路可以分为三个视角：首先，政策体系现状分析。通过分析一国城市矿产政策体系的发展现状及存在问题、或通过对比与发达国家政策设计的差距，从而为本国城市矿产产业的发展建言献策（Ramzy et al.，2008；Chen et al.，2010；ZHarshani et al.，2012；Zeng et al.，2013；Lu and Ming，2013）；其次，政策工具的效果评价。从政策工具的视角切入研究，探讨城市矿产政策工具类别的划分，并对不同类别的政策工具对于城市矿产产业发展的作用机制及其应用效果有着激烈讨论（Simon and Johan，2011；I. C. Nnoroma and Takayoshi，2008；Yiing and Latifah，2014；Lu et al.，2014）；最后，政策的顶层设计。侧重于运用产品全生命周期、政策顶层设计等理论，并结合城市矿产循环再生的产业特色设计出兼顾全产业链的政策体系（Lazarevic et al.，2012；刘广富等，2014；wu et al.，2016）。总之，国内外学者主要从政策现状、政策评价、政策顶层设计等视角对各国城市矿产政策体系进行了相关研究，取得了丰富的研究成果；但是，针对城市矿产政策体系的系统性、定量研究还较为薄弱。特别是针对中国的城市矿产产业政策，目前主要以定性研究为主，且缺乏对政策体系的系统梳理和研究。产业政策是随着产业的发展不断修正和调整的（毛磊等，2014），中国的城市矿产政策体系经历了哪些发展阶段？不同阶段的产业发展背景和形势是什么？各阶段产业政策呈现出怎样的特征？已有政策体系是否合理，如何优化完善？这些都是中国城市矿产政策体系研究中需要回答的问题。

### 6.2.1　研究方法与数据来源

#### 6.2.1.1　研究方法

**1. 内容分析法**

内容分析法是对报纸、电视新闻、广告，以及公共演讲等书面或语言材料，根据一定规则进行赋值并运用统计方法分析其特征的科学方法。鉴于城市矿产政策文本具有非量化、内容范围广等特征，运用内容分析法对其进行量化分析能够避免定性分析面临的主观性与不确定性等缺点，更好地揭示政策演化的特征。

**2. 政策效力分析**

不同政府部门发布的政策具有不同的效力，对不同时期中国城市矿产政策的效力进行量化分析能够反映中国政府对城市矿产产业的重视程度。本书借鉴格雷德·利贝克（Gray D. Libecap，1987）构建法律指数的思想并咨询两名城市矿产政策专家根据政策发布部门与政策类型建立了政策效力的量化标准（如表6-4所示）。

表 6 - 4　　　　　　　　　　中国城市矿产政策效力量化标准

| 指标得分 | 评价详细标准 |
|---|---|
| 5 | 全国人民代表大会及其常务委员会颁布的法律 |
| 4 | 国务院颁布的条例,各个部委的部令 |
| 3 | 国务院颁布的暂行条例,各个部委的条例、规定 |
| 2 | 各个部门的意见、办法、暂行规定 |
| 1 | 通知 |

### 3. 政策工具分析框架

城市矿产政策是一种综合复杂的产业政策,既涉及政策内部各种政策工具的设计组织搭配及建构,也涉及产业链的不同环节。因此,本书从政策工具与政策作用环节两个维度构建分析框架,以期更清晰地揭示政策内容及特点。

(1) 基本政策工具维度。政策由理念变为现实必须依靠各种政策工具。政策体系是由政府通过对各种政策工具的设计、组织搭配及运用而形成 (Flanagan et al., 2011),而政策工具由一系列的政策手段组成,其不仅具有指导经济发展的作用,而且在政策目标和政策环境之间架构了桥梁 (van Nispen,1998),因此政策工具的运用能够有助于识别与理解产业政策的特征 (shen et al.,2016)。本书采用罗斯韦尔 (Rothwell) 和泽格维尔德 (Zegveld) 的政策分析方法,将基本政策工具分为供给、环境和需求三种类型 (Rothwell and Zegveld,1985)。其中,供给型和需求型政策工具对产业发展起直接的推动或拉动作用,相比较而言,环境型政策工具起间接的影响作用。

①供给型政策工具。供给型政策工具重点从市场输入的角度入手,通过直接提供企业所需生产要素来推动产业发展 (Liao,2016)。具体到城市矿产产业,供给型政策工具可细分为人才支持、资金支持、技术支持、土地支持、公共服务等政策手段 (如表 6 - 5 所示)。

表 6 - 5　　　　　　　　　　　　　供给型政策工具

| 工具名称 | 描述 |
|---|---|
| 人才支持 | 政府部门根据产业发展的需要制定长期的人才发展规划,主要的政策手段有:完善相关教育体系和培训体系,以及吸引国外高层次人才回国工作 |
| 资本投资 | 政府直接利用财政资金为城市矿产相关企业的生产经营活动提供支持。例如废弃电器电子产品处理基金、循环经济发展专项资金、清洁生产专项资金、节能环保专项资金、家电以旧换新运费补贴、战略性新兴产业发展基金等 |

| 工具名称 | 描述 |
|---|---|
| 技术支持 | 通过国家科技重大专项、国家科技计划等项目促进科研院校、企业加大对废弃物回收、资源化利用技术的研发。通过发布先进适用技术目录促进先进技术的产业化运用 |
| 土地支持 | 国家对于城市矿产相关企业的用地，在土地利用年度计划安排中给予重点保障 |
| 公共服务 | 建立城市矿产相关的信息系统咨询服务体系，向社会提供有关城市矿产产业所需技术、可再生利用的废物供求及城市矿产相关政策等方面的信息和服务 |

②环境型政策工具。环境型政策工具并不直接作用于产业本身，而是通过创设相关规则和制度来支撑、规范产业的发展。就城市矿产产业而言，环境型政策工具可以细分为法规管制、目标规划、税收优惠、财务金融、示范工程、宣传教育等政策手段（如表6-6所示）。

表6-6　　　　　　　　　　　　环境型政策工具

| 工具名称 | 描述 |
|---|---|
| 法规管制 | 政府通过一系列法规、制度等规范城市矿产主体行为，以达到维护市场有序竞争、促进产业发展的目标，主要的政策手段有：生态设计、生产者责任延伸制度、行业准入制度、污染防治政策、贸易管制政策、回收处置企业资格许可证制度、产品信息标识制度等 |
| 目标规划 | 基于产业发展的需要，对要达到的目标及远景所做的总体规划 |
| 税收优惠 | 为城市矿产相关企业提供税收优惠，主要包括税收减免、税率优惠、加速折旧等 |
| 金融扶持 | 政府通过鼓励银行等金融机构为城市矿产企业提供贷款、担保等投融资服务来促进产业发展 |
| 示范工程 | 通过打造一批具有特色与亮点的精品工程，可以发挥其以点带面、成片发展的辐射作用。主要包括循环经济示范工程、资源综合利用示范工程、城市矿产示范基地、再制造试点等 |
| 宣传教育 | 培养消费者回收废弃物的意识 |

③需求型政策工具。需求型政策工具重点在于从产品或服务输出端引导产业的发展，为企业提供明确的需求市场，减少其产品进入市场初期所面临的不确定性。在城市矿产产业中，需求型政策工具可细分为政府采购、价格支持、宣传教育等政策手段（如表6-7所示）。

表6-7　　　　　　　　　　　　　　　　需求型政策工具

| 工具名称 | 描述 |
|---|---|
| 政府采购 | 各级国家机关、事业单位和团体组织，使用财政资金采购产品时，应该优先采购符合标准的再生产品和可重复利用产品 |
| 价格支持 | 政府对再制造产品给予财政补贴，降低再制造产品的价格，以刺激消费者购买 |
| 消费引导 | 普及再制造知识，引导用户和消费者使用再制造产品 |

（2）政策工具作用环节维度。政策工具揭示了政策发挥作用的主要政策手段与影响机制，但不能反映政策手段的作用点（谢青和田志龙，2015）。而产业链的引入能够清晰地揭示政策的作用环节，为研究政策工具如何推动城市矿产产业发展提供了绝佳的中间桥梁，有利于细致探讨城市矿产产业政策阶段性演化的特征。本研究借鉴产品全生命周期理论设计了城市矿产产业链（如图6-5所示）。

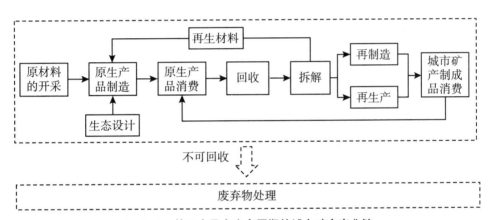

图6-5　基于产品全生命周期的城市矿产产业链

### 6.2.1.2　数据来源

本书所选取的城市矿产政策文本均来源于公开的数据资料，主要从中央政府相关部委网站例如国务院、发改委、自然资源部等和国内城市矿产、循环经济发展等相关网站，以及《再生资源与循环经济》杂志"总目次"中搜集。由于直接以政策矿产命名的政策较少，因此本书以城市矿产、电子废弃物、报废汽车、固体废弃物、循环经济、再生资源、废物、环保、资源综合利用、回收体系等为关键词进行检索，共收集政策文本117份。

为保障收集的政策文本有效性，本书采取以下原则对117份政策文本进行了遴选：①所选取的政策与城市矿产产业密切相关；②所选取的政策为全国性的政策，由中央政府及其直属机构颁发;③所选取的政策类型主要是法律法规、规划、计划、通知、公告、措施、意见、办法等文件,实施细则因在其他政策文本中已体现,故不计入统计文本。本文最终梳理了有效政策样本76份。据此,建立了本书分析的数据库。

## 6.2.2 中国城市矿产产业政策演进阶段的划分

结合20多年来中国城市矿产产业政策目标重点的转换,本书以中国城市矿产政策的标志性事件为依据,将中国城市矿产政策体系的发展分为三个阶段(如表6-8所示)。

表6-8　　　　　中国城市矿产产业政策不同发展阶段标志性事件及主要特征

| 发展阶段 | 孕育期(1987~2004年) | 形成期(2005~2009年) | 发展期(2010年至今) |
|---|---|---|---|
| 标志性事件 | 《关于进一步开发利用再生资源若干问题的通知》 | 《中华人民共和国循环经济促进法》 | 《关于开展"城市矿产"示范基地建设的通知》 |
| 关键表述 | ● 首次在法律法规文件中提出了再生资源概念<br>● 对于再生资源企业给予税收、价格等优惠 | ● 国家鼓励和推进废物回收体系建设:提出对特定废弃产品进行拆解或再利用,应当符合有关规定。提出电子废弃物应当交售给具备条件的企业进行资源化利用<br>● 确定资源综合利用的3R原则 | ● 建立"城市矿产"示范基地。开发、示范、推广一批先进适用技术和国际领先技术,提升"城市矿产"资源开发利用技术水平。探索形成适合我国国情的"城市矿产"资源化利用的管理模式和政策机制,实现"城市矿产"资源化利用的标志性指标<br>● 在全国范围内开展城市矿产的回收活动 |
| 主要特征 | ● 未形成独立的城市矿产政策体系,产业政策依附于环境保护领域 | ● 城市废弃物被视为可回收利用的资源,体现了中国政府有防止环境污染向变废为宝理念的转变<br>● 同时,循环经济法律体系的建设构成了城市矿产政策体系的雏形 | ● 城市矿产作为中国战略新兴产业其发展迈入新阶段,对于城市矿产产业发展的政策引导开始从框架式的指导扩大到体系建设及技术支持层面。城市矿产产业政策体系不断完善,效力不断深化 |

第一阶段为依附环境保护政策的城市矿产政策孕育期(1987~2004年)。这一阶段的相关产业政策以保护环境为主要目标。改革开放以后,中国经济平均每年以超过9.7%的速度快速增长(1987~2004年),经济的快速发展与人口的迅速增加使中国环

境污染等问题日益突出（Rozelle et al., 1997；Che et al., 2002；Wang et al., 2003）。为此，中国政府确定了保护环境的基本国策，并将废弃物的回收和利用作为治理环境污染的有效手段（Zhang et al., 2007）。在这一阶段，中国尚未明确提出"城市矿产"这一概念，更未形成独立的政策体系，与城市矿产产业相关的发展举措主要散落在与"再生资源""固体废弃物""废弃物"相关的政策文件中。1987 年，《关于进一步开发利用再生资源若干问题的通知》颁布，这是中国首次在法律法规中提出再生资源概念。该通知是指导再生资源产业发展的综合性、纲领性文件，对再生资源的税收、价格及经营管理做了详细的规定与说明。该文件的出台可以视为中国城市矿产产业政策体系发展的原点。1995 年颁布的《中华人民共和国固体废物污染环境防治法》，明确提出以充分利用与无害化处置固体废弃物作为防治固体废弃物污染环境的基本原则。2002 年制定的《中华人民共和国清洁生产促进法》确定将废弃物资源化利用作为减少废弃物产生，促进清洁生产的重要手段。可见，这一时期中国城市矿产相关政策主要以保护环境为目标，致力于通过城市矿产产业的发展来解决日益严峻的环境污染问题。

　　第二阶段为城市矿产政策体系初建的形成期（2005~2009 年）。城市矿产框架性的政策开始形成，这一阶段产业政策的主要目标转变为以实现保护环境与保障资源供给双重目标。经过工业革命以来 300 多年的开采和利用，全球 80% 可工业化利用的矿产资源已经从地下转移到地上，以垃圾的形式堆积在我们周围，总量已达数千亿吨，并以每年 100 亿吨以上的速度增长（曲永祥，2010）。随着中国迈入工业化、城镇化加速阶段，资源需求量快速增加，而中国粗放式的经济增长模式致使资源大量浪费，导致中国资源快速消耗，资源保障年限急剧下降（Su et al., 2013；Wu et al., 2014）。据统计，中国的铁矿石、铜、铝等重要矿产品的对外依存度均超过了 50% 的安全警戒线。对海外资源的高度依赖，导致中国金属矿产品国际贸易长期面临"一买就涨，一卖就跌"的窘境。同时，中国环境污染问题仍未得到有效的解决（Zhang et al., 2008）。然而，城市废弃物中蕴含着大量的有价资源，以废旧电路板为例，1 吨废旧线路板可以提炼出 129.73 千克铜、453.6 克黄金、19.96 千克锡。每开发利用 1 万吨城市矿产资源，便可节约 4.12 万吨自然资源，减少 6 万~10 万吨垃圾处理量（王昶和黄健柏，2014）。对城市矿产进行资源化利用能够变废为宝，突破中国面临的资源与环境双重约束，改变经济增长与资源消耗的线性关系（Hu et al., 2011）。2005 年国务院发布《国务院关于加快发展循环经济的若干意见》，明确提出将废弃物的回收利用作为建设资源节约型和环境友好型社会的有效手段（Liu et al., 2009），体现了城市废弃物的资源价值，可以视为城市矿产政策形成期的起点。2008 年，《中华人民共和国循环经济促进法》确定了"减量化、资源化、再利用"的 3R 原则，明确阐明了废物回收利用有利于保障资源供给、保护环境、实现可持续发展（Geng et al.,

2012)，循环经济法律体系的建设为城市矿产政策体系的发展奠定了基础。这一时期，城市矿产开始被视为可回收利用的资源，中国政府的政策理念开始由防止环境污染向变废为宝转变（Zhang and Wen，2008；Xue et al.，2010）。

第三个阶段为城市矿产政策体系效力深化的发展期（2010 年至今），支持产业发展的具体政策陆续出台。随着全球经济、科技环境发生深刻变化，以及中国工业化发展阶段的转换，中国面临经济增长速度减缓、产业结构优化等新问题新挑战（李鹏飞，2015；郭克莎和汪红驹，2015）。为解决中国当前面临的产能过剩、产业结构转型升级等问题，中国政府提倡大力发展节能环保等战略性新兴产业（Yu et al.，2016），有意让环保产业成为新常态下经济发展的新引擎之一。城市矿产产业作为环保产业中的重要组成，具有绿色、低碳、"零废弃物"等优点，发展城市矿产产业因具有平衡经济增长、社会发展和资源节约、环境保护多重关系的重要意义而得到中国政府大力扶持。2010 年国家发改委下发了《关于开展 "城市矿产" 示范基地建设的通知》，首次正式提出 "城市矿产" 这一独立概念，并提出用 5 年时间，在全国建设 30 个 "城市矿产" 示范基地。同年，《国务院关于加快培育和发展战略性新兴产业的决定》将节能环保产业确定为调整经济结构，转变经济发展方式的战略性新兴产业，城市矿产的发展被提高到国家战略高度。同时，中国城市矿产政策不断细化，回收方式不断创新。2011 年中国正式颁布《废旧电器电子产品回收处理管理条例》，该文件以延伸电器电子行业生产者责任为核心，向处于目录之中的产品生产厂商征收一定费用，补贴下游回收拆解利用企业，并建立废弃电器电子产品的资质许可制度，该政策以基金补贴＋严格监管的模式重塑了我国废旧电器电子市场秩序，有助于电子废弃物拆解利用逐渐由非正规渠道流向正规渠道，并实现规模化发展。2015 年，中国发展改革委公布《2015 年循环经济推进计划》，首次提及 "互联网＋回收" 的模式，包括推广智能回收、自动回收机等新型回收方式；并提出在未来，通过互联网、大数据、物联网等信息化工具，实现线上回收线下物流的融合，将有效地推动回收企业自动化、精细化分拣技术和装备的升级。这些政策的出台标志着中国城市矿产政策已经由框架式的构建扩大到具体政策的实施与体系建设，中国城市矿产政策体系得以不断深化。

## 6.2.3 研究结果分析

### 6.2.3.1 总体分析

**1. 政策制定部门与形式**

中国城市矿产政策颁布部门如图 6 - 6 所示。其中每个部门后面的数字代表着这个部门独立或联合颁布的政策文本数目。经过 20 多年的发展，中国城市矿产政策的制定部门已经涉及 24 个部门。然而，政策制定较多集中在商务部（23）、发改委（23）、财政部（21）、生态环境部（20）、工信部（18）及国务院（15）。根据图 6－7 所示，在城市矿产产业政策的不同阶段，政策发布涉及的机构数量呈现不断上升的趋势。

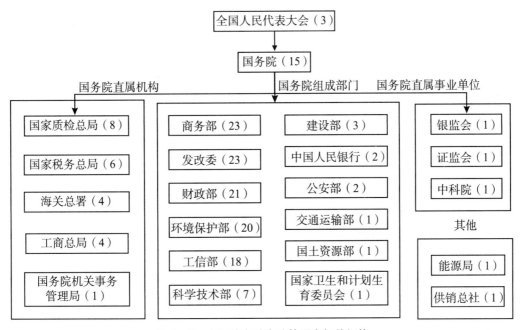

图 6－6　中国城市矿产政策颁布相关机构

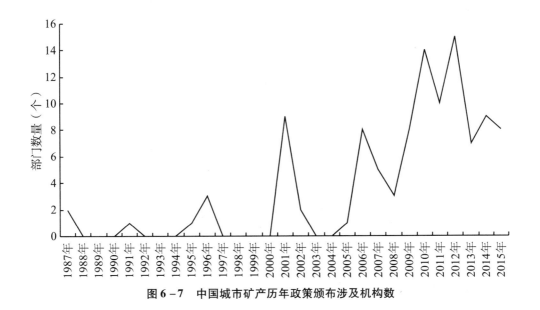

图 6－7　中国城市矿产历年政策颁布涉及机构数

之所以出现上述状况，一方面说明中国政府对城市矿产产业的高度重视，力图发动尽可能多的力量推动城市矿产产业快速发展；另一方面，更深层次的原因在于城市矿产产业具有多重属性，以及中国政府经济与行政资源不匹配。城市矿产具有环境与经济的双重属性，治理环境污染应以生态环境部为主，而充分发挥城市废弃物的经济价值，促进经济发展，制定产业发展规划却是发改委、工信部的主要职责。同时，由于城市废弃物分布在千家万户之中，其回收网络性的特点要求主管贸易的商务部制定回收体系建设的相关政策。生态环境部、发改委、工信部等部门虽然具有制定政策的行政权力，但政策的具体落实却需要其他部门的配合。以《关于开展城市矿产示范基地建设的通知》的制定为例，发改委虽然具有制定政策的行政权力，然而政策中关于对于废弃物拆解企业基金补贴条款的实施却需要拥有经济资源的财政部相配合。并且在中国机构精简的行政改革背景下，各部门无论出于对自身经济资源与行政权力进一步扩张的内在需求还是为证明自身存在的价值，避免行政权力的丧失，以及免受精简都会积极地参与城市矿产产业政策的制定，其结果是政出多门，并且为调节不同部门之间的制衡关系和冲突需要花费大量的组织与协调成本，最终导致政策效率下降。

中国城市矿产政策另外一个重要特点体现在缺乏权威性和连续性，在全部76项政策中，绝大多数都是以通知（20）、意见（15）、办法（14）、规划（10）、实施方案（6）等形式颁布，以法律形式颁布的相关政策仅有3项，如图6-8所示。

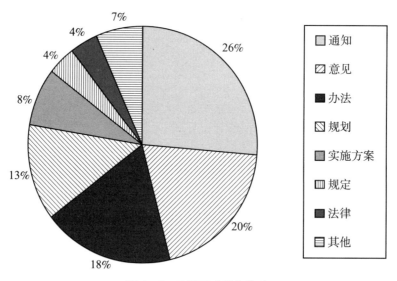

图 6-8　政策形式所占比重

### 2. 政策数量与力度演变分析

图 6-9 显示自 1987 年以来，中国政府对城市废弃物的处理重视程度不断上升，颁

布的城市矿产政策数量不断呈上升的趋势，与之相对应的是政策力度以加倍的速度上升。经过 20 多年的调整和积累，中国政府对城市废弃物相关政策不断加以完善，逐渐形成了保护环境与促进经济发展的城市矿产政策体系。

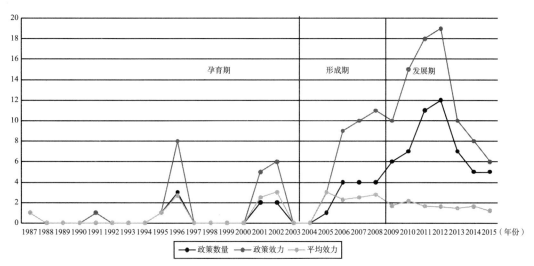

图 6 - 9　中国城市矿产政策数量与政策效力分析

　　表 6 - 9 清晰地显示了中国城市矿产政策颁布实施的加速过程，在孕育期中国年均颁布数量仅有 0.11 项，最高只有 3 项，且大部分年份没有颁布相关政策。形成期，每年平均颁布政策 3.8 项，最高达到 6 项，和上一时期相比，政策颁布速度加快。而在发展期，随着经济发展导致大量城市废弃物的产生，更多管理部门介入，平均每年颁布的政策激增到 7.83 项，最高年份达到 12 项，充分显示了中国政府对城市矿产产业政策的重视。

表 6 - 9　　　　　　　　　　中国城市矿产政策数量与效力比较分析

| 时期 | 孕育期（1987～2004 年） | | 形成期（2005～2009 年） | | 发展期（2010 年至今） | |
|---|---|---|---|---|---|---|
| | 每年颁布政策数量 | 每年政策力度 | 每年颁布政策数量 | 每年政策力度 | 每年颁布政策数量 | 每年政策力度 |
| 均值 | 0.56 | 1.22 | 3.8 | 8.6 | 7.83 | 12.3 |
| 中值 | 0 | 0 | 4 | 9 | 7 | 10 |
| 最大值 | 3 | 8 | 6 | 11 | 12 | 19 |
| 最小值 | 0 | 0 | 1 | 3 | 5 | 6 |
| 标准差 | 0.831 | 5.86 | 2.56 | 8.24 | 7.47 | 6.62 |

从政策力度来看，由于早期颁布的很多政策属于对于城市矿产产业发展具有深远影响的基本政策，具有极高的政策力度。在发展期，新颁布政策的年均政策力度达到12.3，约为形成期的1.4倍，是孕育期的12倍。所以，无论从年均颁布城市矿产政策的数量还是政策力度来看，中国城市矿产产业政策在过去20多年中都保持着高速增长的势头。

### 6.2.3.2　过程分析

**1. 孕育期政策特征**

基于政策工具视角的频数统计分析可知（如图6-10所示），这一阶段环境型政策工具占比最高（75.7%），其次为供给型政策工具（18.9%），而需求型政策工具最少（5.4%）。进一步的分析发现，根据政府介入程度的不同环境型政策工具中又可以分为规制类政策和市场类政策。在这一时期，主要以规制类（法规管制）政策为主（占比高达57.1%），其次为市场型政策（税收优惠占比17.9%，金融扶持为10.7%）。规制型政策主要从以下三个方面对产业发展进行限定：一是实行严格行业准入政策，将废弃物的无害化处理作为企业进入废弃物回收利用行业的主要门槛之一；二是限制外国废弃物流向本国。1995年《关于坚决控制境外废物向我国转移的紧急通知》规定，禁止进口不能用作原料的固体废物，严格限制进口可以用作原料的固体废物；三是制定强制回收目录。2002年《中华人民共和国清洁生产促进法》明文规定：生产、销售被列入强制回收目录的产品和包装物的企业，必须在产品报废和包装物使用后对该产品和包装物进行回收。激励型政策虽然频率较低，但力度较大。以税收政策为例，2001年财政部

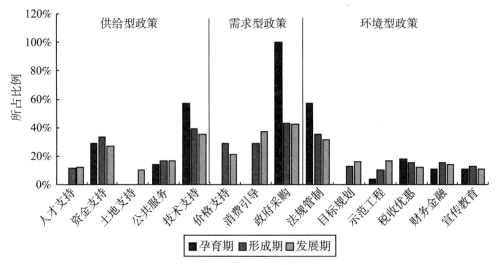

图6-10　中国城市矿产政策工具所占比重

和国家税务总局颁布的《关于废旧物资回收经营业务有关增值税政策的通知》，规定回收行业免征增值税，废弃物资源化企业凭回收发票抵扣10%进项税。在供给型政策工具中，资金和技术支持为主（共计占比85.7%），如《关于进一步开展资源综合利用意见的通知》等政策文件对城市矿产产业给予资金、技术等要素支持。在需求型政策工具中，仅出现了政府采购这一政策手段。从以上分析表明，这一时期中国城市矿产政策手段较少，仅仅限于资金与技术支持及法规管制等方面。

基于政策作用环节视角的频数统计分析可知（如图6-11所示），在探索期，城市矿产相关政策主要作用于城市矿产回收环节（35%），其次为精加工环节（20%），原生品制造与再制造环节各占比为15%，再生品消费环节的政策数量仅占4%，原生品消费环节的政策数量为0。以上分析表明，这一时期中国政府城市矿产政策的着力点在于生产制造环节的污染防治与回收环节的废弃物收集，而对产业链的其他环节特别是原生产品与再生产品消费环节的关注力度不大，这与该阶段以环境保护为主、资源循环利用为辅的阶段性特征相适应。

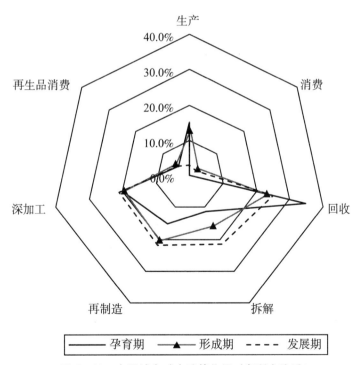

图6-11 中国城市矿产政策作用对象所占比重

**2. 形成期政策特征**

基于政策工具视角的频数统计分析可知（如图6-10所示），和探索期相比，环境型政策工具所占比重下降为 61.5%，供给型和需求型政策工具分别上升至 27% 与 10.7%。进一步分析发现，在环境型政策工具中，仍以管制类政策手段为主（占比为 35%），除继续实行行业准入、贸易管制、强制回收目录等政策之外，中国政府对废弃电器电子产品实行资质许可制度，只允许具有资质的企业对废弃电器电子产品进行拆解。同时，允许对部分可以用作原料的固体废物实行自动进口许可证管理，与孕育期相比，贸易管制政策有所放松。此外，在市场类政策工具中，中国政府开始实施循环经济、再制造等各类示范工程（占比 10%），旨在打造一批具有特色和亮点的精品工程，以充分发挥以点带面、成片发展的辐射作用；在供给型政策工具中，广泛使用的政策手段是资金支持、技术支持及提供公共服务（88.9%）。在资金支持方面，中国政府通过设立专项基金对于城市矿产企业按照其处理废弃物的数量给予一定额度的资金补贴。在技术支持方面，鼓励研究所、高校等研究机构加快废弃物资源化技术研发。在公共服务方面，主要通过建立城市矿产信息平台，发布政策、技术与废弃物处理数量等信息以支持产业的发展。在需求型政策工具中，仍以政府采购再生产品为主（42.9%），辅以宣传教育政策以改变消费者对再生品的认知，同时对于再生品给予资金补贴以降低其市场价格。以上分析表明，在这一时期，中国政府重点通过法规管制规范城市废弃物行业的发展，并以税收优惠与金融支持政策为企业壮大提供良好的外部发展环境（环境型政策），同时政府也开始注重通过向企业提供发展所需的资金和技术等生产要素来快速培养产业的发展（供给型政策），但需求型政策仍较为有限。

基于政策工具作用环节视角的频数统计分析可知（如图 6-11 所示）。与探索期相比，在形成期，中国城市矿产政策作用环节的重点发生了较大变动，城市矿产回收环节占比由 35% 下降为 23.3%，城市矿产拆解、再制造、深加工环节的相关政策占比分别上升为 15.8%、20.3% 和 19.5%，原生品消费和再生品消费环节的政策分别为 3% 和 5%。政策作用重点由回收环节向资源化利用（拆解、再制造、深加工）环节的转移表明，中国政府形成了变废为宝的思想理念，更加注重城市废弃物的资源价值。同时，政策作用对象延伸至全产业链环节，保障了城市矿产产业能够顺利运转，标志着中国城市矿产政策体系正式形成。

**3. 发展期政策特征**

基于政策工具视角的频数统计分析可知（如图 6-10 所示），在发展期，环境型政策工具所占比重继续下降但所占比重仍然最大（57.5%），供给型政策工具所占比重稳步上升（由 27% 上升至 31.9%），需求型政策工具基本保持不变（10.6%）。和形成期相比，环境型政策工具依旧以管制类政策为主（41.5%），但这一阶段最大的特征是，中国政府开始尝试建立生产者责任延伸制度，推动生产者落实废弃产品回收、处理等责任并且实行生态设计政策，鼓励生产者使用环境友好且易于回收的生产材料。在市场类政策中，示范工程所占比重进一步上升（15.7%），城市矿产示范基地建设成为示范工程建设中最具特色的政策手段，截至 2016 年中国已经建立六批 49 个国家级城市矿产示范基地。在供给型政策工具中中国政府以技术研发为主导（35%），同时提供资金、人才、土地等生产要素以刺激产业迅速壮大，政策手段更加多样化。在需求型政策工具中，依旧以政府采购为主导（40%），并配以宣传教育增加消费者对再制造产品的认识。同时，为了刺激对再制造产品的消费，中国政府开始实施以旧换新政策。然而，这一时期中国政府依旧对需求型政策关注不足。

从政策作用对象维度来看（如图 6 - 11 所示），在发展期，城市矿产回收环节所占比重最高（25.2%），其次分别为再制造（21.9%）、拆解（21.6%）及精加工环节（21.2%），原生品制造、原生品消费、再生产品消费环节的占比为 3.1%、2.4%、4.6%。数据显示，与形成期相比，城市矿产拆解、再制造、精加工环节的相关政策占比继续提高，表明政策制定者充分认识到"提升深度加工、提升行业资源化程度"应成为支持政策的重要着力点。然而，对于产业链前端的原生产品的制造与消费环节，以及产业链末端的再生产品消费环节关注力度不够，说明中国城市矿产政策体系有待于进一步完善。

## 6.2.4 讨论与结论

通过对中国城市矿产政策体系的系统梳理和不同发展阶段的特征分析，本研究得出以下结论：

（1）中国城市矿产政策体系经历了依附环境保护政策的孕育期、体系初建的形成期及效力深化的发展期三个阶段。在孕育期，城市废弃物回收处理被作为治理环境污染的有效手段，其相关政策主要隐含在环境保护领域的政策条文中。在形成期，城市废弃物被视为可回收利用的资源，3R 原则的确定体现了中国政府由环境污染治理向变废为宝理念转变。同时，循环经济法律体系的建设奠定了城市矿产政策体系的基础。在发展期，城市矿产作为转变经济结构、振兴中国经济的战略性新兴产业而得到中国政府大力扶持，因此步入了快速发展期。这一时期，中国政府开始注重从体系建设及技术支持层面来扶持城市矿产产业的发展，政策体系不断完善，效力不断深化。经过三个阶段的政策演进，中国的城市矿产政策体系得到了极大的丰富。在不同阶段，城市矿产政策虽然随着产业及经济社会发展有所变化，但政策体系整体上趋于稳定，并呈现出政策上的连续性。然而，从总体发展情况来看，政策体系中还存在着一系列的缺陷和亟待解决的问题。

（2）总体来看中国城市矿产政策颁布的速度逐渐加快，政策力度迅速提高，但政策颁布中所涉及的机构数量也不断增多。其中一方面是因为对城市矿产产业重视程度的提高；另一方面，更深层次的原因在于城市矿产产业具有多重属性，以及中国政府行政与经济资源不匹配。城市矿产产业的发展与推动是一项复杂的社会系统工程，涉及资金、法律、资源、技术、政策等多个环节，因此需要科技、财政、环保、经济发展、法律制定、监管等多个部门相协调。生态环境部、发改委、工信部等部门虽然具有制定政策的行政权力，但政策的具体落实却需要其他部门的配合。并且在中国机构精简的行政改革背景下，各部门无论出于对自身经济资源与行政权力进一步扩张的内在需求还是为证明自身存在的价值，避免行政权力的丧失，以及免受精简都会积极地参与城市矿产产业政策的制定，其结果是政出多门，为调节不同部门之间的利益之争与冲突，需要花费大量的组织成本和协调成本，最终导致政策效率下降。

（3）从政策工具维度看，中国城市矿产政策体系以环境型政策工具为主，但具有向供给型政策工具演进的趋势。环境型政策工具由孕育期的76%经形成期的61.5%下降到发展期的57.5%，供给型政策工具由孕育期的16%经形成期的27.7%上升到发展期的31.9%，需求型政策工具比例基本保持不变。这也在一定程度上反映环境型和供给型政策工具使用过溢，需求型政策工具不足。其原因一是在中国城市矿产产业发展初期，国家希冀通过改善产业发展的外部环境，以及直接提供产业发展所需的生产要素，来克服产业基础薄弱的障碍，刺激产业实现跨越式发展。这类政策措施一定程度上的成功，又进一步刺激中国政府加强同类政策的实施力度，从而形成路径依赖。二是中国并未完全完成市场经济的转型，中国政府对市场仍保留巨大的干预能力。和需求型政策相比，环境型政策中的管制类政策与供给型政策见效时滞短，在现有官员绩效考核的行政机制下，使得环境型政策与供给型政策更受中国官员的喜爱。三是相关政府部门并未充分认识到产业发展阶段的转变。一般而言，产业萌芽期由于技术不成熟、产业规模小，产业内企业通常处于亏损状态。为维持企业生存，这一时期政策应以供给型政策及环境型政策工具中的优惠措施为主；在成长期，产业技术较为成熟，企业产品较为完善而消费者对产品认知度不够，这一时期应加大需求型政策工具以培育市场；当产业步入成熟期，行业内企业竞争加剧，政策应通过完善法律保障制度、制定行业标准，以规范行业的发展，这一时期应以环境型政策中的法规管制政策为主（孙蕊，吴金希，2015）。30年来，中国城市矿产产业已由萌芽期进入到成长期，但相关部门并未充分地认识到产业发展阶段的转化，政策工具未能进行适时的调整。

（4）从政策作用环节维度来看，中国城市矿产政策体系具有由重点关注回收环节向全产业链延伸的趋势。政策作用主要环节由孕育期的回收环节（35%）、再生产环节（20%）向形成期的回收环节（23.3%）、再制造环节（20.3%）与再生产环节（19.5%）再到发展期的回收环节（25.2%）、拆解环节（21.6%）、再制造环节（21.9%）、再生产环节（21.2%）演变。政策关注重点不断沿着产业链延伸且已遍布全产业链，特别是对再制造、精加工环节的政策比重不断加强，这反映中国政府充分认识到提升产业精深加工是未来的重要发展方向。但总体而言，对于原生品消费、再生产品消费环节关注力度不足（各阶段原生品消费占比为 10%、3%、2.4%，各阶段再生产品消费占比 4%、5.3%、4.6%）。从政策作用环节角度分析，城市矿产产业包括产品生产制造、产品消费（废物产生）、城市矿产回收、城市矿产拆解、再制造、深加工、再生产品消费等多个环节。发达国家的经验表明，产业政策需全面作用于产业链的每个主体：如在产品制造环节，有针对原生资源利用者的原生资源税政策，征税的目的在于减少原生资源的使用，促进城市矿产的回收再利用；在产品消费环节，有针对废物产生的用户收费、押金返还、产品收费等政策，这些政策有效地约束了消费者行为，一方面限制废物的产生，另一方面也一定程度上刺激了废弃物的高效回收。在再生产品消费环节，有要求产品再生含量比例（产品中再生资源含量）、对再生产品的公共采购政策（鼓励政策对再生品的采购），以及与再生产品有关的生态标签政策（鼓励消费者使用再生产品），这些政策通过直接或间接提高对再生产品的需求而带动了产业发展。而中国城市矿产政策体系针对前端废物产生、末端再生产品消费，以及原生资源利用者等其他主体的政策较少，从整体上看政策体系显得比较单一。正是由于缺乏基于产品全生命周期的系统政策设计，导致各产业环节政策之间尚未形成政策合力，一定程度上削减了政策的实施效果。

## 6.3　产业层面中国城市矿产政策效应实证分析[①]

本节内容以中国城市矿产产业的发展水平为目标，运用状态空间模型对中国城市矿产政策在产业层面的整体效应进行实证验证，以客观地描述出中国城市矿产政策所发挥的实际效应。

### 6.3.1　研究方法、模型构建与数据

#### 6.3.1.1　研究方法

在一般的回归模型中，通常假设在样本区间内，各变量之间具有比较稳定的数量关

---

① 本节内容发表于"姚海琳，张翠红. 政策工具视角下中国城市矿产政策效果评估［J］. 城市问题，2018（11）."一文中。

系，因此根据回归方程得出的参数是固定的。用来反映在样本区间各变量之间的平均影响关系，可以采用常用的计量经济模型进行估计，如最小二乘法（OLS）、工具变量法等。但严格来说，由于产业政策、劳动力投入、技术进步、固定资产投资等因素都处于动态变化中，这些因素对城市矿产产业的影响必然会发生变化，如果用固定参数的回归模型就很难体现出这种动态影响，所以有必要选择可变参数模型来进行分析。

状态空间模型在计量经济学的研究当中被定义为动态模型，通常应用于多变量时间序列。在计量经济学众多文献里，状态空间模型被应用于估计不能观测的测量误差、理性预期、长期收入等时间变量（袁见，2013）。本书采用状态空间模型的方法，构建出一个动态的时变参数模型，用其来分析产业政策、劳动力投入、技术进步、固定资产投资等因素对城市矿产产业发展的动态影响。之所以使用状态空间模型进行分析，主要基于以下两个方面的考虑：其一，状态空间模型可以分析状态随时间变化的规律；其二，状态空间模型在分析经济现象随时间变化的规律中，除了包含可观测的变量外，还加入了不可观测变量的模型。根据产业经济学相关理论可知，影响我国城市矿产产业发展的因素较多，除投资、劳动投入和技术进步等基本的要素投入外，还会受到其他许多不可观测变量的影响，例如相关政策、消费习惯、产业发展趋势及产业发展规律等，而普通的线性回归模型无法考虑这些不可观测的影响因素对产业发展的影响，使估计结果有偏差，而采用状态空间模型能够避免线性模型在此方面的欠缺。

### 6.3.1.2 产业发展影响因素的选取

依据新兴产业成长动力机制原理（桂黄宝，2012），新兴产业发展会受到多种因素影响，最主要的包括投资、技术进步、市场需求与政府政策等。根据中国城市矿产产业目前的发展特点，其市场需求方面的动力尚未成熟，将无法成为目前城市矿产产业发展的主要驱动因素。而现阶段依据我国劳动力成本较低的比较优势，相对廉价的劳动力供给为我国城市矿产产业的初期发展提供了充足的人力基础。因此，本研究选取固定资产投资、技术进步、劳动力与政府政策四个要素作为影响中国城市矿产产业发展的主要动力，符合国内的产业发展现状。在投资、技术、劳动力等促进因素相互作用的同时，城市矿产产业政策能够促进各因素的有效发挥，促进中国城市矿产产业竞争力的提升。具体作用路径如图6-12所示。

### 6.3.1.3 模型构建

根据影响因素选取分析，本书以产业政策、劳动力投入、技术进步、固定资产投资

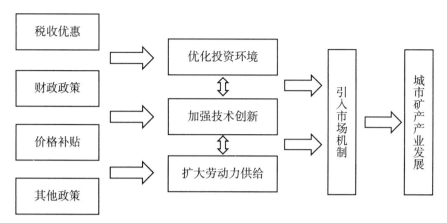

**图 6 – 12　中国城市矿产产业政策作用路径**

作为要素构建线性函数。为更准确地测量政策效果，借鉴罗敏、朱雪忠（2014）的研究，本书根据政府干预程度的强弱将政策工具分为规制型、经济激励型和社会型三大类测量政策效果。据此设计的模型为：

$$Y_t = \alpha_1 X_{1t} + \alpha_2 X_{2t} + \alpha_3 X_{3t} + \beta L_t + \gamma T_t + \delta I_t + \mu_t \qquad (6-1)$$

其中 $Y$ 为城市矿产产业发展水平，$X_1$、$X_2$、$X_3$ 分别为规制型、经济激励型、社会型政策工具，$T$ 为技术进步，$I$ 为固定资产投，下标 $t$ 代表时期。

为了反映出这些因素对城市矿产产业发展的动态影响，本书进一步对公式（6 – 1）进行修正，通过状态空间方法构建一个时变参数模型，即：

$$Y_t = c + \alpha_{1t} X_{1t} + \alpha_{2t} X_{2t} + \alpha_{3t} X_{3t} + \beta_t L_t + \gamma_t T_t + \delta_t I_t + \mu_t \qquad (6-2)$$

$$\alpha_{1t} = \varphi_1 \alpha_{1(t-1)} + \eta_{1t}$$

$$\alpha_{2t} = \varphi_2 \alpha_{2(t-1)} + \eta_{2t}$$

$$\alpha_{3t} = \varphi_3 \alpha_{3(t-1)} + \eta_{3t}$$

$$\beta_t = \varphi_4 \beta_{t-1} + \eta_{4t}$$

$$\gamma_t = \varphi_5 \gamma_{t-1} + \eta_{5t}$$

$$\delta_t = \varphi_6 \delta_{t-1} + \eta_{6t} \qquad (6-3)$$

公式（6 – 2）为"量测方程"，表示产业政策、劳动力投入、技术进步、固定资产投资等因素与城市矿产产业发展水平之间的关系。参数 $\alpha_t$、$\beta_t$、$\gamma_t$、$\delta_t$ 称为状态变量，反映了各个时点上城市矿产产业发展水平对产业政策、劳动力投入、技术进步、固定资产投资等因素的弹性值；其中 $c$ 为常数。方程组（6 – 3）为状态方程，它描述了状态变量的生成过程。$\alpha_t$、$\beta_t$、$\gamma_t$、$\delta_t$ 都是不可观测变量，但是可以用一阶马尔可夫（Markov）过程来表示，本书采取递归形式对状态方程进行定义，$\varphi$、$\eta$ 为递归系数。$\mu_t$ 是扰动项，它服从均值为 0，方差为常数的正态分布。利用卡尔曼（Kalman）滤波算法可以得到时变参数 $\alpha_t$、$\beta_t$、$\gamma_t$、$\delta_t$ 的估计值。

### 6.3.1.4　变量说明及数据来源

**1. 变量说明**

（1）被解释变量。一般而言，产业政策实施效果可以通过产业发展水平来体现，而营业收入通常可以作为产业发展情况的测量指标，如黄子清（2016）等以环保产业营业收入作为被解释变量考察政策工具对环保产业发展的影响；刘婷（2011）用城市会展产业的营业收入来衡量城市会展产业发展水平，研究中国城市会展产业发展影响因素。本书借鉴上述研究的做法，选取城市矿产产业营业收入作为模型的被解释变量。

（2）解释变量。本研究从政策力度、政策措施、政策目标三个维度建立政策测量的量化评估模型。其中，政策力度用于描述政策的法律效力和行政影响力，由政策发布部门的级别决定，政策发布部门的法律地位和行政级别越高，政策力度越大；本书对政策力度的评估根据政策类型和政策颁布机构的级别，参照国务院《规章制定程序条例》及彭纪生等（2008）、张国兴等（2014）、纪成飞等（2015）的政策力度评估方法，分别赋予 1~5 的分值（如表 6-9 所示）。政策措施是指政府制定和实施政策时为实现既定目的而运用的方法和手段，通过对城市矿产产业相关政策文件进行梳理，发现促进城市矿产产业发展的政策措施多种多样，考虑不同政策措施的着眼点和作用机理不同，本书借鉴罗敏、朱雪忠（2014）的研究，根据政府干预程度强弱将政策工具分为规制型政策工具、经济激励型政策工具和社会型政策工具。在量化过程中，将根据措施的详细程度和执行力度等为各政策措施赋予 1~5 分的数值（如表 6-11 所示）。政策目标用于描述政策文本中所要实现目标的可度量程度，目标越量化，得分越高，根据政策文本中目标描述的清晰程度和可度量程度赋值 1~5（如表 6-10 所示）。

表 6-10　　　　　　　　　政策力度、政策目标的量化标准

| 维度 | 赋值 | 评分标准 |
|---|---|---|
| 政策力度（P） | 5 | 全国人大及其常务委员会颁布的法律 |
| | 4 | 国务院颁布的条例、指令、规定、各部委的命令 |
| | 3 | 国务院颁布的暂行条例和规定、方案、决定、意见、办法、标准；各部委颁布的条例、规定、决定 |
| | 2 | 各部委颁布的意见、办法、方案、指南、暂行规定、细则、条件、标准 |
| | 1 | 通知、公告、规划 |

| 维度 | 赋值 | 评分标准 |
|---|---|---|
| 政策目标（G） | 5 | 政策目标清晰且可量化，明确指出了在防治环境污染、促进资源化利用等方面所要达成的目标和效果 |
| | 3 | 政策目标清晰，但没有量化标准 |
| | 1 | 仅仅宏观的表述了一下政策的远景和期望 |

表6–11　　　　　　　　　不同类型政策工具的政策措施评分标准

| 政策工具类型 | 赋值 | 评分标准 |
|---|---|---|
| 规制型 | 5 | 制定了强制执行的准入条件、门槛、标准；制定了城市矿产回收利用相关考核、考察、监督检查办法；建立生产者责任延伸制，对行政审批项目严格实行环境目标责任评价考核；并出台了具体的实施方案 |
| | 3 | 明确要求制定准入条件、门槛、标准；明确要求实施城市矿产产业考核、监督检查；明确提出对行政审批项目严格实行环境目标责任评价考核；但均未出台具体的实施方案 |
| | 1 | 政府对城市矿产产业管制很松；只提及规制型政策工具5分和3分评价标准中的条款 |
| 经济激励型 | 5 | 在财政预算、补贴、补助、贴息、奖励上给予大力的支持，并提出了财政补助、补贴、投入、奖励的额度或支持办法；从安排金融贷款支持、金融资金支持、风险控制、金融服务等方面给予大力支持；专门设置城市矿产产业发展基金 |
| | 3 | 明确提出在财政、税收、金融方面大力支持城市矿产的回收利用，但均未提出相关支持额度、制定相关办法 |
| | 1 | 仅提及或涉及经济激励型政策工具5分和3分评价标准中的条款 |
| 社会型 | 5 | 制定了宣传的具体实施办法或方案；制定了详细的产品、消费推荐目录和引导体系及措施 |
| | 3 | 明确提出要加强资源循环宣传教育；明确表示要制定产品消费推荐目录和引导体系及措施；但均未制定相关实施办法 |
| | 1 | 仅提及或涉及社会型政策工具5分和3分评价标准中的条款 |

根据政策测量标准及打分结果，得到各条政策在政策力度、政策措施、政策目标三个维度上的分值，运用公式（6-4）计算单一年度政策的整体效力。

$$PMG_i = \sum_{j=1}^{N} pm_j \times pg_j \times p_j \quad i = [2003, 2015] \tag{6-4}$$

考虑政策的颁布与执行有时具有一定的时间间隔，而且政策效力在政策执行中才能具体体现。因此上述公式中 $i$ 为政策开始执行年份；$N$ 为第 $i$ 年开始执行政策的数量；$j$ 为第 $i$ 年开始执行的第 $j$ 项政策；$pm_j$、$pg_j$ 和 $p_j$ 分别表示第 $j$ 条政策的政策措施得分、政策目标得分和政策力度得分；$PMG_i$ 表示第 $i$ 年政策的整体效力。

值得注意的是，政府颁布的某项政策在有效期内将会对城市矿产产业产生持续性的影响。因此，对政策整体效力分值进行逐年加总，但在累计过程中，如果一条新的政策取代该时期内旧的政策，则减去被取代政策的年度整体效力，最终得到累计政策执行效力指标。利用公式（6-5）计算出每年对城市矿产产业发挥作用的累计效力。在计算时，当某项政策被废除或替代时需对上述数据进行调整。其中 $TMPG_i$ 表示在 $i$ 年发挥作用的政策效力的累计加总，$MPG_j$ 表示 $j$ 年执行政策文件整体效力的年度数据。

$$TPMG_i = \sum_{j=2003}^{i} PMG_j \quad i, j = [2003, 2015] \tag{6-5}$$

（3）控制变量的选取。根据前文对影响因素的选取分析，本书以劳动力投入、技术进步、固定资产投资为控制变量。其中，劳动力投入，选用废弃资源综合利用业每年就业人数来表示；固定资产投资，选用废弃资源综合利用业每年固定资产合计来表示；技术进步，全要素生产率是技术水平的代表变量，是扣除了资本存量和劳动力的贡献以外，技术水平对产出贡献的部分，最为常用的估算方法为索洛残差法，具体的计算公式为：

$$\ln Y_t = \ln A_t + \partial \ln K_t + \beta \ln L_t + \mu_t \tag{6-6}$$

式中 $Y$、$K$、$L$ 分别为实际产出、实际资本存量和劳动变量；$\alpha$、$\beta$ 分别为产出的资本弹性和劳动弹性；$\mu$ 为随机扰动项。对 $\alpha$、$\beta$ 进行估计后，代入式中即可得全要素生产率 $A_t$：

$$A_t = Y_t / (K^{\alpha} \cdot L^{\beta}) \tag{6-7}$$

**2. 数据来源**

由于我国尚缺乏对城市矿产产业发展情况的具体统计，本书选取了产业范围最接近的替代指标。根据前文对城市矿产相关概念的解析可知，城市矿产与再生资源的概念最为接近。根据我国对再生资源产业概念的界定，再生资源产业属于制造业分类之下，在中国《国民经济分类标准》（GB/T4754—2002）中与"废弃资源和废旧材料回收加工业（C43）"相对应，2013 年《中国统计年鉴》将其调整为"废弃资源综合利用业"。因此，本书采用该行业的数据作为城市矿产产业的替代数据作为研究。由于城市矿产产业在我国属于新兴产业，因此限于数据的可得性及完整性，本书收集了 2003～2015 年废弃资源综合利用业的相关数据进行分析。各项指标数据主要来自历年《中国统计年鉴》《中国工业统计年鉴》，以及废弃资源回收利用相关专业网站的统计数据。基于以上分析，上述模型主要选取的变量详见表 6-12 所示，各变量每年具体数据详见表 6-13 所示。

表 6 – 12　　　　　　　　城市矿产产业政策实证效应相关指标说明

| 变量性质 | 变量 | 变量代码 | 均值 | 标准差 | 最小值 | 最大值 |
|---|---|---|---|---|---|---|
| 被解释变量 | 产业发展水平 | $Y$ | 1 769.62 | 1 418.61 | 50.89 | 3 770.88 |
| 解释变量 | 规制型 | $X_1$ | 950.69 | 814.46 | 93.00 | 2 531.00 |
|  | 经济激励型 | $X_2$ | 320.54 | 312.64 | 3.00 | 948.00 |
|  | 社会型 | $X_3$ | 333.23 | 233.45 | 24.00 | 707.00 |
| 控制变量 | 劳动力投入 | $L$ | 13.31 | 6.14 | 1.36 | 18.31 |
|  | 技术进步 | $T$ | 3.55 | 0.27 | 3.18 | 4.20 |
|  | 固定资产投资 | $I$ | 245.24 | 243.10 | 4.59 | 913.05 |

表 6 – 13　　　　　　　　城市矿产产业政策实证效应相关数据

| 年份 | 主营业务收入（亿元） | 规制型政策效力 | 经济激励型政策效力 | 社会型政策效力 | 就业人数（万人） | 全要素生产率 | 固定资产投资（亿元） |
|---|---|---|---|---|---|---|---|
| 2003 | 50.89 | 93 | 3 | 24 | 1.36 | 3.501501325 | 4.59 |
| 2004 | 197.95 | 118 | 15 | 36 | 1.83 | 3.675695271 | 17.85 |
| 2005 | 281.67 | 293 | 60 | 96 | 4.24 | 3.530307839 | 26.53 |
| 2006 | 429.33 | 293 | 60 | 96 | 5.51 | 3.337954874 | 60.88 |
| 2007 | 603.07 | 425 | 114 | 183 | 6.64 | 3.960884591 | 60.46 |
| 2008 | 1 158.33 | 485 | 148 | 305 | 14.2 | 3.259784645 | 156.93 |
| 2009 | 1 453.06 | 539 | 165 | 335 | 13.65 | 3.176308548 | 201.6 |
| 2010 | 2 381.77 | 1 045 | 351 | 416 | 13.92 | 4.19897121 | 220.34 |
| 2011 | 2 645.28 | 1 189 | 406 | 433 | 15.63 | 3.463427824 | 328.4 |
| 2012 | 2 920.55 | 1 378 | 471 | 475 | 16.08 | 3.539741562 | 342.62 |
| 2013 | 3 443.83 | 1 742 | 630 | 591 | 17.72 | 3.499409842 | 385.02 |
| 2014 | 3 668.55 | 2 228 | 796 | 635 | 17.88 | 3.423505962 | 469.81 |
| 2015 | 3 770.88 | 2 531 | 948 | 707 | 18.31 | 3.525245396 | 913.05 |

## 6.3.2　数据检验

### 6.3.2.1　单位根检验

状态空间方法构造的时变参数模型要求方程中的变量是平稳的，因此首先对变量序列的平稳性进行检验。所谓时间序列的平稳性，是指时间序列的统计规律不会随着时间的变化而变化。时间变量的平稳性是计量经济分析的基本要求之一，只有模型中的变量满足平稳性要求时，才能避免时间序列变量可能存在的非平稳性造成伪回归。本书采用扩展迪克 – 富勒（Augment Dickey – Fuller Test，ADF）检验方法对各变量进行检验分析。检验结果如表6 – 14所示。

表6 – 14　　　　　　　　　　　　变量平稳性检验

| 变量 | 检验类型（c t k） | ADF 统计值 | P 值 | 检验结果 |
|---|---|---|---|---|
| $Y$ | (c, t, 0) | -2.201 | 0.448 | 不平稳 |
| $X_1$ | (c, t, 2) | -0.689 | 0.947 | 不平稳 |
| $X_2$ | (c, t, 2) | 0.555 | 0.997 | 不平稳 |
| $X_3$ | (c, t, 2) | -3.532 | 0.092 | 不平稳 |
| $L$ | (c, t, 0) | -1.653 | 0.709 | 不平稳 |
| $T$ | (c, t, 0) | -4.959 | 0.003*** | 平稳 |
| $I$ | (c, t, 0) | -2.272 | 0.413 | 不平稳 |
| $D(Y)$ | (c, 0, 0) | -2.905 | 0.076* | 平稳 |
| $D(X_1)$ | (c, 0, 2) | -2.524 | 0.136 | 不平稳 |
| $D(X_2)$ | (c, 0, 2) | 0.079 | 0.943 | 不平稳 |
| $D(X_3)$ | (c, 0, 2) | -4.218 | 0.010*** | 平稳 |
| $D(L)$ | (c, 0, 0) | -3.932 | 0.015** | 平稳 |
| $D(T)$ | (c, 0, 0) | -6.137 | 0.000*** | 平稳 |
| $D(I)$ | (c, 0, 0) | -1.295 | 0.592 | 不平稳 |
| $D(Y, 2)$ | (0, 0, 2) | -5.888 | 0.000*** | 平稳 |
| $D(X_1, 2)$ | (0, 0, 2) | -3.912 | 0.002*** | 平稳 |
| $D(X_2, 2)$ | (0, 0, 2) | -4.151 | 0.001*** | 平稳 |
| $D(X_3, 2)$ | (0, 0, 2) | -4.051 | 0.001*** | 平稳 |
| $D(L, 2)$ | (0, 0, 2) | -4.456 | 0.001*** | 平稳 |
| $D(T, 2)$ | (0, 0, 2) | -6.745 | 0.000*** | 平稳 |
| $D(I, 2)$ | (0, 0, 2) | -2.816 | 0.005*** | 平稳 |

注：D 表示一阶差分，D（2）表示二阶差分；检验类型（c，t，k）分别表示单位根检验中是否包含有常数项（c）、时间趋势项（t）和滞后阶数（k），其中常数项和趋势项根据序列趋势图判断，滞后阶数根据 Schwarz 信息准则确定最优滞后步长；*，**，*** 分别表示在10%、5%和1%水平下拒绝原假设。

表6 – 14的检验结果表明，各序列的水平值接受原假设，而其二阶差分在1%的显著性水平下拒绝原假设。因此它们均是都是$I(2)$型平稳序列（即变量序列本身是不平

稳的，而其二阶差分序列是平稳的），因此不能用传统的计量分析方法检验它们之间的关系，应该采用处理非平稳变量的协整等方法进行分析。

### 6.3.2.2　协整检验

正如前文所述，当单位根检验证实所研究变量是非平稳时，状态空间模型对变量的估计会失效。因此，为了克服伪回归应当对变量序列进行协整检验。协整关系的基本思想是，如果两个（或两个以上的）时间序列变量是非平稳的，但它们的某种线性组合却表现出平稳性，则这些变量之间存在长期稳定关系，即协整关系。由上述平稳性检验结果可知，各时间序列都是二阶单整，即它们是同阶单整，因此可对其进行协整检验。协整检验主要包括 E – G 两步法和 Johansen 协整检验，前者是基于回归方程的残差平稳性进行，后者根据向量自回归模型确定协整向量个数。本书采用 E – G 两步法检验各变量之间的协整关系，运用 E – G 两步法对多变量的协整检验和两个变量的协整检验思想和过程基本一致，因此需要在变量满足同阶单整的前提下，检验变量之间是否存在稳定的线性组合，进行 OLS 估计并检验残差序列是否平稳。如果残差序列平稳则存在协整关系；反之，则不存在协整关系。以 $Y$ 为被解释变量，$X_1$、$X_2$、$X_3$ 为解释变量，$L$、$T$、$I$ 为控制变量，采用 OLS 回归估计方法得到估计结果显示，估计结果的拟合度较高，其中 $R^2$ 为 0.9824，估计参数 $t$ 检验的 $P$ 值均小于 0.05。进一步对残差进行 ADF 检验，结果如表 6 – 15 所示，在 1% 的显著性水平下拒绝原假设，即残差序列不存在单位根，为平稳序列，解释变量确实与被解释变量存在长期均衡关系，不存在伪回归现象。

表 6 – 15　　　　　　　　　　残差序列的单位根检验

| | | t 统计量 | P 值 |
|---|---|---|---|
| 迪克·富勒检验（Augmented Dickey-Fuller test statistic） | | – 3.383647 | 0.0038 |
| 临界值 | 1% 水平 | – 2.847250 | |
| | 5% 水平 | – 1.988198 | |
| | 10% 水平 | – 1.600140 | |

## 6.3.3　实证结果与分析

### 6.3.3.1　参数估计

利用 Eviews6.0 对公式（6 – 2）和公式（6 – 3）构成的状态空间模型进行估计，以

（Kalman）滤波算法可得到如下结果：

$$Y_t = -154.04 + \alpha_{1t}X_{1t} + \alpha_{2t}X_{2t} + \alpha_{3t}X_{3t} + \beta_t L_t + \gamma_t T_t + \delta_t I_t + \mu_t \qquad (6-8)$$

常数项和可变系数 $\alpha_{1t}$、$\alpha_{2t}$、$\alpha_{3t}$、$\beta_t$、$\gamma_t$、$\delta_t$ 在 1% 的显著性水平下均显著，总体估计结果如表 6 - 16 所示。

表 6 - 16　　　　　　　　各解释变量对城市矿产产业发展绩效的影响

| 常项 | 系数<br>（Coefficient） | 标准差<br>（Std. Error） | Z 统计量<br>（Z - Statistie） | P 值 |
|---|---|---|---|---|
| C | - 154.0398 | 0.023160 | - 6 651.214 | 0.0000 |
| 变量 | 总回归系数<br>（Fina. I State） | 残差平方和<br>（Root MSE） | Z 统计量<br>（Z - Statistic） | P 值 |
| $X_{1t}$ | - 0.227609 | 0.017621 | - 12.91709 | 0.0000 |
| $X_{2t}$ | 3.761335 | 0.54563 | 68.93519 | 0.0000 |
| $X_{3t}$ | 2.040427 | 0.026175 | 77.95340 | 0.0000 |
| $L_t$ | 55.19584 | 0.532996 | 103.5577 | 0.0000 |
| $T_t$ | 7.805212 | 0.503557 | 15.50014 | 0.0000 |
| $I_t$ | - 1.609163 | 0.005754 | - 279.6593 | 0.0000 |

由表 6 - 15 的回归分析结果可知，各常数项和可变系数在 1% 的显著性水平下均显著。下面我们具体分析各解释变量对城市矿产产业发展起到怎样的作用。

### 6.3.3.2　结果分析

**1. 不同政策工具的实施效果分析**

由表 6 - 15 总体回归结果可以看出：在三种类型的政策工具中，经济激励型和社会型政策工具有效地促进了我国城市矿产产业的发展，系数分别为 3.761（Prob. = 0.0000 < 0.01）和 2.040（Prob. = 0.0000 < 0.01），这说明两类政策工具对城市矿产产业的发展有显著的促进作用。经济激励型政策依托市场机制，通过贷款、税收、政府补贴、补助等方式，从影响成本收益的角度引导城市矿产企业、消费者等目标群体进行选择以达到政策目标，从而对产业发展产生了正面的影响。例如，2009 ~ 2011 年历时两年多的"以旧换新"政策采用补贴消费者、回收机构、处理企业的方式，促进消费者购买家电并交投废旧家电，这一举措不仅加快了电子产品的更新换代，更为处理企业提供了发展契机，废电处理企业数量及规模获得了长足发展。2012 年下半年我国在废旧电器电子产品回收处理领域正式实施基金补贴制度，国家对纳入废电拆解资质的企业给予补贴。部分补贴直接传导至上游消费者端，促进废电产品流向正规回收企业；另有部分补贴留在

拆解企业，弥补规范拆解中心建设成本和上游回收成本，提高拆解利用企业的盈利能力，使正规企业进入良性扩张。行业内长期实施的增值税先征后退政策直接增长了回收拆解企业的利润，促进了企业对城市矿产的回收利用。机动车报废补贴制度一定程度上增加了报废机动车供给，降低了相关企业采购成本。社会型政策通过宣传教育、信息公开等方式，向目标群体普及废物回收利用知识、提升全社会环保意识，激发废弃资源回收利用的内在动机，也对促进城市矿产产业发展取得了显著的效果。如 2006 年颁布的《关于加快再生资源回收体系建设的指导意见》等政策文件中，明确提出要大力宣传我国面临的资源和环境形势，宣传开展再生资源回收的重要意义，通过举办各种形式的宣传教育活动，提高全社会节约资源、保护环境的意识，使全社会都来理解、支持和自觉参与到再生资源回收体系建设中。但由于社会型政策主要通过知识和信息改变人的认知和态度，更多地依赖于行为人基于环境情感的自主意愿，而经济激励型政策涉及与行为人密切相关的经济利益，所以社会型政策的约束力和强制化程度都弱于经济激励型政策工具，因此社会型政策对城市矿产产业发展的影响力度要弱于经济激励型政策工具。

规制型政策工具的系数为 $-0.228$（Prob. $=0.0000<0.01$），说明规制型政策工具对城市矿产产业具有显著的负向影响。这与中国政府目前已发布政策的结构分布情况出现较大偏差。政府已发布的与城市矿产产业相关的政策构成中，以规制型政策的数量最多，政策文本的整体效力也最强，但实际产生的产业发展促进效果却不如预期。本研究认为其原因可能主要有以下几点：①从居民层面分析，规制型政策由政府主导，强调国家权力干预，主要以命令与控制的方式对产业相关主体的行为进行限定与监督，对废弃资源的回收利用主要提供的是环境支撑力，难以对居民具体行为产生直接干预；②从企业层面分析，规制型政策工具缺乏灵活性，政策标准的制定往往是"一刀切"，没有考虑企业间的废弃资源回收处理技术差异，同时也阻碍了市场资源配置功能的发挥，容易导致政策失灵，从而对产业绩效产生负面影响；③从政府层面分析，规制型政策工具效果的实现以了解被监管企业信息为前提，以政府部门严格的执行和监管为前提，但现实中由于过于广泛的信息收集极易导致政策执行与监督的成本较高，而且易因信息收集不全所致的信息不对称导致政策执行不力；此外，由于存在寻租的可能性，寻租会导致腐败和滋生官僚主义，致使政策效果和与预期目标相差甚远，出现"政府失灵"现象。因此，由上述分析可知，规制型政策工具对城市矿产产业发展产生显著的负影响具有其合理性。

**2. 控制变量对城市矿产产业发展的影响**

从表 6 - 15 的回归结果来看，劳动力投入对城市矿产产业发展的总体影响显著为正

（Coef. =55. 196，Prob. =0. 0000），并且相比于技术和资本，劳动力投入对我国城市矿产产业的影响力度较大，这表明现阶段我国城市矿产产业仍是一个劳动密集型产业。技术进步对城市矿产产业的影响为正（Coef. =7. 805，Prob. =0. 0000），技术创新是支持产业不断发展的动力源泉。固定资产投入对城市矿产产业发展的总体影响为负（Coef. = -1. 609，Prob. =0. 0000），其原因可能为：一是废弃资源回收价格持续下跌，"拾荒"大军和个体户的积极性逐渐下降，回收市场呈现"利大抢收、利小不收"的局面，城市矿产回收难度越来越大。致使具有先进环保资质和优良技术的废旧电子产品回收企业由于废弃物"供给太少"经常处于停产状态，这就导致资产闲置，不能起到促进产业发展的作用。二是由于近年来国家加大对资源回收利用业的扶持力度，很多企业在信息不对称、没有探明自身市场资源的情况下盲目进入这一行业。据商务部发布的《中国再生资源回收行业发展报告（2016）》，截至2015 年年底，我国废弃电器电子产品处理企业数量达到109 家，企业年处理能力超过 1. 5 亿台。而根据中国家电研究院发布的《2015 年中国废弃电器电子产品回收处理及综合利用行业白皮书》，2015 年不同企业产能利用水平分化较大，有的企业产能利用率不足20% 。产能过剩、资本利用效率低，直接导致固定资产投入不能有效推动我国城市矿产产业的发展。

# 6.4　企业层面中国城市矿产政策效应实证分析

## 6.4.1　基于面板数据模型的政策效应研究

本章采用9 家上市的中国城市矿产企业2006 ~2015 年的相关数据，利用面板数据模型，对中国城市矿产产业政策在企业层面产生的效应进行实证验证，通过实证研究所得到的结果客观地描述出中国城市矿产产业政策所发挥的实际效应。

### 6.4.1.1　研究方法、模型与数据

**1. 研究方法**

在实践应用与经济学学界研究过程中，经常要比较并且分析时间序列双重性和伴有横截面的数据，也就是在所分析的数据内既有横截面也有时间序列的双重信息，学界将这种数据命名为面板数据。在分析与研究面板数据时所应用的模型便被称之为面板数据

模型。本研究采用面板数据模型，主要基于以下原因：第一，本研究所采用的数据同时包含时间序列和截面数据，符合面板数据模型的数据结构特征；第二，面板数据模型扩大了信息量，增加了估计和检验统计量的自由度，降低了变量之间的共线性；第三，面板数据模型有助于增强动态分析的可靠性；第四，面板数据模型便于控制个体的异质性，可以很好地反映个体在时间和空间上所表现出的异质性。面板数据模型一般分为随机效应模型、固定效应模型与混合效应模型三种模型。在实践运用过程中，依据数据使用的具体情况和数据的不同特点来选择这三种模型中较为适合的一种。因为固定效应模型能够分离出相对于时期固定或者观察对象的常数来反映时间趋势与截面差异，并且依据前人的相关研究成果，以及本研究数据使用的具体情况和数据的不同特点，本书采用了固定效应面板数据模型。

**2. 模型构建**

根据前文对产业政策作用路径的描述与经济增长理论可知，劳动力、技术进步和资本投入是影响产业增长的重要因素，同时产业政策也会对产业的发展起到重要的影响作用，因此将城市矿产产业发展的计量模型设定为：

$$Y_{it} = c + \beta_{1t}I + \beta_{2t}T + \beta_{3t}L + \beta_{4t}X + \varepsilon_{it} \qquad (6-9)$$

其中，$t$ 为年份，$i$ 为各城市矿产企业，解释变量待估系数，$c$ 是待估截距，为随机误差项。$Y$ 表示样本企业的发展情况，用各年城市矿产企业的营业收入来表示，为了消除物价影响使其尽可能接近真实值，需要使用 CPI 指数对营业收入进行平减处理；$I$ 为资本投入，用样本企业的固定资产存量来表示，为保持数据真实性，需要用固定资产指数对其进行平减处理；$T$ 表示技术进步，用样本企业的历年研发投入来表示；$L$ 为劳动力投入，用样本企业各年的就业人数来表示；$X$ 为产业政策，它是一个虚拟变量，在实施产业政策之前为 0，实施产业政策后为 1。

**3. 变量说明、数据来源及模型的进一步修正**

根据前文中对"城市矿产产业"的定义，我们对城市矿产企业进行了界定：以城市社会生产中的固废处理、资源回收、循环利用等为主营业务的企业归为城市矿产企业。依据以上概念界定，我们在沪深两市上市的属于循环经济板块、固废处理板块、节能环保板块共 206 家上市公司中进行了筛选，筛选原则如下：

（1）选取企业应符合我们对城市矿产企业的定义；

（2）剔除 ST、＊ST 公司以防止异常数据的影响；

（3）剔除数据不全的公司。

根据以上原则，我们保留了 10 家上市公司：瀚蓝环境（HL）、天奇股份（TQ）、贵研铂业（GY）、深圳能源（SZ）、启迪桑德（QD）、首创股份（SC）、楚江新材

（CJ）、格林美（GLM）、东江环保（DJ）、怡球资源（YQ）。由于之后变量散点图配回归线结果中深圳能源回归线异常，因此剔除了深圳能源，最终选择了9家上市公司作为研究对象。

由于城市矿产产业为新兴产业，同时为了保证样本数据的质量，本研究样本量较少。但根据伍德里奇的《计量经济学导论第四版》中："在经典固定效应假定下精确分布结果对于任何 N 和 T 都适用。"因此对样本的压缩在实质上不会改变实证的结果（赵玉成，2006），纪建悦等人利用7家餐饮行业上市公司面板数据对利益相关者满足与企业价值的相关性进行了研究（纪建悦，2009）。董祺使用67家样本企业数据利用面板数据固定效应模型研究了中国企业信息化发展问题（董祺，2013）。

企业数据来源于巨潮资讯网所提供的这9家上市公司2006～2015年年度报告中的财务数据、调研数据和中国统计年鉴中以2007年为基期计算得出的CPI指数和固定资产指数。

我们利用 Eviews6.0 软件对收集来的因变量—企业发展和自变量—资本、劳动以及技术的观测数据绘制了散点图并配上回归线，包括了线性形式，双对数形式和半对数形式，最终选取拟合最好回归效果更佳的半对数形式，并建立了如下半对数模型：

$$LnY_{it} + c + \beta_{1t}I + \beta_{2t}T + \beta_{3t}L + \beta_{4t}X + \varepsilon_{it} \tag{6-10}$$

LnY 表示企业发展，其含义为企业营业收入增速变化。

以上半对数模型表示随着 I、T、L、X 的增加，Y 加速增加，描述了自变量的单位绝对变化量导致因变量的相对变化量（变化率）。

### 6.4.1.2　数据检验

**1. 单位根检验**

为了防止伪回归得出虚假的回归结果使得实证分析失去意义，我们对各个变量的观测值进行了单位根检验以确定其序列平稳性，若不稳定再进行协整检验来判断序列是否存在长期协整关系。Eviews6.0 提供了单位根检验的四种方法：LLC 检验、Fisher - ADF 检验、Fisher - PP 检验、IPSW 检验，其原假设均为存在单位根过程。我们使用这四种方法对各个变量作了水平值、一阶差分的单位根检验，发现四个变量均在一阶差分时各检验 $p$ 值小于0.05拒绝原假设达到平稳（L 和 T 的 IPSW 检验除外），T 和 L 的 IPSW 检验统计量不显著但两个变量的其余三个检验均通过了一阶差分后的单位根检验，因此我们认为 T 和 L 在一阶差分时达到平稳。检验结果如表6-17所示。因此各变量均为一阶单整，记为 $I(1)$，从而符合协整检验条件可以进行协整检验。

表6-17 各变量单位根检验结果

| | 变量 | LLC | Fisher - ADF | Fisher - PP | IPSW |
|---|---|---|---|---|---|
| 水平值 | LnY | 0.18（0.57） | 6.00（0.97） | 9.27（0.81） | 1.90（0.97） |
| | I | 1.08（0.86） | 8.88（0.84） | 7.96（0.89） | 1.82（0.97） |
| | T | -1.01（0.17） | 5.44（0.98） | 9.25（0.81） | 1.34（0.91） |
| | L | -2.46（0.01） | 20.16（0.13） | 14.73（0.40） | 1.39（0.92） |
| 一阶差分 | LnY | -8.85（0） | 40.43（0） | 39.59（0） | -3.65（0） |
| | I | -5.67（0） | 29.68（0.01） | 38.46（0） | -2.11（0.02） |
| | T | -6.48（0） | 27.70（0.02） | 54.72（0） | -0.93（0.18） |
| | L | -2.82（0） | 27.72（0.02） | 39.96（0） | -0.20（0.42） |

**2. 协整检验**

在计量经济学中，如果数据是非平稳的，但是各变量同阶单整，那么我们就可以使用协整检验来考察各变量之间是否存在长期的协整关系，如果存在则可以使用经典回归模型方法建立回归模型。本书使用建立在 EG 两步法基础上的 Pedroni 检验和 Kao 检验来进行协整检验，它们的原假设均为不存在协整关系，结果如表6-18所示。在佩德罗尼（Pedroni，1999）给出的 7 个统计量中 PanelPP - Statistic、PanelADF - Statistic、GroupPP - Statistic、GroupADF - Statistic 这四个统计量的 P 值小于 0.05 拒绝原假设支持协整关系的存在，Kao 检验的 ADF 统计量的 P 值同样小于 0.05 也支持变量间协整，因此我们认为各变量之间存在协整关系。

表6-18 协整检验结果

| | 统计量 | 统计量的值 | P 值 |
|---|---|---|---|
| Pedroni 检验 | Panel v - Statistic | -0.04 | 0.51 |
| | Panel rho - Statistic | 1.49 | 0.93 |
| | Panel PP - Statistic | -3.80 | 0.00 |
| | Panel ADF - Statistic | -1.87 | 0.03 |
| | Group rho - Statistic | 2.77 | 0.99 |
| | Group PP - Statistic | -4.62 | 0.00 |
| | Group ADF - Statistic | -1.95 | 0.03 |
| Kao 检验 | ADF | -2.20 | 0.01 |

**3. 模型类型的确定**

根据本研究的数据特征，并借鉴前人的相关研究，本书使用固定效应模型进行回归。确定模型的效应类型后，需要再根据系数和截距的具体情况选择模型类型，首先利用 Eviews6.0 软件分别做变系数，变截距和混合模型的回归，依次记录其残差平方和，再将其代入公式（6-11）和公式（6-12）得到 F 统计量的值。若计算得到的统计量的值小于给定显著性水平下的相应临界值，则接受假设，用混合模型拟合样本；反之，则需用检验假设，如果计算得到的值小于给定显著性水平下的相应临界值，则认为接受假设，用变截距模型拟合，否则用变系数模型拟合。公式和假设如下：

$$F_1 = \frac{(S_2 - S_1)/[(N-1)K]}{S_1/[NT - N(K+1)]} \sim F[(N-1)K, \ N(T-K-1)] \qquad (6-11)$$

$$F_2 = \frac{(S_3 - S_1)/[(N-1)(K+1)]}{S_1/[NT - N(K+1)]} \sim F[(N-1)(K+1), \ N(T-K-1)] \qquad (6-12)$$

$$H_1: \beta_1 = \beta_2 = \cdots = \beta_N$$

$$H_2: \alpha_1 = \alpha_2 = \cdots \alpha_N, \ \beta_1 = \beta_2 = \cdots = \beta_N$$

其中，$K$ 为解释变量的个数，$N$ 为截面个体数量，$\alpha$ 为常数项，$\beta$ 为系数向量。经过我们的计算 $F_1$ 为 2.26，$F_2$ 为 23.27，通过与临界值的对比得出大于其临界值 1.63，小于其临界值 2.79，根据上述检验原则我们接受假设 $H_1$ 选择变截距模型拟合回归。

### 6.4.1.3　实证结果与分析

**1. 实证结果**

根据上述检验结果，本研究中各变量一阶单整，变量间存在长期协整关系符合经典建模回归条件；我们使用 Eviews6.0 建立固定效应变截距模型并进行回归操作，回归结果如表 6-19 所示。

表 6-19　　　　　　　　　　　　固定效应模型回归结果

| 变量 | 系数 | T统计量 | P值 |
|------|------|---------|-----|
| c | 11.08 | 99.03 | 0 |
| $I$ | 3.36 | 2.85 | 0.006 |
| $T$ | 7.38 | 5.11 | 0 |
| $L$ | 1.23 | 0.61 | 0.543 |
| $X$ | 0.58 | 6.58 | 0 |

| 变量 | 系数 | T 统计量 | P 值 |
|---|---|---|---|
| R-squared | 0.93 | | |
| AdjustedR-squared | 0.91 | | |
| F-statistic | 66.35 | | |
| Prob（F-statistic） | 0 | D－W 值 | 1.41 |

回归结果的 D－W 统计量的值小于其临界值 1.44，说明模型中存在自相关的问题，这可能是由于城市矿产产业政策在影响企业发展的过程中存在滞后性，以及一些难以量化的影响因素未被纳入模型之中，为了消除自相关问题我们在模型中引入了 AR 项，修正后的模型如下：

$$LnY_{it} = c + \beta_{1t}I + \beta_{2t}T + \beta_{3t}L + \beta_{4t}X + \varepsilon_{it}$$

$$\varepsilon_{it} = \rho_i \varepsilon_{it-1} + \mu_{it}$$

修正模型的估计结果如表 6－20 所示。

表 6－20　　　　　　　　　　修正模型回归结果

| 变量 | 系数 | T 统计量 | P 值 |
|---|---|---|---|
| $c$ | 11.29 | 60.49 | 0 |
| $I$ | 3.82 | 2.98 | 0.005 |
| $T$ | 7.53 | 4.91 | 0 |
| $L$ | －3.09 | －0.16 | 0.872 |
| $X$ | 0.36 | 3.34 | 0.002 |
| AR（1） | 0.36 | 2.71 | 0.009 |
| | | | |
| R-squared | 0.95 | | |
| AdjustedR-squared | 0.93 | | |
| F-statistic | 72.35 | | |
| Prob（F-statistic） | 0 | D－W 值 | 2.36 |

由修正模型的回归结果可以看出，拟合优度为 0.95，调整后的拟合优度为 0.93，这说明回归模型的拟合效果较好，方程可以解释的部分较多。F 统计量为 72.35，P 值为 0，说明模型方程显著，自变量对因变量有着很强的解释力。修正后的 D－W 值为 2.36，表明模型中已经不存在自相关。

由计量结果可以看出除了劳动力因素（L）外，所有自变量的 T 统计量均是显著的。资本投入、技术进步和产业政策的 p 值分别为 0.005、0 和 0.001 都在 1% 的水平下显著，说明这些自变量对因变量的解释力达到了 99% 之高；而劳动因素的 p 值为 0.872 未通过显著性检验，说明该自变量并未显著影响因变量。

由表 6-20 系数一栏可以得出除劳动力因素（L）外，所有自变量的系数都为正。其中资本投入、技术进步和产业政策三个变量的系数分别为 3.82、7.53 和 0.36，表明三个自变量对因变量的影响是正向的并且随着它们的绝对量每增加（减少）1 单位，因变量的增速相应增加（减少）3.82、7.53 和 0.36 个单位。

**2. 结果分析**

产业政策作为虚拟变量引入模型，其系数为 0.36 且显著不为 0，说明城市矿产产业政策对相关上市公司发展的影响是显著正向的。2010 年，随着国务院下发《关于加快培育和发展战略性新兴产业决定》，城市矿产产业进入战略性新兴产业发展之列，产业进入一个全新的发展高峰时期。同年，发改委发布《关于开展城市矿产示范基地建设的通知》，提出建立一批"城市矿产"示范基地；开发、示范、推广一批先进适用技术和国际领先技术，提升"城市矿产"资源开发利用技术水平，探索形成适合我国国情的"城市矿产"资源化利用的管理模式和政策机制，实现"城市矿产"资源化利用的标志性指标。此后，我国对于城市矿产产业发展的政策引导开始从框架式的指导扩大到体系建设及技术支持层面，针对各个子领域如废旧钢铁、废旧轮胎、废旧塑料、废弃电器电子产品、建筑废弃物、餐厨废弃物、农林废弃物的回收利用政策不断颁布，城市矿产产业政策体系不断完善，效力不断深化。在这样的政策环境下，城市矿产企业中的上市公司作为行业龙头，率先享受政策红利，迎来黄金发展机遇，在资金、技术、渠道等各个方面获得了政府的有力支持，促进其加快发展。

从其他几个控制变量对产业发展的影响来看：资本投入对企业发展有显著正向作用，固定资本投入每增加 1 单位，企业收入增速增加 3.82 单位，由此可见固定资本投入对城市矿产上市公司发展的重要性。技术进步对企业发展也具有显著正向作用，研发投入每增加 1 单位，企业收入增速增加 7.53 单位，是所有变量里系数最大，对因变量影响最大的变量。与产业层面的验证结果不同，劳动力因素并未通过显著性检验，且其系数为负，说明产业政策并未通过劳动力这一因素对企业发展起到显著影响。可能的原因是，本研究的样本企业为行业龙头，多为产业价值链上处于深度循环利用环节的企业，处于资金密集和技术密集型发展阶段，一般劳动力要素增长对于企业发展的影响随之不再明显。

### 6.4.2　基于问卷调查的政策效果评价研究[①]

本部分通过对中国 31 个省（自治区、市）城市矿产企业进行问卷调查，从企业视角出发，并根据罗斯韦尔和泽格维尔德（Rothwell and Zegveld，1981）提出的政策工具分析框架，将城市矿产政策划分为供给型、需求型和环境型三大类，结合认知率（"比较了解"与"非常了解"所占比重之和）和认知度（认知评价得分的平均值）分析企业对于城市矿产产业代表性政策的认知水平，结合满意率（"比较满意"与"非常满意"所占比重之和）和满意度（满意评价得分的平均值）分类探讨城市矿产企业对政策的满意水平，在此基础上进一步分析城市矿产企业对城市矿产政策效果评价的影响因素，旨在为中国城市矿产政策优化调整提供依据。

#### 6.4.2.1　研究方法

本研究主要采取描述性统计、比较均值和 Ordinal Logistic 回归分析方法。通过描述性统计方法统计认知率和认知度，由此来确定企业对于代表性政策的认知水平；结合描述性统计方法和比较均值方法，从满意率和满意度两个方面来衡量企业对于城市矿产政策的满意水平，并比较不同企业特征对于供给、需求、环境三大类政策的满意水平差异。最后通过 Ordinal Logistic 回归分析方法研究城市矿产企业对于城市矿产政策评价的影响因素研究。

**1. 问卷设计**

本研究问卷的设计包括以下部分：①填写者所在企业情况，主要包括企业所有制类型、所在区域、企业规模（2014 年营业额和员工人数）、经营效益（近 3 年企业营业额平均增速）、所处产业链环节、主要业务、行业地位，变量设置和基本统计分析（如表 6 – 21 所示）；②企业对城市矿产业政策的认知情况。选取中国城市矿产产业 14 个具有代表性的政策，考察企业对于代表性政策的认知态度（如表 6 – 23 所示）；③企业对城市矿产政策的满意情况。借鉴用户满意度（Customer Satisfaction Index）评价方法，并结合政策工具的分类，将中国城市矿产政策分解为生产者责任制、产品生态设计、产品信息标识制度等 23 个要素，分析城市矿产企业对城市矿产政策的满意水平（如表 6 – 24 所示）。认知与满意评分均采用李克特五级量表（5 – point Likert Scale）进行

---

① 本节内容来自"孙桥，姚海琳，王昶. 中国城市矿产政策的实证研究——基于企业视角的分析 [D]. 2015."。

指标量化，分值由积极评价向消极评价递减，"非常了解（或非常满意）"得5分，"比较了解（或比较满意）"得4分，"一般"得3分，"比较不了解（或比较不满意）"得2分，"非常不了解（或非常不满意）"得1分。

表6-21　　　　　　　　　企业特征变量基本信息统计

| 名称 | 解释 | 分类 | 频数 | 比重 |
|---|---|---|---|---|
| 企业所有制类型 | 企业生产资料的归属 | 国有企业 | 85 | 12.98 |
| | | 集体企业 | 10 | 1.53 |
| | | 私营企业 | 440 | 67.18 |
| | | 外资企业 | 120 | 18.32 |
| 企业所在区域 | 企业注册地所在区域 | 东部地区 | 305 | 48.03 |
| | | 中部地区 | 290 | 45.67 |
| | | 西部地区 | 40 | 6.130 |
| 企业规模 | 2014年营业额 | 2 000万元以下 | 125 | 19.23 |
| | | 2 000万~40 000万元 | 260 | 40.00 |
| | | 40 000万元以上 | 265 | 40.77 |
| | 2014年员工人数 | 300人 | 310 | 47.33 |
| | | 300~1 000人 | 230 | 35.11 |
| | | 1 000人以上 | 115 | 17.56 |
| 企业经营效益 | 近三年企业营业额平均增速 | -10%以下 | 70 | 10.85 |
| | | -10%~10% | 205 | 31.78 |
| | | 10%以上 | 370 | 57.36 |
| 产业链环节 | 企业所处产业链环节 | 设备制造企业 | 120 | 8.11 |
| | | 回收企业 | 500 | 33.78 |
| | | 拆解企业 | 380 | 25.68 |
| | | 加工企业 | 325 | 21.96 |
| | | 其他企业 | 155 | 10.47 |
| 企业主要业务 | 企业涉及的城市矿产主要类别 | 废钢铁 | 320 | 17.53 |
| | | 废有色金属 | 350 | 19.18 |
| | | 废塑料 | 270 | 14.79 |
| | | 废纸 | 110 | 6.03 |
| | | 废弃电器电子 | 250 | 13.70 |
| | | 报废汽车 | 375 | 20.55 |
| | | 报废船舶 | 45 | 2.47 |
| | | 其他 | 105 | 5.75 |

| 名称 | 解释 | 分类 | 频数 | 比重 |
|---|---|---|---|---|
| 行业地位 | 企业在本省同行业中所处的地位 | 行业一般 | 105 | 16.03 |
| | | 行业骨干 | 230 | 35.11 |
| | | 行业龙头 | 320 | 48.85 |

**2. 数据收集与描述性统计**

本次调查问卷以城市矿产企业的法人或者委托代理人为对象，从 2015 年 6 月至 8 月，历时两个月共回收问卷 750 份，剔除掉填写明显不完整、选项明显集中于某一得分等问卷，得到有效问卷 655 份，有效率为 87.33%。需要指出的是，虽然部分样本存在部分信息缺失的现象，但为了充分利用问卷提供的信息，本书未将其视为无效。所以，在分析政策的认知水平和满意水平时，使用的样本数量不尽相同。本书认为，考虑政策认知度和满意度的内容相对独立，样本差异对该部分分析结果的影响将非常小。但是，政策效果影响因素分析需要统一样本，本书在该部分分析中使用的有效样本是 585 个。

**3. 数据信效度检验**

首先对数据的信度和效度进行检验。本书运用克朗巴哈 α 系数来检验问卷的信度，通常 Cronbach's α 系数的值在 0 和 1 之间。如果 α 系数不超过 0.6，一般认为内部一致信度不足；达到 0.7~0.8 时表示量表具有相当的信度，达 0.8~0.9 时说明量表信度非常好。用 KMO 检验与巴特利特球度检验问卷的效度，若 KMO 值 >0.8 时，巴特利特球度检验统计量的概率 p 小于显著性水平 0.05，则问卷具有良好效度。分析结果如表 6-22 所示，认知水平和满意水平的 Cronbach's α 系数均超过 0.95，说明量表信度非常好，KMO 值均大于 0.8，巴特利特球度检验统计量的概率 P 均为 0，小于显著性水平 0.05，说明量表的结构效度良好。由此得知，可以用该问卷来进行影响因素分析。

表 6-22　　　　　　　　政策认知度与满意度的信效度检验

| 指标 | 信度检验 | 效度检验 | | 项目数 |
|---|---|---|---|---|
| | Cronbach's α | KMO 值 | 巴特利特球度检验 sig. | |
| 认知度 | 0.957 | 0.920 | 0 | 14 |
| 满意度 | 0.951 | 0.895 | 0 | 23 |

### 6.4.2.2　结果与讨论

**1. 认知水平分析**

中国城市矿产企业对于城市矿产政策的总体认知水平不高（如表 6 - 23 所示），平均认知率为 36.81%，认知度为 3.06。企业对于环境类的政策最为了解，认知率达 40.25%，认知度为 3.14。需求类的政策认知水平最低，仅有 31.16% 的被访者对该类政策表示比较了解或非常了解，认知度得分为 2.95。主要原因是中国城市矿产政策体系中需求类政策出台少，落实过程复杂，因此企业对其认知不深。就具体政策而言，企业对《报废机动车回收拆解管理条例（征求意见稿）》认知水平最高，有 48.17% 的被访企业对该政策比较了解或非常了解，认知度得分为 3.40。主要是因为中国汽车保有量的日益庞大，报废汽车的数量也在快速增长，报废汽车行业市场前景好，尤其是《报废汽车回收拆解条例（征求意见稿）》拟允许"五大总成"再制造，此举将大幅提升汽车拆解市场容量，因此企业对该政策最为了解。对《中国资源综合利用技术政策大纲》的认知水平最低，43.85% 的被访企业对该政策熟悉程度不高，其中 13.85% 的被访企业对该政策非常不了解，30% 的被访企业对该政策比较不了解，认知度得分仅为 2.75，其次是《再生资源综合利用先进适用目录》，40% 的被访企业对该政策比较不了解或非常不了解，由此可以看出中国城市矿产企业对复杂技术类政策的认知水平偏低。当前中国城市矿产的回收和拆解作业多是粗放型的手工作业，企业不重视技术也无法获得最新技术，故而该类政策认知水平较低。

表 6 - 23　　　　　　　　城市矿产企业对城市矿产政策的认知水平

| 政策工具 | 政策名称 | 频率统计（%） | | | | | 认知率（%） | 认知度 |
| --- | --- | --- | --- | --- | --- | --- | --- | --- |
| | | 非常不了解 | 比较不了解 | 一般 | 比较了解 | 非常了解 | | |
| 供给类政策 | 城市矿产示范基地建设通知 | 10.77 | 16.92 | 26.92 | 26.15 | 19.23 | 45.38 | 3.26 |
| | 再生资源回收管理办法 | 7.69 | 13.08 | 31.54 | 29.23 | 18.46 | 47.69 | 3.38 |
| | 关于建立完整的先进的废旧商品回收体系的意见 | 13.18 | 15.50 | 29.46 | 28.68 | 13.18 | 41.86 | 3.13 |
| | 循环经济发展专项资金 | 12.31 | 23.85 | 33.08 | 18.46 | 12.31 | 30.77 | 2.95 |
| | 中国资源综合利用技术政策大纲 | 13.85 | 30.00 | 31.54 | 16.92 | 7.69 | 24.61 | 2.75 |

| 政策工具 | 政策名称 | 频率统计（%） | | | | | 认知率（%） | 认知度 |
|---|---|---|---|---|---|---|---|---|
| | | 非常不了解 | 比较不了解 | 一般 | 比较了解 | 非常了解 | | |
| 供给类政策 | 再生资源综合利用先进适用目录 | 14.62 | 25.38 | 32.31 | 19.23 | 8.46 | 27.69 | 2.82 |
| | 废弃电器电子产品回收处理管理条例及配套政策 | 13.85 | 24.62 | 27.69 | 16.15 | 17.69 | 33.84 | 2.99 |
| | 供给类平均值 | 12.32 | 21.34 | 30.36 | 22.12 | 13.86 | 35.98 | 3.04 |
| 需求类政策 | 固体废物进口管理办法 | 11.54 | 26.92 | 36.15 | 15.38 | 10.00 | 25.38 | 2.85 |
| | 再制造产品"以旧换再"试点实施方案 | 13.85 | 21.54 | 27.69 | 19.23 | 17.69 | 36.92 | 3.05 |
| | 需求类平均值 | 12.70 | 24.23 | 31.92 | 17.31 | 13.85 | 31.16 | 2.95 |
| 环境类政策 | 循环经济促进法 | 10.77 | 10.77 | 39.23 | 26.92 | 12.31 | 39.23 | 3.19 |
| | 资源综合利用企业所得税优惠目录 | 12.31 | 24.62 | 26.15 | 20.77 | 16.15 | 36.92 | 3.04 |
| | 调整完善资源综合利用企业所得税优惠目录 | 15.38 | 23.85 | 23.85 | 20.77 | 16.15 | 36.92 | 2.98 |
| | 废弃电器电子产品处理目录 | 12.31 | 23.08 | 24.62 | 21.54 | 18.46 | 40.00 | 3.11 |
| | 报废机动车回收拆解管理条例（征求意见稿） | 7.75 | 17.83 | 26.36 | 23.36 | 24.81 | 48.17 | 3.40 |
| | 环境类平均值 | 11.70 | 20.03 | 28.04 | 22.67 | 17.58 | 40.25 | 3.14 |
| 整体平均值 | | 12.16 | 21.28 | 29.76 | 21.63 | 15.19 | 36.81 | 3.06 |

注：认知率为"比较了解"和"非常了解"所占比重之和；认知度为得分的平均值。

### 2. 满意水平分析

（1）总体满意水平分析。中国城市矿产企业对于城市矿产政策的总体满意水平较低（如表 6 - 24 所示），平均满意率为 28.95%，19.33% 的被访企业对城市矿产政策比较满意，仅有 9.62% 的被访企业表示非常满意，满意度得分为 2.93。城市矿产企业对于环境类的政策最为满意，满意率达 33.43%，满意度为 3.00，对于供给类的政策满意水平最低，满意率为 26.46%，满意度为 2.89。当前中国的城市矿产企业仍然属于政策拉动型，需要依靠政策的扶持发展，因此对政府给予资源有更高的要求。其中对行业准入规则类的政策满意水平最高，有53.17%的被访企业对该政策比较满意或非常满意，满意度为3.42。行业准入规则可以规范并提高行业门槛，本次调查主要为行业内企业，这些企业希望获得更多的政策进入壁垒支持，以减少不规范企业的进入，改善恶性竞争的环境，因此对该类政策满意度较高。城市矿产企业对税收优惠政策的满意率最低，只有17.19%的被访企业对其表示比较满意或非常满意，满意度为2.63，45.31%的被访企业对该政策的满意水平不高，其中19.53%的被访企业对该政策表示非常不满意，25.78%的被访企业对该政策表示比较不满意。对税收政策来说，一方面中国城市矿产的税收政策经过数次变革，税收优惠逐步减少，且拆解有补贴，回收无补贴；另一方面中国城市矿产回收企业多为个体户和小作坊，正规企业从小作坊和个体户处进散货无法抵扣增值税，因此企业对于税收优惠政策满意度较低。

表 6 – 24　　　　　　　城市矿产企业对城市矿产政策的满意水平

| 政策工具 | 政策名称 | 频率统计（%） | | | | | 满意率（%） | 满意度 |
|---|---|---|---|---|---|---|---|---|
| | | 非常不满意 | 比较不满意 | 一般 | 比较满意 | 非常满意 | | |
| 供给类政策 | 生产者责任制政策 | 7.81 | 14.84 | 42.19 | 24.22 | 10.94 | 35.16 | 3.16 |
| | 消费者责任制政策 | 15.75 | 22.83 | 36.22 | 14.17 | 11.02 | 25.19 | 2.82 |
| | 以旧换新政策 | 7.94 | 19.05 | 29.37 | 28.57 | 15.08 | 43.65 | 3.24 |
| | 回收体系建立政策 | 11.90 | 15.08 | 40.48 | 22.22 | 10.32 | 32.54 | 3.04 |
| | 专业人才培养政策 | 9.45 | 26.77 | 44.88 | 11.81 | 7.09 | 18.90 | 2.80 |
| | 处置企业基金补偿政策 | 14.17 | 18.11 | 43.31 | 14.17 | 10.24 | 24.41 | 2.88 |
| | 财政专项资金扶持政策 | 11.72 | 25.78 | 37.50 | 15.63 | 9.38 | 25.01 | 2.85 |
| | 土地支持政策 | 17.19 | 24.22 | 33.59 | 17.97 | 7.03 | 25.00 | 2.73 |
| | 关键资源化技术资助政策 | 14.06 | 27.34 | 39.06 | 13.28 | 6.25 | 19.53 | 2.70 |
| | 产业适用技术引导政策 | 16.54 | 26.77 | 37.80 | 12.60 | 6.30 | 18.90 | 2.65 |
| | 公共服务平台建设政策 | 16.41 | 25.00 | 41.41 | 11.72 | 5.47 | 17.19 | 2.65 |
| | 城市矿产示范基地政策 | 8.59 | 17.19 | 42.19 | 19.53 | 12.50 | 32.03 | 3.11 |
| | 平均值 | 12.63 | 21.92 | 39.00 | 17.16 | 9.30 | 26.46 | 2.89 |
| 需求类政策 | 以旧换再政策 | 10.32 | 12.70 | 42.06 | 23.02 | 11.90 | 34.92 | 3.13 |
| | 废弃物进口管制政策 | 7.94 | 15.87 | 50.79 | 16.67 | 8.73 | 25.40 | 3.02 |
| | 再生产品优先采购政策 | 18.90 | 25.98 | 34.65 | 14.17 | 6.30 | 20.47 | 2.64 |
| | 平均值 | 12.39 | 18.18 | 42.50 | 17.95 | 8.98 | 26.93 | 2.93 |

| 政策工具 | 政策名称 | 频率统计（%） | | | | | 满意率（%） | 满意度 |
|---|---|---|---|---|---|---|---|---|
| | | 非常不满意 | 比较不满意 | 一般 | 比较满意 | 非常满意 | | |
| 环境类政策 | 产品生态设计政策 | 13.28 | 18.75 | 42.19 | 18.75 | 7.03 | 25.78 | 2.88 |
| | 产品信息标识制度 | 12.50 | 13.28 | 39.84 | 18.75 | 15.63 | 34.38 | 3.12 |
| | 废弃电器电子产品处理基金征收政策 | 6.30 | 22.05 | 40.94 | 20.47 | 10.24 | 30.71 | 3.06 |
| | 回收处置企业资格许可证制度 | 7.94 | 15.87 | 28.57 | 33.33 | 14.29 | 47.62 | 3.30 |
| | 行业准入政策 | 7.14 | 14.29 | 25.40 | 35.71 | 17.46 | 53.17 | 3.42 |
| | 信贷支持政策 | 17.19 | 25.78 | 33.59 | 18.75 | 4.69 | 23.44 | 2.68 |
| | 税收优惠政策 | 19.53 | 25.78 | 31.25 | 18.75 | 4.69 | 23.44 | 2.63 |
| | 污染防治政策 | 14.84 | 17.19 | 39.06 | 20.31 | 8.59 | 28.90 | 2.91 |
| | 平均值 | 12.34 | 19.12 | 35.11 | 23.10 | 10.33 | 33.43 | 3.00 |
| 整体平均值 | | 12.50 | 20.46 | 38.10 | 19.33 | 9.62 | 28.95 | 2.93 |

注：满意率为"比较了解"和"非常了解"所占比重之和；满意度为得分的平均值。

结合企业特征对满意度进行分析（如表 6-25 所示），可以看出外资企业对于城市矿产政策的满意度最高（3.41），集体企业对城市矿产政策的满意度最低（2.74）。就企业分布的区域而言，西部地区对城市矿产政策的总体满意度最高，东部地区的满意度仅为2.88，低于西部和中部地区。2014 年营业额达到 40000 万元以上的企业，对于政策的满意度也越高。2014 年员工人数居中的企业，即员工人数为 300~1000 人的城市矿产企业对于政策的满意度最高（3.10），员工人数低于 300 人的企业对于政策的满意度最低。经营效益处于中间的，即营业额平均增速为 -10%~10% 对政策的满意度最低，经营效益为-10% 的企业满意度居中，经营效益最好的企业对政策的满意度最高，位于产业链不同环节的企业对于政策的满意度不同，设备制造企业以 2.85 的满意度处于最低，加工企业和回收企业的满意度也较低，满意度相对较高的是拆解企业。主要业务为废钢铁的企业以2.90 的满意度居于最低，这一方面是因为钢铁行业产能过剩，利润长期低迷，在行业不景气的情况下，废钢铁行业形势相当严峻；另一方面，2011 年政府取消了废钢铁行业税收优惠政策，废钢价格走低，众多企业废钢回收或加工能力减弱，甚至退出废钢市场。尽管2015 年 7 月发布财税 78 号文件，规定废钢铁行业可以享受 30% 的退税比例，但是当时政策刚刚颁布，效果还未体现，因此以废钢铁为主要业务的企业对于政策的满意度最低。行业地位越高，对于政策的满意度也就越高，龙头企业对于政策的满意度为 3.07。

表 6 – 25 不同特征的城市矿产企业对城市矿产政策的满意度

| 企业特征 | 分类 | 政策工具 | | | 总体满意度 |
|---|---|---|---|---|---|
| | | 供给类 | 需求类 | 环境类 | |
| 企业类型 | 国有企业 | 3.07 | 3.17 | 3.09 | 3.11 |
| | 集体企业 | 2.54 | 3.17 | 2.50 | 2.74 |
| | 私营企业 | 2.74 | 2.75 | 2.87 | 2.79 |
| | 外资企业 | 3.34 | 3.44 | 3.45 | 3.41 |
| 所在区域 | 东部地区 | 2.81 | 2.85 | 2.99 | 2.88 |
| | 西部地区 | 2.92 | 3.12 | 3.10 | 3.05 |
| | 中部地区 | 2.97 | 3.00 | 3.01 | 2.99 |
| 2014 年营业额 | 2 000 万元以下 | 2.58 | 2.62 | 2.63 | 2.61 |
| | 2 000 万 ~ 40 000 万元 | 2.85 | 2.93 | 2.96 | 2.91 |
| | 40 000 万元以上 | 3.06 | 3.08 | 3.21 | 3.12 |
| 2014 年员工人数 | 300 人以下 | 2.73 | 2.78 | 2.81 | 2.77 |
| | 300 ~ 1 000 人 | 3.01 | 3.10 | 3.18 | 3.10 |
| | 1 000 人以上 | 3.07 | 2.99 | 3.15 | 3.07 |
| 近三年经济效益 | – 10% 以下 | 2.94 | 2.90 | 3.05 | 2.96 |
| | – 10% ~ 10% | 2.72 | 2.79 | 2.86 | 2.79 |
| | 10% 以上 | 2.97 | 3.03 | 3.07 | 3.02 |
| 产业链 | 设备制造企业 | 2.81 | 2.77 | 2.98 | 2.85 |
| | 回收企业 | 2.84 | 2.93 | 2.97 | 2.91 |
| | 拆解企业 | 2.86 | 2.94 | 3.00 | 2.93 |
| | 加工企业 | 2.84 | 2.89 | 2.96 | 2.90 |
| | 其他 | 3.20 | 3.32 | 3.21 | 3.24 |
| 主要业务 | 废钢铁 | 2.84 | 2.90 | 2.96 | 2.90 |
| | 废有色金属 | 2.92 | 2.99 | 3.06 | 2.99 |
| | 废塑料 | 2.97 | 3.01 | 3.06 | 3.01 |
| | 废纸 | 3.01 | 3.03 | 3.02 | 3.02 |
| | 废弃电器电子 | 2.98 | 2.94 | 3.08 | 3.00 |
| | 报废汽车 | 2.86 | 2.93 | 2.97 | 2.92 |
| | 报废船舶 | 3.10 | 2.85 | 2.89 | 2.95 |
| | 其他 | 3.03 | 3.03 | 3.10 | 3.05 |
| 行业地位 | 行业一般 | 2.71 | 2.68 | 2.77 | 2.72 |
| | 行业骨干 | 2.81 | 2.89 | 2.90 | 2.87 |
| | 行业龙头 | 3.00 | 3.05 | 3.15 | 3.07 |

（2）分类政策满意水平分析。结合企业特征和政策工具分类对满意度进行具体分析，结果如表 6 - 25 所示。

对于供给类政策而言，外资企业对于该类政策的满意度最高（3.34），其次为国有企业（3.07）、私营企业（2.74）和集体企业（2.54）。就企业分布的区域而言，不同地区对于供给类政策的满意水平依次为中部地区企业（2.97）、西部地区企业（2.92）和东部地区企业（2.81）。企业规模越大，对于供给类政策的满意度更高。就企业的经营效益而言，近三年营业额平均增速超过 10% 的企业对于城市矿产供给类政策的满意度最高；值得注意的是，平均增速低于 - 10% 的企业对于供给类的政策满意度反而高于平均增速位于 - 10% ~ 10% 的企业。按照产业链环节，对供给类政策的认知水平排序依次为拆解企业（3.86）、回收企业（2.84）、加工企业（2.84）、设备制造企业（2.81）、其他企业对于产业政策的满意度也较高。就企业主要业务而言，在城市矿产七大类产品中，报废船舶企业对于供给类政策的满意水平最高，紧随其后的是废弃电器电子产品企业（2.98）、对供给类政策最不满意的废钢铁企业（2.84）。行业龙头企业、行业骨干企业、行业一般企业对于供给类政策的满意度依次为 3.00、3.81、2.71。

对于需求类政策而言，外资企业对需求类政策的满意度最高（3.44），私营企业对于该类政策的满意度最低（2.75）。按照企业所在区域进行划分，西部地区城市矿产企业对于产业政策的满意度要高于东部地区和中部地区的企业，政策满意度得分为 3.12。营业额超过 40 000 万元的城市矿产企业对于需求类政策的满意水平最高。员工人数为 300 ~ 1 000 人的企业对于需求类政策的满意度达 3.10，高于人数较多的企业（1 000人以上）和人数较少的企业（300 人以下）。就经营效益而言，近三年营业额平均增速超过 10% 的企业对于需求类政策的满意水平更高，得分达 3.03。按照产业链环节，几大主要产业链环节上的企业对于城市矿产需求类政策的满意度均偏低，其中最低的是设备制造企业（2.77）。企业主要业务为废纸的企业对于城市矿产需求类政策的满意度要高于其他企业。行业龙头企业对于需求类政策的满意度为 3.05，高于行业骨干企业（3.89）和行业一般企业（2.68）。

对于环境类政策而言，外资企业的满意度（3.45）也是最高的，其次为国有企业（3.09）、私营企业（2.87）和集体企业（2.50）。西部地区对于环境类的政策满意水平高于东部地区和中部地区。2014 年营业额超过 40 000 万元以上的企业对于环境类政策最为满意，员工人数居中的企业对环境类政策的满意度最高（3.18）。近三年经济效益最好的企业对于环境类政策的满意度最高（3.07），其次为经营效益较差（营业额平均增速为 - 10%）的企业。就企业所处的产业链环节来看，拆解企业对于环境类政策的满意水平最高。按照主要业务进行排序，对环境类政策的满意水平由高到低依次为废弃电器电子产品企业（3.08）、废有色金属（3.06）、废塑料（3.06）、报废汽车企业（2.97）、废钢铁企业（2.96）、报废船舶企业（2.89）。行业龙头企业对于环境类政策的满意水平最高，而行业一般企业对于环境类政策的满意水平最低。

结合以上分析可知，外资企业对于供给、需求、环境类的政策满意度均是最高的，国有企业居第二。需要注意的是集体企业对于需求类的政策相较于其他两类政策满意度较高。就企业分布的区域而言，西部地区企业对需求型和环境型政策的满意度均高于中部地区和东部地区，但是中部地区对供给类的政策满意度最高，东部地区企业对三类政策的满意度均最低。营业额大于 40 000 万元的城市矿产企业对于供给、需求和环境三类政策的满意度均为最高。员工人数居于中间的企业对于三类政策的满意度最高，员工人数低于 300 的企业对于三类政策的满意度均是最低，近三年来营业额平均增速超过 10% 的企业对于供给、需求和环境政策的满意度最高。但是需要提出的是，经营效益处于亏损的企业对于三类政策的满意度反而高于增速为 - 10% ~ 10% 的城市矿产企业。对于城市矿产设备制造、回收、拆解和加工四大产业链环节而言，拆解企业对于三类政策的满意度均位于第一。回收和加工企业对于供给类政策的满意度是相同的，但是对于需求和环境类政策，回收企业要高于加工企业。结合主要业务和政策工具来比较，三大类政策的满意度呈现出较大差别，对于供给类政策而言，报废船舶企业满意度最高；对于需求类政策而言，废纸企业满意度最高；对于环境类政策而言，废弃电器电子产品企业的满意度最高。行业龙头企业对于三类政策的满意度均是最高的。

## 6.4.2.3　影响因素分析

采用两组模型分别对认知度和满意度的影响因素进行分析，故设置认知度和满意度两个因变量。使用均值计算方法量化城市矿产企业对产业政策的认知度和满意度。当五级量表等级评分的均值在 1 ~ 2.5（不含 2.5）表示低度，2.5 ~ 3.5（不含 3.5）表示中度，3.5 ~ 5 表示高度。需要说明的是，在分析满意度的影响因素时，认知度被视为其中一个影响因素，纳入满意度分析的自变量中。

由于认知度和满意度分低、中、高三类，其强度逐步增大，可作为有许多分类变量来处理，因此采用 Ordinal Logistic 回归模型进行分析，以优势比（Odds Ratio，OR）解释 Logistic 回归系数，若 $x_i$ 的回归系数为 $\beta_i$，则 OR 值为 $e^{\beta_i}$，用于说明自变量变化一个单位导致因变量产生的变化。通过 SPSS17.0 中的序数回归模块，将认知度的自变量和因变量均纳入模型，得到最终模型（如表 6 - 26 所示）。每一个要素变量取值最高者为相应各变量的参考类别，所以其系数均为 0。限于篇幅，参考组的数据不在表中反映。

统计显示，模型的似然估计值（-2loglikelihood）为 181.278，卡方值（chi-square）为 73.271，且模型在 $p = 0.01$ 上显著，故模型的拟合效果较好，能有效地反映影响企业对城市矿产政策认知度的因素。从参数估计和显著性可以看出，东部地区和中部地区企业对政策的认知度是参照组西部地区企业的 $e^{-1.905} = 0.15$ 倍和 $e^{-3.291} = 0.04$ 倍，因此西部地区的政策认知度明显高于东、中部地区。这主要是由于中国经济呈现东部沿海地区发达、中、西部地区不发达的梯级空间分布特征，东部地区市场化程度高的企业更多是市场驱动，而西部地区的企业主要依靠政策拉动行业发展，因此更加关注政策；另一方面是中国实施西部大开发战略，在人才、基础设施建设、资金等方面给予了西部地区企业较多的支持，因此导致西部地区的城市矿产企业不可避免地对政策产生了路径依赖，由此西部企业对于产业政策的关注要高于东部地区和中部地区。营业额为 2 000 万元以下的企业对政策的认知度是参照组营业额为 40 000 万元以上企业的 $e^{-1.538} = 0.21$ 倍，因此营业额越少，对于政策的认知度也就越低。营业额的多少主要反映了企业的规模，规模越大的企业获取信息的能力越强，因此对于政策的认知度更高。企业的主要业务也会影响到对政策的认知，主要业务是废弃电器电子产品的企业对政策的认知度是其他非废弃电器电子产品企业的 $e^{1.700} = 5.47$ 倍，可以看出主要业务是废弃电器电子产品的企业对城市矿产的政策认知度远高于其他企业，这一点和中国的政策体系有较大的关系，在中国开始完善城市矿产政策体系时，主要是从废弃电器电子产品入手，如处理基金的征收与补偿，主要涉及的是废弃电器电子产品，以旧换新活动的对象也是该类产品，与之相关的政策较多，由此主要业务是废弃电器电子产品的企业对相关政策的关注度更高。

通过 SPSS17.0 中的序数回归模块，将满意度的自变量和因变量均纳入模型，结果如表 6-26 所示。每一个要素变量取值最高者为相应各变量的参考类别，统计显示，模型的似然估计值（-2loglikelihood）为 174.477，卡方值（chi-square）为 63.992，sig. = 0.005，小于 0.05，说明在统计学上有意义，拟合效果较好，能有效地反映影响企业政策满意度的因素。从参数估计和显著性可以看出，员工人数和企业所处的产业链环节对政策的满意度影响显著。员工人数为 300 人以下的企业对城市矿产政策的满意度是参照组员工人数超过 1 000 人企业的 $e^{-2.603} = 0.07$ 倍，说明员工人数越少的企业，对于政策的满意度越低。员工人数越少，意味着企业的规模越小。中国的城市矿产产业存在着区域垄断性，补贴资质、处理资质往往集中在少数几个大企业手中，因此相对而言不具有资质的小企业享受到的基金补贴等优惠政策更少，由此满意度较低。加工环节的企业对于政策的满意度是其他非加工企业政策满意度的 $e^{-1.142} = 0.32$ 倍，明显低于产业链其他环节的城市矿产企业。城市矿产产业链中的加工环节直接面对最终市场需求，企业更需要国家政策引导和扩大市场容量，然而当前中国的城市矿产回收企业多为个体户，加工企业从个体户和小作坊处进散货时无法享受相应的税收优惠。且随着以旧换新政策的取消，加工企业进货的物料成本进一步上升，市场需求也未能得到政策的相应推动，加工企业处于 "两头夹击" 的状态，因此该类企业对于政策的满意度较低。认知度也是影响满意度的一个重要因素，认知度低的企业对城市矿产政策的满意度是认知度高的企业的 $e^{-2.124}=0.12$ 倍，说明认知度越低，则满意度越低。把各项政策的实施目的、操作办法、执行标准及时推广至城市矿产产业市场的主体，能提高其对政策的认知水平，对提高政策实施效应具有重要作用。

表 6 - 26　　　　　　　　　　　　　　影响因素分析模型

| 变量 | 认知水平模型 | | 满意水平模型 | |
|---|---|---|---|---|
| | Estimate | Sig. | Estimate | Sig. |
| 企业所有制类型 | | | | |
| 国有企业 | - 0. 327 | 0. 759 | - 0. 995 | 0. 366 |
| 集体企业 | 0. 143 | 0. 957 | 1. 033 | 0. 719 |
| 私营企业 | 0. 119 | 0. 888 | - 1. 229 | 0. 168 |
| 企业所在区域 | | | | |
| 东部地区 | - 1. 905 * | 0. 088 | - 0. 702 | 0. 562 |
| 中部地区 | - 3. 291 *** | 0. 003 | 0. 270 | 0. 820 |
| 2014 年营业额 | | | | |
| 2 000 万元以下 | - 1. 538 * | 0. 079 | 1. 387 | 0. 177 |
| 2 000 万 ~ 40 000 万元 | - 0. 734 | 0. 220 | 0. 529 | 0. 420 |
| 2014 年员工人数 | | | | |
| 300 人以下 | 0. 233 | 0. 801 | - 2. 603 *** | 0. 008 |
| 300 ~ 1 000 人 | 0. 206 | 0. 800 | - 1. 866 | 0. 027 |
| 近三年经营效益 | | | | |
| 营业额平均增速在 - 10% 以下 | 0. 118 | 0. 889 | 1. 289 | 0. 153 |
| 营业额平均增速在 - 10% ~ 10% | 1. 015 | 0. 108 | - 0. 514 | 0. 421 |
| 产业链环节 | | | | |
| 设备制造企业 | - 0. 202 | 0. 760 | - 0. 469 | 0. 484 |
| 回收 | - 0. 703 | 0. 319 | 0. 751 | 0. 296 |
| 拆解 | 0. 736 | 0. 216 | - 0. 754 | 0. 227 |
| 加工 | - 0. 802 | 0. 153 | - 1. 142 ** | 0. 048 |
| 其他 | 0. 840 | 0. 178 | 0. 669 | 0. 297 |

| 变量 | 认知水平模型 | | 满意水平模型 | |
|---|---|---|---|---|
| | Estimate | Sig. | Estimate | Sig. |
| 主要业务 | | | | |
| 废钢铁 | 0.371 | 0.458 | −0.533 | 0.308 |
| 废有色金属 | −0.358 | 0.543 | 0.356 | 0.556 |
| 废塑料 | −0.067 | 0.909 | 0.463 | 0.437 |
| 废纸 | 0.771 | 0.317 | 1.240 | 0.105 |
| 废弃电器电子产品 | 1.700*** | 0.002 | −0.649 | 0.269 |
| 报废汽车 | 0.635 | 0.376 | 0.778 | 0.277 |
| 报废船舶 | 1.393 | 0.184 | −0.270 | 0.802 |
| 其他 | −2.161** | 0.015 | 0.406 | 0.651 |
| 行业地位 | | | | |
| 龙头企业 | 0.238 | 0.788 | −1.066 | 0.240 |
| 骨干企业 | −0.471 | 0.410 | −0.002 | 0.997 |
| 认知度 | | | | |
| 认知度低 | | | −2.124*** | 0.007 |
| 认知度中 | | | −0.720 | 0.268 |
| 似然估计值 | 181.278 | | 174.477 | |
| 卡方检验 | 73.271 | 0.000 | 63.992 | 0.005 |

注：Estimate 为参数估计，sig. 为显著性水平，*、**、***分别表示统计检验显著水平为 10%、5%、1%。

### 6.4.2.4　研究结论

认知水平和满意水平分析是政策作用主体对政策效果评价的重要手段，本部分通过问卷调查方法，从企业视角对城市矿产政策认知水平和满意水平进行研究，结果表明：

（1）中国城市矿产企业对城市矿产政策的总体认知水平不高，城市矿产产业政策认知水平的提升空间仍然较大，尤其是对于需求类政策。具体而言对技术类政策认知水平最低，对报废机动车的相关政策认知水平最高。

（2）中国城市矿产企业对于城市矿产政策的总体满意水平较低，对环境类的政策最为满意，对供给类的政策最不满意。具体而言，对税收优惠类的满意水平最低，对行业准入类的政策满意水平相较而言最高。

（3）企业所在区域、营业额、企业主要业务会对企业的政策认知水平有显著影响，西部地区的政策认知水平要高于中、东部地区；营业额越高，认知水平越高；主要业务是废弃电器电子产品的企业政策认知度要明显高于其他业务企业。员工人数、企业所处产业链环节、认知度是影响企业政策满意度的重要因素。员工人数越少，对政策的满意程度越低；加工环节的企业对政策满意度要低于其他环节；企业政策认知度越低，满意度也越低。

## 6.5　未来我国城市矿产产业政策创新的目标、思路和政策体系的设计

从前文的政策文本量化分析和政策效果评价可以看出，目前我国关于城市矿产产业的政策不断完善，无论在产业层面还是企业层面，均为中国城市矿产产业的发展提供了保障并起到了助推作用。但在产业快速发展的背景下，中国城市矿产产业政策在实践检验过程中也存在着诸多不足，亟须完善。因此，在结合本国国情、同时在借鉴发达国家产业发展的经验基础上，本节拟构建加快"城市矿产"产业发展的政策框架、政策体系和政策思路，从供给—环境—需求三条路径进行政策优化，"三管齐下"协力推进我国城市矿产产业的发展。

### 6.5.1　政策优化的总体目标及思路

#### 6.5.1.1　政策优化的总体目标

加快我国城市矿产产业发展的政策优化需要实现以下几个主要目标：第一，为国家和地方政府制定发展城市矿产产业的规划提供理论支撑和参考；第二，为政府提供发展城市矿产产业的具体建议和对策；第三，实现我国城市矿产产业的转型升级，促使产业由低端向高端化发展；第四，切实解决产业发展中的关键制约问题。

#### 6.5.1.2　政策优化的思路

基于前文中对我国城市矿产产业发展现状的分析，我们认为，应从全产业链入手，从供给—环境—需求三个方面进行政策创新：供给端，加快城市矿产产业发展的供给要素的提供，即高端技术、高素质人才、资金要素和信息要素的供给；环境端，为城市矿产产业发展提供完善的法律法规、制度环境和市场环境；需求端，刺激城市矿产产业相关产品和服务的需求，"三管齐下"协力推进我国城市矿产产业的发展。

## 6.5.2　政策创新的路径设计

### 6.5.2.1　供给引领—通过扩大供给加快城市矿产产业发展

**1. 扩大城市矿产产业发展的技术供给**

前文的分析表明，技术要素对城市矿产企业的发展有非常明显地促进作用，未来的技术供给相关政策可从以下几个方面完善：

（1）根据全球产业发展的科技趋势加快制定城市矿产重点领域技术发展路线图。根据相关资料，全球城市矿产开发利用的科技发展呈现以下趋势：第一，已由废物传统低端、末端控制（填埋处置、简单拆解、建材化）转向高新技术应用、增值性资源化等；第二，伴随着废物种类和成分越来越复杂，面临材料分离、资源提取和污染控制的难度加大的挑战；第三，难处理废物的环境风险加剧，健康影响突出，无害化处置技术需求加大。因此，城市矿产处置的技术要求可以概括为：分离提取更高效、控制过程更清洁、再生品质更高。在此背景下，我国应重点推进信息集成化技术、全组员回收技术、高值化利用技术、绿色再制造技术等四大类核心技术的攻关，重点推进城市矿产信息集成与循环利用决策支持系统、城市矿产资源精细化识别、自动化拆解与分选技术、电子废弃物混合熔炼技术及工艺、稀贵稀散金属高效循环利用及高值化技术、废旧金属直接循环再造关键技术、废旧塑料及橡胶回收及高值化利用技术、废旧动力电池资源化利用及新能源材料再制造技术、废旧零部件再制造关键技术的发展，为产业发展解决系列关键问题。在我国城市矿产产业目前自主创新能力较弱，缺乏具有自主知识产权的核心技术，缺乏长远的创新发展战略规划的背景下，亟须利用技术路线图方法对城市矿产产业技术创新战略方案行进行设计，在把握现状的基础上，从总体目标、阶段目标和分类目标三个方面制定产业突破性创新的战略目标，绘制城市矿产产业创新战略目标路线图，从而形成全局性的城市矿产产业创新发展战略，构建科学的技术创新战略决策机制。

（2）实施城市矿产产业关键技术协同创新工程。当前，我国城市矿产产业的技术创新面临以下瓶颈问题：企业、大学、研究机构等各创新主体之间的合作是以孤立的项目为主，缺乏长期、动态的合作。结合我国、各省（自治区、市）经济社会发展需求和城市矿产产业发展现状，应围绕共性关键技术，整合各级政府、骨干企业、科研院所、高校、产业园区等相关主体在资源循环利用领域的科技资源，组建多学科、多领域的协同创新团队，实施城市矿产产业关键技术协同创新工程。按照"面向产业，立足技术"的方针,抓住"市场—产业—技术"这条主线,围绕全产业链"信息集成化、全组元回收、高值化利用、绿色再制造"四大核心领域,部署重点科技任务攻关,引导城市矿产行业由粗放型向技术引领型升级,全面提升城市矿产产业发展的质量。城市矿产产业中亟须搭建基础和共性技术研究平台,强化基础数据研发与积累、技术规范与标准制订及信息平台建设;加速技术从研发成果到产业化、工程化的进程;完善专利、知识产权保护制度,提升技术研发与企业之间的利益相关度;鼓励企业密切追踪国外关键技术的发展动向,评估技术前景,提升先进技术引进质量和吸收能力。

**2. 加快城市矿产产业发展的高素质人才供给**

前文的实证研究表明,随着城市矿产产业向高端转型发展,普通劳动力要素的促进作用明显降低,但随着产业技术密集型、资金密集型的特征日益凸显,高技能产业人才的需求将逐渐增大。根据课题组在 TCL 环保公司、湖南省城市矿产企业所做的"关于企业人力资源"方面的问卷调查结果显示,企业现在亟须两方面人才:一是研究生及以上学历的研究人员,特别是有独立科研能力、有深厚行业背景及擅长管理的人才;二是有高职、技校学习背景,有踏实工作的态度和一定的实践经验的技术特别是年轻的技术工人。因此,在产业的发展过程中,一方面,需要依托重点科技项目、科研基地及国际合作项目,由国内专家组建领军人才团队,加大优秀人才培养力度,加强科技创新与人才培养的有机结合;根据我国城市矿产产业发展的总体要求,着力培养具有战略思维和战略眼光的决策人才,以及掌握高端技术的研发人才,培养并储备一批城市矿产资源循环利用领域的顶尖研发人才。另一方面,整合国内外相关研究和教学力量,开展短期专业技能培训,迅速提高城市矿产领域技术人员的专业水平;推动各类高等教育和职业教育实施城市矿产产业紧缺人才培养工程,建立学校与企业合作的人才培养新机制,探索特殊人才订单式培养的新模式。与此同时,城市矿产企业应加强企业品牌、声誉、形象建设和企业价值观、经营理念宣传,以战略性新兴产业、绿色制造产业、绿色新兴产业对企业进行重新定位,结合最新的技术、政经、社会需求等因素,加快进行"互联网+"、大数据等方面的应用和改造,在智能化、国际化、园区化、信息化等方面进行突破,增强对优秀人才的吸引力。

**3. 优化城市矿产产业发展全产业链环节的资金要素供给**

企业层面的政策效应分析表明,资金是产业高端化发展过程中的重要促进要素。所以下一阶段仍需强化对产业发展的资金投入,具体可从以下方面着手:探索利用中央财政、地方财政、社会资金等多渠道资金合作模式,支持城市矿产企业发展。鼓励地方政府设立城市矿产产业发展基金,专项用于对"城市矿产"示范基地园区的基础设施建设投入、城市矿产企业发展生产补贴、城市矿产技术研发支持、重大科研成果的奖励,鼓励产业发展。

完善基金补贴制度，合理确立适当的补贴对象及补贴额度。考虑现阶段城市矿产产业的拆解环节在基金补贴制度下获得了快速发展，而其余环节呈现发展不足的现状，未来的资金投向应从产业全生命周期的视角出发，进一步扩大资金投向的范围，如回收环节、消费环节。行业基金补贴政策需要有效调整，其目标应促使企业引进先进生产设备和技术以提升管理水平，通过规模效应、延伸产业链去获取经济效益；同时，补贴的额度应恰好能帮助企业在市场竞争中顺利运营和逐渐发展，而不能使企业形成对补贴的依赖；补贴应该有一定时间段的限制，在某些时间段，政府通过基金补贴帮助企业渡过难关，但之后补贴要慢慢减少直至取消以避免企业形成对补贴的过分依赖。

**4. 加快城市矿产产业发展信息要素供给**

前文的政策供给特征分析表明，供给型政策中"信息支持"相关政策几乎处于空缺状态，而产业发展公共信息的供给不足，造成了企业在不清楚城市矿产供给现状，而盲目投资于拆解等产业环节、各省市盲目上马城市矿产示范基地项目的一个重要原因。因此，未来的城市矿产供给政策中，应加强信息要素支持的相关政策，具体包括：

（1）建立城市矿产统计调查制度，创建城市矿产物质流账户。重点对城市矿产中的电子废弃物、报废汽车、废金属、废橡胶塑料、废旧零部件等主要资源建立全生命周期物质流账户，有效利用机关、企事业等单位固定资产台账记录、居民消费记录，构建城市矿产开发利用的基础数据库。

（2）建立城市矿产业信息集成监管系统。发展电子标签、二维码等物联网技术跟踪电子废物流向，鼓励利用物联网、大数据开展信息采集、数据分析、流向监测，优化逆向物流网点布局。

（3）推进城市矿产各类公共信息平台的建设。开放政府管理信息，推进汽车保险信息系统，"以旧换新"管理系统和报废车辆管理系统的标准化、规范化和互联互通，加强电子废弃物、废旧汽车及零部件的回收利用信息管理，推动各类产业园区废弃物信息平台建设。结合大数据及"互联网＋"，在有条件的省市建立城市矿产交易平台，建立城市矿产集成信息库，及时发布交易价格、交易品种、数量等信息，逐步拓展到全国主要城市群，建立完整的全国性的大型数据库，面向全国提供城市矿产开发信息和交易平台。

（4）扩大政策信息的宣传范围并提升宣传精准度。政府应当从城市矿产企业认知水平最低的政策入手，加强对城市矿产产业政策的宣传范围和力度。一方面是对现行的政策进行系统的宣传，重点突出需求类政策的引导作用，并加强对技术等复杂型政策的解读宣导；另一方面将宣传范围扩大到潜在进入的企业和消费者，促进产业生态系统供需两端的对接。

### 6.5.2.2 环境支撑—完善城市矿产产业发展的市场环境和制度环境

**1. 完善相关政策法规和管理机制，为加快城市矿产产业发展提供制度环境**

（1）加快城市矿产领域立法。从前文的政策梳理中可以发现，中国城市矿产法律法规不完善，政策多由部门制定，现阶段由"条块分割"的行政部门主导政府规制制定过程，政策制定与政策执行合一，导致较为严重的政策部门（利益）化、部门利益和权力法制化，以及政策碎片化和模糊化的问题。因此，建议借鉴日本、德国等循环经济立法完善的国家经验，在城市矿产政策体系的构建中，以法律法规为主，尽快制定城市矿产领域的综合性法律，如《城市矿产综合利用法》和《废弃物管理法》，以及针对各类城市矿产（如废旧电子电器、报废汽车、报废容器等）的专项法规，以法律的形式约束政府、企业和国民必须履行相关义务，从而将我国城市矿产产业发展逐步纳入法制化轨道。

（2）加快城市矿产产业发展顶层设计。城市矿产产业应作为一项战略性新兴行业重点支持发展。目前，中国城市矿产产业政策工具组合已比较丰富，但并没有专门的发展规划。因此，应在相关部门间的密切联系、协同下，编制《城市矿产产业中长期发展规划》，明确城市矿产产业在国民经济发展中的定位、发展方向，加快产业布局，完善管理系统，制定政策支持体系。在顶层设计中，广泛吸纳企业、最终客户和行业协会参与，建立政府部门与城市矿产企业的联系制度和对话机制。顶层设计应坚持"资源有限，循环无限"的理念，以绿色创新发展为主题，以转型提质增效为目标，以科技创新为动力，以城市矿产高效循环再造为主攻方向，以关键技术突破、重点项目实施、示范工程和基地建设为抓手，充分发挥高校及科院所、龙头企业、循环经济园区的整合优势，加速建立城市矿产产业集群，推动产业发展。

（3）加强对政策实施效果监测、评估及反馈。城市矿产政策本质上是公共政策，对公共政策进行绩效评估，并依据评估结论来改进下一轮公共政策制定是国际通行做法。对城市矿产政策实施情况进行跟踪分析和监测评估，客观评价政策目标、政策工具、政策措施等落实情况，发现问题、分析原因，并提出改进政策实施的对策建议，对于推动政策的不断优化和顺利实施具有重要意义。因此，建议从国家、地区、产业园区和企业多层面，以及从社会、经济、环境多维度视角制定科学、客观的政策实施效果评价体系，加强对城市矿产政策实施效果的监测和反馈，作为后续政策修订和完善的重要依据。

（4）完善城市矿产产业管理体系。前文的分析表明，我国城市矿产产业主管机构不明确，存在多头管理现象，相关部门之间也缺乏有效的沟通协调机制。因此，未来应完善产业管理体系，首先应明确产业的牵头部门，梳理现有城市矿产产业涉及主管部门如发改委、财政部、工信部、商务部、环保部等部门的管理职能与职责，形成有机整体。建议成立城市矿产产业管理委员会或者由一个或几个部门牵头负责产业组织管理工作，建立城市矿产开发利用跨部门组织协调机制。建立协调各分管部门的联席会议制度，对各项政策衔接和实施过程中的问题进行定期研讨解决，通过加强部际联系，降低不同部门的组织与协调成本，提高政策效率。其次，构建多层次的立体产业发展推进体系：在战略层，组建协调产业发展的专门机构，主要负责产业的整体发展、顶层设计；在基本层，明确产业发展的辅助机构，明晰其管理义务、职能与权力；在实施层，确立地方政府相应的城市矿产经济推进机构，负责国家和地方城市矿产政策的执行与实施。最后，应该鼓励成立相关的社会组织，发挥其在政策宣传、技术推广、实践调研等方面的积极作用。

（5）优化政策工具的组合使用，对规制型政策实施统一规范、分类指导，同时增加经济激励型、社会型政策工具的使用，实现从管制到引导的转变，从相对单一手段向综合手段转变。企业对于供给类政策的不满意，很大程度上是因为地区、规模和业务不同的城市矿产企业，对城市矿产产业政策需求存在明显差异。因而，国家政策应该考虑企业间的差异性，特别在规制型政策的使用方面，应考虑统一规范、分类指导原则，加强政策的针对性和指向性，避免"一刀切"；在经济激励型政策上，应加大价格改革力度，形成原生资源和城市矿产的合理比价关系。在社会型政策上，应通过合理的制度设计，引导社会相关主体充分参与并发挥作用，提高社会型政策工具的执行力。如完善对非政府组织的管理机制，简化相关非政府组织的建立及其运作过程中的审批程序；加强开展资源节约和环境保护教育、绿色生活方式、绿色消费方式的教育。

**2. 建立支持产业长效发展的税费优惠和财务金融政策**

从前文的政策分析和企业的实际调研中可以发现，近年来我国政府对城市矿产优惠政策力度下降：城市矿产类废旧资源综合利用产品和劳务增值税返还由 100% 即征即退，变为 30%～50%（财政部 2015 年 78 号文件）；加之废旧电器电子产品拆解基金补贴不能及时到位，一些企业被拖累，财务负担极重。此外，随着我国环保标准提高，包括要求城市矿产拆解与利用企业向园区集聚发展，废水废气废渣治理要求提高，以及农民工工资水平的逐年提高，拆解企业成本普遍上升。针对企业呼吁较大的税费政策，应抓紧研究和推动出台对城市矿产开发利用企业有长效支撑作用的增值税退税和其他税费优惠政策。鼓励采用政府和社会资本合作（PPP）模式、第三方服务方式吸引社会资本参与城市矿产回收利用。建立绿色金融体系，鼓励银行、担保机构为城市矿产企业的绿色创新与低碳发展提供便捷、优惠的担保服务和信贷支持；落实绿色信贷指引，引导银行业金融机构优先支持落实生产者责任延伸制度的企业，支持符合条件的企业发行绿色债券建设相关项目。建立产业间的互助基金，搭建由投资机构、银行、企业等共同参与的产业投融资服务平台。畅通城市矿产企业通过排污权、碳交易获得其他收益的途径。

### 6.5.2.3　需求引导—充分刺激城市矿产产业和产品的需求

通过前文的分析可知，目前我国城市矿产政策以供给型和环境型政策为主，需求型政策严重不足。随着我国城市矿产产业发展阶段的转换，未来应完善消费引导，加强需求型政策的使用。

**1. 加大对城市矿产制成品的政府采购力度**

实施政府城市矿产制成品采购工程。政府购买城市矿产制成品，不仅可以保证该产业拥有合理的利润，同时也让消费者接触和了解这种新生产品，增加对城市矿产的需求。政府采购时可以将环境标志、生态标签、绿色标识产品作为制定采购产品标准和指南的基础依据，分行业、分产品建立城市矿产制成品采购标准及发布采购清单；公开政府城市矿产制成品采购信息，增加政府采购的透明度；建立城市矿产制成品采购信息网络，为采购方和供应商了解和搜集绿色信息提供方便，提高政府采购效率，拓宽政府采购信息流通渠道。

**2. 引导建立与绿色、低碳、循环相适应的绿色消费模式**

在全社会范围内着力培育绿色消费理念，开展多层次、多形式的宣传教育。积极引导居民践行绿色生活方式和消费模式，鼓励包括城市矿产制成品在内的绿色产品消费。扩大绿色产品消费市场，加快畅通绿色产品流通渠道，鼓励建立绿色产品批发市场、绿色商场等各类绿色流通主体。引导企业将绿色营销与产品战略相结合，在宣传新上市的城市矿产制成品时引导消费者形成绿色消费习惯。

**3. 制定城市矿产制成品产品标准**

随着生产消费结构的变化及行业设备技术水平不断提高，城市矿产产业不断发展，城市矿产制成品的品种也不断增加，由单一化、少品种转向更加多元化，产业涉及行业更多、范围更广。例如，城市矿石已由传统废钢铁、废纸、废塑料、废有色金属逐渐转向废电子电器、报废汽车、废轮胎、废铅酸电池、废弃油脂等产业废弃物和家庭废弃物的循环利用。但城市矿产制成品的安全性缺乏标准保证，产品参差不齐，使消费者对采购、使用这些产品有排斥。由于消费者对城市矿产制成品、循环利用材料生产等不了解，而导致对产品或原料的质量、安全性能存疑，影响了市场化推广应用。

**4. 取消原生资源相对于城市矿产的优惠政策**

部分发达国家采取征收原生资源税的方法来促进对城市矿产的需求，通过对在产品生产时使用的原生资源征收税额，可以减少原生资源的使用、提高城市矿产的价格，支持城市矿产的回收利用。我国应尽快研究原生资源税的有效性，在政策效果尚未确定的现阶段，至少应先取消原生资源相对于城市矿产的优惠政策，促进对城市矿产的需求。

### 5. 对城市矿产制成品的购买者实施消费者补贴

把对城市矿产行业资金补贴的一部分直接发给消费者，消费者只要购买符合补贴范围的城市矿产制成品，就可以凭购物发票向指定部门直接领取现金，形成消费者看得见摸得着的"明补"，可以有效地提高消费者购买城市矿产制成品的兴趣。当市场形成了对城市矿产产品的巨大需求时，企业也就能够捕捉市场信息，从而把生产重点转移到城市矿产的加工使用上来，促进行业的发展。

# 参 考 文 献

［1］安徽统计局．国家统计局安徽调查总队．安徽统计年鉴（2015），http：//www. ahtjj. gov. cn/tjj/web/tjnj_view. jsp？strColId = 13787135717978521&_index = 1#.

［2］北京统计局．国家统计局北京调查总队．北京统计年鉴（2015），http：//www. bjstats. gov. cn/nj/main/2015 - tjnj/zk/indexch. htm.

［3］长沙市统计局．长沙统计年鉴［J］．长沙：中国统计出版社，2015.

［4］常涛．智能回收自助机的"互联网＋"思维方法．再生资源"互联网＋"创新之路［M］．北京：中国工信出版集团，人民邮电出版社，2016：100 - 101.

［5］戴玉才，董桂云．中国再生资源产业发展政策目标与手段探讨［J］．中国人口·资源与环境，2011，21（12）：362 - 365.

［6］董芳雨．我国城市矿产发展的政策研究及比较分析［J］．中国集体经济，2013，（18）：13 - 15.

［7］董祺．中国企业信息化创新之路有多远？—基于电子信息企业面板数据的实证研究［J］．管理世界，2013（7）：123 - 171.

［8］范连颖．日本循环经济的发展与理论思考［M］．北京：中国社会科学出版社，2008.

［9］福建统计局．国家统计局福建调查总队．福建统计年鉴（2015），http：//www. stats-fj. gov. cn/tongjinianjian/dz2015/index-cn. htm.

［10］甘肃统计局．国家统计局甘肃调查总队．甘肃统计年鉴（2015），http：//www. gstj. gov. cn/tjnj/2015/

［11］广东统计局．国家统计局广东调查总队．广东统计年鉴（2015），http：//www. gdstats. gov. cn/tjnj/2015/directory/12. html？12.

［12］广西统计局．国家统计局广西调查总队．广西统计年鉴（2015），http：//www. gxtj. gov. cn/tjsj/tjnj/2015/indexch. htm.

［13］贵州统计局．国家统计局贵州调查总队．贵州统计年鉴（2015），http：//www. gz. stats. gov. cn/Web62/List_News1. aspx？cid = 982.

［14］郭克莎，汪红驹．经济新常态下宏观调控的若干重大转变［J］．中国工业经济，2015，11：5－15.

［15］国家发改委财政部．《关于开展城市矿产示范基地建设的通知》（发改环资〔2010〕977号）.

［16］国民经济行业分类（GB/T 4754－2011）．中华人民共和国统计局网站［10］. http：//www. stats. gov. cn/tjsj/tjbz/hyflbz/.

［17］海南统计局．国家统计局海南调查总队．海南统计年鉴（2015），http：// www. stats. hainan. gov. cn/2015nj/index-cn. htm.

［18］郝雅琦，戴淑芬，李冉．基于ARIMA模型的我国稀土需求统计及预测分析［J］．数学的实践与认识，2014，44（19）：72－80.

［19］河北省人民政府．河北经济年鉴（2015），http：//www. hetj. gov. cn/res/ nj2015/indexch. htm.

［20］河南统计局．国家统计局河南调查总队．河南统计年鉴（2015），http：// www. ha. stats. gov. cn/hntj/lib/tjnj/2015/indexch. htm.

［21］黑龙江省统计局．黑龙江统计年鉴（2015），http：//www. hlj. stats. gov. cn/.

［22］湖北统计局，国家统计局湖北调查总队．湖北统计年鉴（2015），http：// www. stats-hb. gov. cn/.

［23］湖南省人民政府．湖南省人民政府关于发布《湖南省矿产资源总体规划（2000～2010年)》的通知［Z］. 2002－12－20.

［24］湖南统计局．国家统计局湖南调查总队．湖南统计年鉴（2015），http：// hntj. gov. cn/sjfb/tjnj/15tjnj/indexch. htm.

［25］黄桂宝．战略新兴产业成长动力机制分析［J］．科学管理研究，2012，30（3）：48－51.

［26］吉林省统计局．吉林统计年鉴（2015），http：//tjj. jl. gov. cn/tjnj2015/.

［27］纪建悦，吕帅．利益相关者满足与企业价值的相关性研究—基于我国酒店餐饮上市公司面板数据的实证研究［J］．中国工业经济，2009，02：151－160.

［28］江苏统计局，国家统计局江苏调查总队．江苏统计年鉴（2015），http：// www. jssb. gov. cn/tjxxgk/tjsj/tjnq/jstjnj2015/index_212. html.

［29］江西统计局．国家统计局江西调查总队．江西统计年鉴（2015），http：// www. jxstj. gov. cn/resource/nj/2015CD/indexch. htm.

［30］杰弗里·M. 伍德里奇．计量经济学导论（第四版）［M］．北京：中国人民大学出版社，2010：465－466.

[31] 李博，杨建新，吕彬，宋小龙．废弃电器电子产品产生量估算——方法综述与选择策略 [J]．生态学报，2015，24：7965－7973.

[32] 李博，杨建新，吕彬，宋小龙．中国废旧手机产生量时空分布研究 [J]．环境科学学报，2015，12：4095－4101.

[33] 李国志．基于状态空间模型的日本碳排放影响因素分析及启示 [J]．资源科学，2013，35 (9)：1848－1854.

[34] 李鹏飞．经济新常态下的中国工业——"第三届中国工业发展论坛"综述 [J]．中国工业经济，2015，01：45－51.

[35] 李晓莹．我国国家级"城市矿产"示范基地发展简析 [OL]．中再交易网，http：//www. crra010. com/articles/50292. html.

[36] 李晓钟，吴振雄．政府补贴对物联网企业生产效率的影响研究—基于沪深两市 2010—2013 年公司数据的实证检验 [J]．中国软科学，2016，02：105－113.

[37] 辽宁省统计局．辽宁统计年鉴（2015），http：//www. ln. stats. gov. cn/tjsj/sjcx/ndsj/otherpages/2015/indexch. htm.

[38] 刘光富，陈飞达．中国再生资源产业利益主体动态博弈研究 [J]．经营管理者，2015，05：8－9.

[39] 刘光富，张士彬，鲁圣鹏．基于产品全生命周期理论的再生资源产业政策体系研究 [J]．科技进步与对策，2014，09：111－116.

[40] 刘光富，张士彬，鲁圣鹏．中国再生资源产业知识产权运用机制顶层设计 [J]．科学学与科学技术管理，2014，10：3－12.

[41] 刘永清，冷颖，陈为民．基于三方博弈的废旧家电回收模式研究 [J]．物流科技，2016，04：41－43，49.

[42] 楼俞，石磊．城市尺度的金属存量分析——以邯郸市 2005 年钢铁和铝存量为例 [J]．资源科学，2008 (30)：147－152.

[43] 罗敏，朱雪忠．基于政策工具的中国低碳政策文本量化研究 [J]．情报杂志，2014，04：12－16.

[44] 苗建青，吴军，方敏．日本再生资源回收政策及其绩效评估 [J]．中国国土资源经济，2007，(4)：32－34.

[45] 内蒙古统计局．内蒙古 2014 年年度数据（工业），http：//www. nmgtj. gov. cn/acmrdatashownmgpub/tablequery. htm？cn＝C0101.

[46] 潘雄锋，史晓辉，王蒙．我国科技发展的财政金融政策效应研究——基于状态空间模型的变参数分析 [J]．科学学研究，2012，30 (6)：865－869.

［47］蒲勇健，种海港，张勇.中国再生资源产业全要素生产率估算分析［J］.统计与信息论坛，2014，29（10）：40－45.

［48］曲永祥.解读"城市矿产"［J］.中国有色金属.2010，24：30－31.

［49］山东统计局，国家统计局山东调查总队.山东统计年鉴（2015），http：//www.stats-sd.gov.cn/tjnj/nj2015/new/indexch_new.htm.

［50］山西省统计局.山西经济年鉴（2014），http：//www.stats-sx.gov.cn/.

［51］山西统计局.2014年山西省国民经济和社会发展统计公报.http：//www.stats-sx.gov.cn/.

［52］陕西省统计局.2013年陕西省国民经济和社会发展统计公报.http：//www.shaanxitj.gov.cn/site/1/html/126/132/141/5107.htm.

［53］陕西省统计局.2014年陕西省国民经济和社会发展统计公报.http：//www.shaanxitj.gov.cn/site/1/html/126/132/141/10638.htm.

［54］陕西统计局，国家统计局陕西调查总队.陕西统计年鉴（2013），http：//www.shaanxitj.gov.cn/upload/2013/indexch.htm.

［55］上海统计局，国家统计局上海调查总队.上海统计年鉴（2015），http：//www.stats-sh.gov.cn/data/toTjnj.xhtml？y＝2015.

［56］四川统计局，国家统计局四川调查总队.四川统计年鉴（2015），http：//www.sc.stats.gov.cn/tjcbw/tjnj/2015/index.htm.

［57］苏东水.产业经济学［M］.北京：高等教育出版社，2005.

［58］天津统计局，国家统计局天津调查总队.天津统计年鉴（2015），http：//www.stats-tj.gov.cn/Item/25712.aspx.

［59］田晖.中国废弃电子电器产品回收处理及综合利用——行业白皮书（2015）［R］.中国家电研究院，2016（5）.

［60］王安建，王高尚，张建华.矿产资源与国家经济发展［M］.北京：地震出版社，2002.

［61］王昶，耿红军，姚海琳等.中国城市矿产政策演化研究［J］.中国人口·资源环境，2017，27（5）：92－101.

［62］王昶，黄健柏.中国金属资源战略形势变化及其产业政策调整研究［J］.中国人口·资源与环境，2014，24（11）：391－394.

［63］王昶，徐尖，姚海琳.城市矿产理论研究综述［J］.资源科学，2014，08：1618－1625.

［64］王铭利.基于联立方程与状态空间模型对中国经济增长与环境污染关系的研

究 [J]. 管理评论, 2016, 28 (7): 76 - 84.

[65] 王筱萍, 薛耀文. 高级财务管理 [M]. 北京: 清华大学出版社, 2008: 174.

[66] 温宗国, 季晓立. 中国铜资源代谢趋势及减量化措施 [J]. 清华大学学报, 2013, (53): 1283 - 1288.

[67] 武春友, 刘岩. 城市再生资源利益相关者满意度评价模型及实证 [J]. 中国人口·资源与环境, 2010, 03: 117 - 123.

[68] 谢峰斌, 李颖等. 未来全球稀土供需格局分析 [J]. 中国矿业, 2014, 23 (10): 5 - 8.

[69] 谢青, 田志龙. 创新政策如何推动我国新能源汽车产业的发展——基于政策工具与创新价值链的政策文本分析 [J]. 科学学与科学技术管理, 2015, 06: 3 - 14.

[70] 兴业证券. 再生资源产业: 掘金废电, 渠道为王 [R]. 上海: 汪洋, 孟维维, 王文灿, 2015.

[71] 熊家齐. 对全球稀土需求的基本认识 [J], 稀土信息, 2014 (1): 12 - 16.

[72] 熊克柱. 关于工业发达国家对再生资源综合利用事业所采取的有关政策和措施 [J]. 再生资源研究, 1994 (2): 27 - 28.

[73] 徐爱, 胡祥培, 高树风. 家电绿色供应链中政府、企业、消费者三方博弈分析 [J]. 科技管理研究, 2012, 23: 236 - 240.

[74] 薛菲, 袁汝华. 城市矿产环境效益分析 [D]. 重庆理工大学学报: 自然科学版, 2014 (6): 126 - 130.

[75] 杨斌清, 张贤平. 世界稀土生产与消费结构分析 [J]. 稀土, 2014, 2 (01): 110 - 118.

[76] 杨丽梅, 何媛媛, 张江朋. 运用系统动力学模型预测稀土战略储备规模 [J]. 中国稀土学报, 2015, 33 (2), 231 - 240.

[77] 于伟军. 基于"3P"模型的稀土产业组织研究 [J]. 中国矿业, 2012 (20): 210 - 213.

[78] 袁见. 中国太阳能光伏产业政策效应研究 [D]. 辽宁: 辽宁大学, 2012: 59 - 70.

[79] 袁曾任. 人工神经元网络及应用 [M]. 清华大学出版社, 2000.

[80] 岳强, 陆钟武. 关于金属物质社会蓄积量的分析 [J]. 东北大学学报, 2009 (30): 845 - 849.

[81] 张菲菲. 再生资源产业的界定与结构分析 [J]. 再生资源与循环经济, 2011, 4: 23 - 26.

[82] 张妍，卢志强. 中国废旧家电处理技术的现状与对策研究 [J]. 环境科学与管理，2014，04 (39)：6-8.

[83] 张越，谭灵芝，鲁明中. 发达国家再生资源产业激励政策类型及作用机制 [J]. 现代经济探讨，2015，(2)：88-92.

[84] 赵玉成. 利率变动对上市公司投资影响的实证研究 [J]. 经济与管理，2006，02：79-82.

[85] 浙江统计局. 国家统计局浙江调查总队. 浙江统计年鉴 (2015)，http://tjj. zj. gov. cn/tjsj/tjnj/DesktopModules/Reports/12. % E6% B5% 99% E6% B1% 9F% E7% BB%9F% E8% AE% A1% E5% B9% B4% E9% 89% B42015/indexch. htm.

[86] 郑龙熙，王海洲. 总括性资源观与城市矿山开发的探讨 [J]. 有色矿冶，1997，06：12-17.

[87] 中国质量检查监督局. 标准委员管理会.《家用或类似用途的电器安全使用年限和再生利用通则》[S]. 2007.

[88] 中信证券.“再生资源模式创新前景广阔，稳增长及体制改革助力活跃”[OL]. 2015. 9. 28. http://www. hibor. com. cn.

[89] 重庆统计局. 国家统计局重庆调查总队. 重庆统计年鉴 (2015)，http://www. stats. hainan. gov. cn/2015nj/index-cn. htm.

[90] 周宏春. 变废为宝：中国资源再生产业与政策研究 [M]. 北京：科学出版社，2008：345.

[91] 周扬，张钦礼，于凤玲. 基于 BPNN-Markov 模型的中国稀土消费量预测 [J]. 统计与决策，2013，(24)：72-74.

[92] 周永生. 城市矿产概论 [M]. 广州：中国出版集团，2013.

[93] 周永生，高山. 创新驱动下基于 O2O 视角的城市矿产“互联网+回收”模式构建研究 [J]. 开发研究，2015，04：29-32.

[94] 周永生，王兴攀，贺正楚，徐雪松. 城市矿产发展的国外经验与做法及对中国的借鉴 [J]. 矿业研究与开发，2014，34 (6)：89-94.

[95] 周永生，易和鸣，肖遗规. 浅议中国“城市矿产”的发展 [J]. 生态经济，2012 (8)：123-126.

[96] Aizawa, H. & H. Yoshida. Current results and future perspectives for Japanese recycling of home electrical appliances [J]. Resources, Conservationand Recycling, 2008 (1399-1410).

[97] Angie Silva et al., The role of policy labels, keywords and framing in transitioning

waste policy [J]. Journal of Cleaner Production, 2016, 115: 224 –237.

[98] Araújo M G, Magrini A, Mahler C F, et al. A model for estimation of potential generation of waste electrical and electronic equipment in Brazil [J]. Waste Management, 2012, 32 (2): 335 –342.

[99] Baccini, P., Brunner, P. H., Metabolism of the Anthroposphere: Analysis, Evaluation [M]. MIT Press, Design, 2012.

[100] Berback, B, Johansson, K., Mohlander, U., Urban metal flows—a case study of Stockholm [J]. Water, Air and Soil Pollution, 2001, 1: 3 –24.

[101] Bogdan V et al., Oxidative fluorination of iridium metal for urban mining: Kinetic studies [J]. Resource – Efficient Technologies, 2016, 2: 89 –93.

[102] Brunner P H. Urban mining: A contribution to reindustrializing the city [J]. Journal of Industrial Ecology, 2011, 15 (3): 339 –341.

[103] Calvin, Geoffrey. Preceived policy effectiveness and recycling behavior: The missing link [J]. Waste Management, 2013, 33: 783 –784.

[104] Chen, X., Geng, Y., & Fujita, T., An overview of municipal solid waste management in China [J]. Waste management, 2010, 30: 716 –724.

[105] Chen, Z., et al., Policies on end-of-life passenger cars in China: dynamic modeling and cost-benefit analisis [J]. Journal of Cleaner Production (2015), http://dx. doi. org/10. 1016/j. jclepro. 2015. 07. 093.

[106] Che, X., Shang, J., Wang, J., Strategic environmental assessment and its development in China [J]. Environmental Impact Assessment Review, 2002, 22 (2): 101 – 109.

[107] C. Hicks, R. Dietmar, M. Eugster. The recycling and disposal of electrical and electronic waste in China—legislative and market responses [J]. Environmental Impact Assessment Review, 2005, 25: 459 –471.

[108] Chi, X., Wang, M. Y. L., Reuter M A., E-waste collection channels and household recycling behaviors in Taizhou of China [J]. Journal of Cleaner Production, 2014, 80: 87 –95.

[109] Corder, G. D., Golev, A., Giurco, D., "Wealth from metal waste": Translating global knowledge on industrial ecology to metals recycling in Australia [J]. Minerals Engineering, 2015, 76: 2 –9.

[110] De, Jaeger., S, Eyckmans, J., Rogge, N., Van Puyenbroeck, T., Waste-

ful waste-reducing policies? The impact of waste reduction policy instruments on collection and processing costs of municipal solid waste [J]. Waste Management, 2011, 31 (7): 1429 – 1440.

[111] Edler J, Georghiou L. Public procurement and innovation-resurrecting the demand side [J]. Research Policy, 2007, 36: 949 – 963.

[112] Feifei Yu, Yue Guo. , et al. , The impact of government subsidies and enterprises' R&D investment: A panel data study from renewable energy in China [J]. Energy Policy, 2016, 89: 106 – 113.

[113] Flanagan, K. , Uyarra, E. , Laranja, M. , Reconceptualising the 'policy mix' for innovation [J]. Research policy, 2011, 40 (5): 702 – 713.

[114] Francesco Di Maria et al. , Urban Mining: Quality and quantity of recyclable and recoverable material mechanically and physically extractable from residual waste [J]. Waste Management, 2013, 33: 2594 – 2599.

[115] Geng, Y. , Fu, J. , Sarkis, J. , & Xue, B. , Towards a national circular economy indicator system in China: an evaluation and critical analysis [J]. Journal of Cleaner Production, 2012, 23 (1): 216 – 224.

[116] Grimes, S. , Donaldson, J. , Gomez, G. C. , Report on the Environmental Benefits of Recycling [R]. Bureau of International Recycling (BIR), Imperial College London, 2008.

[117] Gutberlet, J. Cooperative urban mining in Brazil: Collective practices in selective household waste collection and recycling [J]. Waste Management (2015), http: //dx. doi. org/10, 1016/j. wasman. 2015. 06. 023.

[118] Hattoria, R. & S. Horie. Estimation of in-use steel stock for civil engineering and building Using nighttime light images [J] Resources, Conservation and Recycling, 2013: 1 – 5.

[119] Hua-qing Wu et al. , Effectiveness of the policy of circular economy in China: A DEA-based analysis for the period of 11th five-year-plan [J]. Resources, Conservation and Recycling, 2014, 83: 163 – 175.

[120] Hu, J. , Xiao, Z. , Zhou, R. , Deng, W. , Wang, M. , Ma, S. , Eco-logical utilization of leather tannery waste with circular economy model. Journal of Cleaner Production, 2011, 19 (2): 221 – 228.

[121] ImanolZ, Ljiljana R. Recovery of essential nutrients from municipal solid waste-impact of waste management infrastructure and governance aspects [J]. Waste Management,

2015, 44: 178 – 187.

[122] IMCOA (Industrial Mineral Company of Australia) [R]. Meeting Rare Earth Demand in the Next Decade, 2011, 7.

[123] Jacobs J. The death and life of great American cities [M]. New York: Vintage, 1961.

[124] Joakim K., Leenard B., Getting serious about mining the technosphere: a review of recent landfill mining and urban mining research [J]. Journal of Cleaner Production, 2013, 55: 1 – 9.

[125] Joakim Krook et al., J., Urban mining: hibernating copper stocks in local power grids [J]. Journal of Cleaner Production, 2011, 19: 1052 – 1056.

[126] Judith Chegwidden, Dudley J. Kingsnorth. Rare earths: facing the uncertainties of supply [J]. The Sixth International Rare Earths Conference, Hong Kong, China.

[127] Kahhata, Ramzy, Kima, Junbeum, Xua, Ming, et al., Exploring e-waste management systems in the United States [J]. Resources, Conservation and Recycling, 2008, 52: 955 – 964.

[128] Kahhat, R., Kim, J., Xu, M., Allenby, B., Williams, E., & Zhang, P., Exploring e-waste management systems in the United States [J]. Resources, Conservation and Recycling, 2008, 52: 955 – 964.

[129] Krook, J., Leenard, B., "Getting serious about mining the technosphere: a review of recent landfill mining and urban mining research [J]." Journal of Cleaner Production, 2013, 55: 1 – 9.

[130] Lazarevic, D., Buclet, N., Brandt, N., The application of life cycle thinking in the context of European waste policy [J]. Journal of Cleaner Production, 2012, 29: 199 – 207.

[131] Lehtorant S, Nissinen A, Mattila T, et al. Industrial symbiosis and the policy instruments of sustainable consumption [J]. Journal of Cleaner Production, 2011, 19 (16): 1865 – 1875.

[132] Liao, Z., The evolution of wind energy policies in China (1995—2014): An analysis based on policy instruments [J]. Renewable and Sustainable Energy Reviews, 2016, 56: 464 – 472.

[133] Libecap, G. D., Economic variables and the development of the law: the case of western mineral rights [J]. The Journal of Economic History, 1978, 38 (02): 338 – 362.

[134] Liu, Q., Li, H. M., Zuo, X. L., Zhang, F. F., Wang, L., A survey and

analysis on public awareness and performance for promoting circular economy in China: A case study from Tianjin [J]. Journal of Cleaner Production, 2009, 17 (2): 265 – 270.

[135] Luling Yu, Wenzhi He, Guangming Li, Juwen Huang, Haochen Zhu. The development of WEEE management and effects of the fund policy for Subsidizing WEEE treating in China [J]. Journal of Cleaner Production, 2014, 34: 1705 – 1714

[136] Mallawarachchi, H. , & Karunasena, G. , Electronic and electrical waste management in Sri Lanka: Suggestions for national policy enhancements [J]. Resources, Conservation and Recycling, 2012, 68: 44 – 53.

[137] Moh, Y. C. , & Manaf, L. A. , Overview of household solid waste recycling policy status and challenges in Malaysia [J]. Resources, Conservation and Recycling, 2014, 82: 50 – 61.

[138] Nnorom, I. C. , Osibanjo, O. , Overview of electronic waste (e-waste) management practices and legislations, and their poor applications in the developing countries [J]. Resources, conservation and recycling, 2008, 52 (6): 843 – 858.

[139] Oguchi, M. & H. Sakanakura. Toxic metals in WEEE: Characterization and substance flow analysis in waste treatment processes [J]. Science of the Total Environment, 2013 (1124 – 1132).

[140] Orlins, S. , Guan, D. , China's toxic informal e-waste recycling: local approaches to a global environmental problem [J]. Journal of Cleaner Production, 2015, 114: 71 – 80.

[141] Patrícia Ramos. , Performance of state space and ARIMA models for consumer retail sales forecasting [J]. Robotics and Computer – Integrated Manufacturing, 2015, 34: 151 – 163.

[142] Peters, B. G. , van Nispen, F. K. M. , 1999. Public Policy Instruments: Evaluating the Tools of Public Administration [M]. E. Elgar, 1998, 77 (4): 934 – 937.

[143] Piotr Nowakowski, A proposal to improve e-waste collection efficiency in urban mining: Container loading and vehicle routing problems – A case study of Poland [J]. Waste Management, 2017, 60: 494 – 504.

[144] Qinghua Zhao, Ming Chen. A comparison of ELV recycling system in China and Japan and Chian's strategies [J]. Resources, Conservation and Recycling, 2011, 57: 15 – 21.

[145] Rothwell, R. , Public Innovation Policy: To Have or to Have Not? [J] R&D Management, 1986, 16 (1): 25 – 36.

[146] Rothwell R, Zegveld W. An assessment of government innovation policies [J]. Review of Policy Research, 1984, 3 (3/4): 436 – 444.

［147］Rothwell R, Zegveld W. Industrial innovation and public policy: preparing for the 1980s and the 1990 London ［M］. Frances Printer, 1981.

［148］Rozelle, S., Huang, J., Zhang, L., Poverty, population and environmental degradation in China ［J］. Food Policy, 1997, 22 (3): 229 – 251.

［149］Shen, L., He, B., Jiao, L., Song, X., Zhang, X., Research on the development of main policy instruments for improving building energy-efficiency ［J］. Journal of Cleaner Production, 2016, 112: 1789 – 1803.

［150］Silva, A., Stocker, L., Mercieca, P., Rosano, M., The role of policy labels, keywords and framing in transitioning waste policy ［J］. Journal of Cleaner Production, 2015, 115: 224 – 237.

［151］Simon De Jaeger., et al., Wasteful waste-reducing policies? The impact ofwaste reduction policyinstruments on collection and processing costs of municipal solid waste ［J］. Waste Management, 2011, 31: 1429 – 1440.

［152］Simoni, M., et al. Urban mining as a contribution to the resource strategy of the Canton of Zurich ［J］. Waste Management (2015), http://dx. doi. org/10, 1016/j. wasman. 2015. 06. 045.

［153］Simoni, M., Kuhn, E. P., Morf, L. S., Kuendig, R., Adam, F., Urban mining as a contribution to the resource strategy of the Canton of Zurich ［J］. Waste Management, 2015, 45: 10 – 21.

［154］Su, B., Heshmati, A., Geng, Y., Yu, X., A review of the circular economy in China: moving from rhetoric to implementation ［J］. Journal of Cleaner Production, 2013, 42: 215 – 227.

［155］Sun, Z., Xiao, Y., Agterhuis, H., Recycling of metals from urban mines-a strategic evaluation ［J］. Journal of Cleaner Production, 2016, 112: 2977 – 2987.

［156］Wang, J. L. & T. E. Graedel. Aluminum in-use stocks in China: a bottom-up study ［J］. J Mater Cycles Waste Manag, 2010 (12): 66 – 82.

［157］Wang, L., Chen, M., Policies and perspective on end-of-life vehicles in China ［J］. Journal of Cleaner Production, 2013, 44: 168 – 176.

［158］Wang, Y., Morgan, R. K., Cashmore, M., Environmental impact assessment of projects in the People's Republic of China: new law, old problems ［J］. Environ-mental impact assessment review, 2003, 23 (5): 543 – 579.

［159］William Mueller, The effectiveness of recycling policy options: Wastediversion or just diversions [J]. Waste Management, 2013, 33: 508 – 518.

[160] Wu, H. Q. , Shi, Y. , Xia, Q. , & Zhu, W. D. , Effectiveness of the policy of circular economy in China: A DEA-based analysis for the period of 11th five-year-plan [J]. Resources, Conservation and Recycling, 2014, 83: 163 – 175.

[161] Wu, H. , Wang, J. , Duan, H. , Ouyang, L. , Huang, W. , Zuo, J. , An innovative approach to managing demolition waste via GIS (geographic information system): a case study in Shenzhen city, China [J]. Journal of Cleaner Production, 2016, 112: 494 – 503.

[162] Xianlai Zeng et al. , Perspective of electronic waste management in China based on a legislation comparison between China and the EU [J]. Journal of Cleaner Production, 2013, 51: 80 – 87.

[163] Xibo Wang, Yalin Lei, Jianping Ge. Production forecast of China's rare earths based on the Generalized Weng model and policy recommendations [J]. Resource Policy. 2015 (43): 11 – 18.

[164] Xudong Chen, Yong Geng, Tsuyoshi Fujita. An overview of municipal solid waste management in China [J]. Waste Management, 2010, 30: 716 – 724.

[165] Xue, B. , Chen, X. P. , Geng, Y. , Guo, X. J. , Lu, C. P. , Zhang, Z. L. , Lu, C. Y. , Survey of officials' awareness on circular economy development in China: based on municipal and county level [J]. Resources, Conservation and Recycling, 2010, 54 (12): 1296 – 1302.

[166] Yiing Chiee Moh. , Latifah Abd Manaf. , Overview of household solid waste recycling policy status and challenges in Malaysia [J]. Resources, Conservation and Recycling, 2014, 82: 50 – 61.

[167] Yiing Chiee Moh, Latifah Abd Manaf. Overview of household solid waste recycling policy status andchallenges in Malaysia [J]. Resources, Conservation and Recycling, 2014, 82: 50 – 61.

[168] Yixuan Wang, Xiangyun Chang, Zhigao Chen, Yongguang Zhong, Tijun Fan, Impact of subsidy? policies? on recycling and remanufacturing using system dynamics methodology: a case of auto parts in China [J]. Journal of Cleaner Production, 2014, 74: 161 – 171.

[169] Yu, L. , He, W. , Li, G. , Huang, J. , Zhu, H. , The development of WEEE management and effects of the fund policy for subsidizing WEEE treating in China [J].

Waste Management, 2014, 34 (9): 1705 – 1714.

　　[170] Yu, L., He, W., Li, G., Huang, J., Zhu, H., The development of WEEE management and effects of the fund policy for subsidizing WEEE treating in China [J]. Waste Management, 2014, 34 (9): 1705 – 1714.

　　[171] Zaman, A. U., A comprehensive review of the development of zero waste management: lessons learned and guidelines [J]. Journal of Cleaner Production, 2015, 91: 12 – 25.

　　[172] Zeng, X., Li, J., Stevels, A. L. N., & Liu, L., Perspective of electronic waste management in China based on a legislation comparison between China and the EU [J]. Journal of Cleaner Production, 2013, 51: 80 – 87.

　　[173] Zhang, B., Bi, J., Fan, Z., Yuan, Z., Ge, J., Eco-efficiency analysis of industrial system in China: a data envelopment analysis approach [J]. Ecological economics, 2008, 68 (1): 306 – 316.

　　[174] Zhang, K. M., Wen, Z. G., Review and challenges of policies of environmental protection and sustainable development in China [J]. Journal of environmental management, 2008, 88 (4): 1249 – 1261.

　　[175] Zhang, Kunmin, W. E. N. Zongguo, and P. E. N. G. Liying., "Environmental policies in China: Evolvement, features and evaluation [J]." China Population, Resources and Environment, 2007, 17: 1 – 7.

　　[176] Zhang, L. & J. M. Yang. Understanding the Spatial and Temporal Patterns of Copper In – Use Stocks in China [J]. Environmental Science & Technology, 2015, (49): 6430 – 6437.

　　[177] Zhang, L. & Z. W. Yuan. Estimation of Copper In-use Stocks in Nanjing, China [J]. Journal of Industrial Ecology, 2011 (16): 191 – 202.

　　[178] 白鳥寿一, 中村崇. 人工鉱床構想 – Reserve to Stock の考え方とその運用に関する提案 [J]. 資源と素材, 2006 (122): 325 – 329.

　　[179] 山末英嗣, 南埜良太, 沼田健, 等. 都市鉱山に含まれる元素素材の関与物質総量を用いたリサイクル性評価手法の開発～都市鉱石 TMR の枠組み構築～ [J]. 日本金属学会誌, 2010, 74 (11): 718 – 723.

# 后　　记

　　本书是国家社会科学基金青年项目"产业链视域下我国'城市矿产'产业发展研究"（13CJY029）和中国第56批中国博士后科学基金项目"中国'城市矿产'产业政策效应研究"（2014M562122）的最终研究成果，同时本书也获得湖南省软科学项目"湖南省'城市矿产'产业发展机制及政策支持体系研究"（2013ZK3025）的资助。

　　1999～2005年攻读硕士、博士期间，本人主要进行的是产业发展方面的研究；2005年开始，我开始持续关注循环经济背景下的产业生态化发展问题，以及绿色新兴产业的发展问题。此后，随着研究的不断深入和聚焦，我对绿色新兴产业中的代表性行业——城市矿产产业的发展、产业政策等问题一直保持着浓厚的研究兴趣，先后承担了若干项国家级、省级项目，并在《Resources，Conservation and Recycling》（SCI）、《Journal of Cl earner Production》（SCI&SSCI）、《资源科学》《中国人口·资源与环境》等期刊发表了相关论文。本书是在上述研究基础上对中国城市矿产产业所进行的系统深化研究，试图弥补国内较为缺乏专门针对城市矿产产业发展研究的现实，并在实践上为促进中国城市矿产产业的发展提供有益的参考和借鉴。

　　本项目组的成员有王昶教授、孙桥博士、耿红军博士、王严硕士、向艳芳硕士、张翠虹、贾若康、陈子群、朱榕等硕士研究生，他们为本书的构思、写作、校订付出了辛勤的劳动，在此一并向他们表示最诚挚的感谢。

　　本书的写作过程中参考了大量文献资料，走访了大量的企业、事业单位，在此表示感谢！

　　最后，由于资料与时间所限，加之本人知识和能力的欠缺，书中难免存在一些不足和疏漏之处，恳请各位专家学者、老师同学谅解与批评指正。

姚海琳

2018年7月于长沙